鷲使いの民族誌
イーグルハンター

モンゴル西部
カザフ騎馬鷹狩文化
の民族鳥類学

相馬拓也
Takuya Soma

ナカニシヤ出版

序　　文

　人類が猛禽類を手なずける「鷹狩文化」の起源のひとつは、およそ3000年前の中央ユーラシア山岳地域にあると推測されます。西欧では19世紀の終わり頃まで、鷹狩技術は古代エジプト第18王朝の最古の技法に由来すると漠然と考えられていました。太陽神ホルスとみなされたハヤブサをはじめ、トト神の聖鳥クロトキ、不死鳥と考えられたアオサギなど、鳥類に対する聖性が広く育まれたことから、鷹狩技術の発生も古代エジプトに由来すると推定されていました。20世紀にメソポタミア地域の考古学研究が進展するにつれて、「鷹狩＝エジプト起源説」とは別に、アッシリアのサルゴン2世時代（前7世紀頃）の鷹狩技術の存在が浮かび上がってきました［Epstein 1943: 497-509］。かつてドイツの民族農耕学者エミール・ヴェルトも、犂農耕による大型草食獣の家畜化の必要から、大型の猛禽類の家畜化（馴化）を必要とする「鷹狩（タカ、ハヤブサ、イヌワシ）」と「犂農耕文化圏（ウシ、スイギュウ、ウマ、ロバ）」が重なり合うと論じました［ヴェルト1968: 120-122］。近年では西アジア各地に出土する鷹狩図像を時系列的に研究することで、キュル・テペで発見された図像をもとに、ヒッタイト時代の中部アナトリアを鷹狩の最古例のひとつと推定することができます［Candy 2002: 161-201］。またアルタイ山脈北部のツァガーンサラー岩画の猛禽図像や、新疆ウイグル自治区クランザリク古墳群での12体の猛禽埋葬の事例などから、鷹狩文化は紀元前1000年頃には中央ユーラシアでもその萌芽があったと推測できます［Soma 2012b］。とくに騎馬で鷹狩を行う「騎馬鷹狩文化 horse-riding falconry」は、中国シチャゴウ遺跡から出土した鷹匠人物をあしらった青銅製品をもとにすると、紀元前3世紀頃にさかのぼると特定されます。タカ、ハヤブサ、ワシと人類の相互交渉は、家畜動物と同じように古い起源をもっていたといえます。

そして鷹狩は人類の歴史にとって、王権や既存の社会制度を維持するうえで、きわめて重要な役割を果たしてきました。鷹狩の盛んだったイギリスでは、シェイクスピアの文学作品にも鳥類に関する知識がちりばめられています［ハーティング 1993］。例えば『ロミオとジュリエット』の有名なバルコニーの一場面は、鷹匠によるタカ馴らしから発想を得ているともいわれ、『ハムレット』にも場面ごとに効果的な鷹狩の専門用語が使われているとされます。さらに、ダンテのカンツォーネ *Tre donne intorno al cor* と *Doglia mi reca* は、神聖ローマ帝国の皇帝フリードリヒ 2 世による鷹狩指南書 *De arte venandi cum avibus*（*The Art of Falconry*）から多くの着想を得たとの指摘もされています［Boccassini 2007: 161］。イギリスでは、鷹狩文化の盛んだった往時をしのばせる一例として、鷹狩用のタカとハヤブサを保管した「鷹小屋」を表す mews は、ランドマークを示す地名（ストリートネーム）としてとくにロンドン市内に多くつけられ、19 世紀後半まで少なく見積もっても 150 ヵ所以上ありました［Old Maps and Books -thehunthouse website をもとに算出］。中世ヨーロッパでは猛禽類だけでなく、美しいさえずりの小鳥も、贈呈品や商品として、貴族や上流階級に高価で取引されました［河口湖オルゴール美術館収蔵「鳥に唄を教える少女」展示解説］。18 世紀後半に小鳥のさえずりを模したオルゴール「シンギング・バード・ボックス」が発明されるまで、セリネット（鳥風琴またはバード・オルガン）という小型のオルゴール様の楽器を用いて小鳥にさえずりを調教することは、上流階級女性の楽しみでもあったのです［ルーブル美術館 2015「セリネット」（収蔵番号：R. F. 1985-10）］。

　ヒトと猛禽類の分厚い歴史の積層は近年忘れられつつあり、鷹狩文化の研究はニッチな分野と思われがちです。しかし、鷹狩は馴致、飼養、狩猟訓練を通じて猛禽類と交渉し、類まれな知と技法の伝統知／在来知を世界各地に築き上げたことにおおきな意味があるといえます。猛禽をベストコンディションに保つための健康管理法や、効率的で生産性の高い放鳥と猟獲高をあげるためのトレーニング方法の探究は、いわば実証的で現代科学のデータ収集に近いプラクシスでもあるのです。そして鷹匠はつねに猛禽の生態を把握し、人間の生活圏と鳥類の生存圏を行き来する横断者でもありました。鳥の知識

序　　文

の拡張とともに、狩場での動植物相、気候、獲物の生態行動のエコロジカルな連続性を理解し、鷹匠と鷹狩参加者たちに自然と向き合うための知覚の拡張をもたらしたといえます。ここに鷹狩の知と技法を科学的に検証し、その人類史上の意義と役割を再考する意味があるといえるでしょう。

　本書は、モンゴル西部アルタイ山脈のカザフ系モンゴル人（以下、アルタイ系カザフ人）コミュニティで 2011 年 7 月〜2015 年 9 月まで行った 4 年間の地理学、生態人類学、民族鳥類学研究の成果をまとめています。主要調査地バヤン・ウルギー県サグサイ村では、現地在住の遊牧民でもある鷲使い（イーグルハンター）一家と、およそ 400 日間生活を共にして、量的・質的双方のデータ収集と調査を遂行しました。本研究は地理学、鳥類学、文化人類学、人文地理学、生態学に横断する萌芽性の強いテーマと地域を対象にし、民族鳥類学をそのプラットフォームとしています。そのため、現段階での過度の理論化と特定分野への理論的接合を避け、研究者のみならず、鷹匠や鳥類保護に携わるプラクティショナーへも浸透可能な内容、データ、分析結果をシンプルに提示しました。また部分的に自身のイヌワシ飼育経験と参与観察の定性データを、体感的解釈とともに述べています。そして、より多くの研究者とともに、文理融合で当該地域とテーマ、そして民族鳥類学領域の底上げを今後の課題としています。

　モンゴル西部地域での 4 年間におよぶ調査研究は、極限環境で生き抜く意味を体感的に刻む込む機会となりました。言葉を閉ざしがちで警戒心の強い地元カザフ人への聞き取り、酷寒の出猟参加と参与観察、危険をともなうイヌワシの体尺測定など、多くの困難を糧に一人の科学者、地理学者として自立する機会を与えてくれた現地の人々とアルタイ山脈の自然に向けて感謝の意を表します。

　　　　　　　　　　　2018 年 1 月　早稲田キャンパス 9 号館の研究室にて
　　　　　　　　　　　　　　　　　　　　　　　　　相馬　拓也

目　次

序　文　i

序　章　ヒトと猛禽の交渉譜……………………………………………… 1
　　　　──鷹狩研究が民族鳥類学に果たす役割──

　Ⅰ　鳥と人類社会　1
　Ⅱ　鷹狩文化の研究　2
　　1　鷹狩研究の意義と役割　2
　　2　カザフ騎馬鷹狩文化の特質と概要　4
　　3　イヌワシの概要　5
　Ⅲ　本研究の目的・背景・問題意識　6
　　1　研究目的　6
　　2　研究方法　7
　Ⅳ　本書の構成　10

第1章　イヌワシとの出会いと別れ……………………………… 17
　　　　──イヌワシの捕獲術と産地返還の掟──

　Ⅰ　はじめに──イヌワシとの出会いと別れの物語　17
　Ⅱ　イヌワシの捕獲方法　19
　　1　幼鳥"コルバラ"の鷹取術　19
　　2　成鳥"ジュズ"の鷹取術　26
　Ⅲ　鷲使いによるイヌワシの入手離別履歴　28
　　1　イヌワシの入手経緯と入手時年齢　28
　　2　イヌワシの離別方法と離別時年齢　30

　　　　　　　　　　　　　　　　　　　　　　　目　　次

　　Ⅳ　イヌワシ捕獲をめぐる環境と社会　33
　　　1　「兄弟殺し現象」からの解放　33
　　　2　イヌワシ捕獲個体の地域間交換　35
　　　3　幼鳥／成鳥の飼養をめぐる議論　38
　　　4　失われつつあるカザフの自然崇拝観　40
　　Ⅴ　まとめ　42

第2章　イヌワシを馴らす　…………………………………………45
──イヌワシ馴致をめぐる知と技法──

　　Ⅰ　はじめに　45
　　　1　現存する鷲使い"イーグルハンター"の横顔　45
　　　2　騎馬鷹狩文化の継承と参入　45
　　Ⅱ　対象地域と調査の概要　50
　　　1　調査地サグサイ村の概要　50
　　　2　サグサイ村の鷲使い　52
　　Ⅲ　アルタイ山脈のイヌワシの特徴　53
　　　1　イヌワシの特徴と所見　53
　　　2　イヌワシの年齢別名称　55
　　　3　イヌワシの種類と分類法　57
　　　4　イヌワシの身体部位の用語　61
　　　5　イヌワシの飛翔の用語　61
　　Ⅳ　イヌワシと鷲使いの交渉暦　61
　　　1　春夏期〔4月～8月〕──雛鳥の捕獲と馴化　61
　　　2　秋冬期〔9月～10月〕──鷹狩猟の訓練・出猟の開始　68
　　　3　厳冬期〔11月～2月〕──キツネ狩りの本格化　69
　　　4　早春期〔2月末～3月〕──狩猟活動の終了・牧畜の再開　70
　　Ⅴ　イヌワシ馴化の知と技法　71
　　　1　馴化に適したイヌワシ個体　71

2　成鳥"ジュズ"の馴化方法　*71*
　　　3　幼鳥"コルバラ"の馴化方法　*78*
　　　4　イヌワシの据置き方法　*79*
　Ⅵ　イヌワシ給餌の知と技法　*82*
　　　1　夏季の換羽給餌と冬季の食餌制限　*82*
　　　2　夏季／冬季の給餌頻度と分量　*84*
　　　3　イヌワシへの動物別の給餌適性　*88*
　Ⅶ　狩猟馴致の知と技法　*92*
　　　1　イヌワシの訓練方法　*92*
　　　2　強制給水・強制嘔吐　*95*
　　　3　乗用馬との馴致方法　*96*
　Ⅷ　イヌワシとのラポール構築と共生観　*98*
　　　1　個体に応じた給餌・食餌適正　*98*
　　　2　イヌワシ馴致の極意　*100*
　　　3　産地返還の掟に見るイヌワシとの共生観　*104*
　Ⅸ　まとめ——カザフ鷲使いとイヌワシの関係誌　*107*

第3章　イヌワシを駆る　…………………………………… *111*
　　　　　——騎馬鷹狩猟の実践と技法——

　Ⅰ　騎馬鷹狩の狩猟と現状　*111*
　　　1　騎馬鷹狩猟の脱狩猟化　*111*
　　　2　出猟頻度と狩猟稼動日数　*112*
　Ⅱ　サグサイ村アグジャル山地での狩猟実践　*115*
　　　1　狩場アグジャル山地の概要　*115*
　　　2　狩猟ポイントと狩猟ルート　*116*
　　　3　狩猟同伴者（勢子）との連携　*121*
　Ⅲ　騎馬鷹狩猟の持続性　*123*
　　　1　初獲りの儀"バウ・アシュト"　*123*

2　キツネ捕獲方法の多様化　*124*
　　　3　キツネと捕獲対象獣　*126*
　　　4　騎馬鷹狩猟の生産効率　*131*
　　　5　イヌワシへの食餌確保との関連　*132*
　　　6　狩猟馬の資質と特徴　*133*
　Ⅳ　まとめ——狩猟実践の今後と展望　*135*

第4章　イヌワシを飾り、魅せる……………………………*137*
　　　——鷹具と鷹匠装束の民族鳥類学——

　Ⅰ　動物を着飾る／魅せる修辞術　*137*
　Ⅱ　騎馬鷹狩に必須の4つの鷹具　*138*
　　　1　目隠し帽"トモガ"　*138*
　　　2　足緒"アヤク・バゥ"　*143*
　　　3　餌掛手袋"ビアライ"　*146*
　　　4　騎乗用腕部固定具"バルダック"　*149*
　Ⅲ　イヌワシをつなぐ——据え置きに使われる道具　*151*
　　　1　据え木"トゥグル"　*151*
　　　2　つなぎ紐"アルカンシャ"と留金具"アイランソク"　*153*
　Ⅳ　イヌワシを養う——給餌に使われる道具　*155*
　　　1　給餌容器"サプトゥ・アヤク"　*155*
　　　2　口餌袋"ジェム・カルタ"　*157*
　　　3　強制給水具"トゥトゥク"　*159*
　　　4　胃内洗浄用タブレット"コヤ"　*159*
　Ⅴ　イヌワシを鍛える——狩猟訓練に使われる道具　*161*
　　　1　呼び戻し肉"チャクル"　*161*
　　　2　疑似餌"チュルガ"　*162*
　　　3　嘴部拘束具"タンダイ・アガシュ"　*162*
　　　4　イヌワシ用靴下"アヤク・カップ"　*163*

  Ⅵ 鷹具から見たカザフ騎馬鷹狩文化の独自性 *164*
  Ⅶ まとめ *166*

第5章 イヌワシを受け継ぐ ………………………………*169*
——騎馬鷹狩の伝統と文化変容——

  Ⅰ 騎馬鷹狩文化の復興・再生・変容の21世紀 *169*
  Ⅱ イヌワシ祭と地域社会 *171*
   1 社会主義時代のカザフ鷹狩文化 *171*
   2 「イヌワシ祭」設立の経緯と背景 *173*
   3 イヌワシ祭の展望と問題点（アンケートの回答結果より） *176*
  Ⅲ イヌワシ祭をめぐる騎馬鷹狩文化の変容 *181*
   1 サグサイ村の事例——イヌワシ祭と観光への固執 *181*
   2 アルタイ村の事例——鷹匠家系による継承 *183*
   3 トルボ村の事例——出猟の継続と発展型 *184*
  Ⅳ イヌワシとヒナの捕獲と取引の常態化 *187*
  Ⅴ まとめ——騎馬鷹狩文化の持続性 *188*

終　章 イヌワシと鷲使いの環境共生観 ……………………………*191*
——カザフ騎馬鷹狩文化の脆弱性とレジリエンス——

  Ⅰ 騎馬鷹狩猟の成立を支えるもの *191*
  Ⅱ イヌワシ飼養と出猟にみる騎馬鷹狩の生態条件 *192*
   1 騎馬鷹狩猟と牧畜生産の相互作用 *192*
   2 イヌワシへの給餌と家畜再生産の必要性 *194*
   3 騎馬習慣と出猟の継続 *197*
   4 イヌワシとヒトの生活圏の重なり *198*
  Ⅲ 鷹狩実践と伝統知継承の社会条件 *200*
   1 騎馬鷹狩文化参入への社会的規制の不在 *200*

2　騎馬鷹狩の伝統知の社会的共有　　*201*
　　　3　キツネ狩りの意義と文化のパトロネージ・システム　　*202*
　　　4　イヌワシの聖性　　*205*
　Ⅳ　騎馬鷹狩文化の持続性と成立条件　　*205*
　　　1　騎馬鷹狩文化の成立条件　　*205*
　　　2　騎馬鷹狩文化のレジリエンスへの提案　　*207*
　　　3　馴致と産地返還がもたらすイヌワシ繁殖力への貢献　　*210*
　Ⅴ　まとめ——鷲使い"イーグルハンター"の民族誌　　*212*

参考文献　　*215*
あとがき　　*223*
付録：鷲使い用語集　　*229*

序章 ヒトと猛禽の交渉譜
鷹狩研究が民族鳥類学に果たす役割

⟨I⟩ 鳥と人類社会

　地球上には約1万種類にのぼる鳥類種の存在が確認されており、そのうち3,649種（37.0%）が愛玩用のペットなどに利用され、4,561種（46.0%）が食用、薬用、捕獲対象などとして人間に直接利用される［Butchart 2008］。ヒトと鳥類の関係は、こうした鳥類相の豊富さとともに指数関数的な多様性の上昇曲線を描き、家畜や愛玩動物と異なる文脈で個別具体の文化や思想を広範に反映している。そのため、生物学上の研究だけでは捕捉しきれない、ヒトと鳥類の宿す豊かな文化的関係性を描き出すために、「民族鳥類学 ethno-ornithology」はなくてはならない研究領域である。この特殊な形態の民族学／鳥類学とは、従来の「鳥類研究」や「文化における鳥類の研究」を超え、ヒトと鳥類のより複雑な相互作用を現実世界や精神世界に限らず追及することでもある［Tidemann and Godler, eds. 2010: 5］。鳥と人間をめぐる関心は、自然科学に寄り添う生態人類学のフィールドワークで発生し、1930年代頃から「民族植物学 ethno-botany」「民族生物学 ethno-biology」などの、連字符型の派生領域として個別化の萌芽が見られ、その用語の使用も比較的古くからある（例えば［Ladd 1963］）。しかし、非西欧世界における鳥が秘めた分厚い文化的コンテクストの積層は、——生物学と民族学の横断の停滞もあり——なかなか見いだされなかった背景がある［Tidemann and Godler (eds.) 2010: 5］。

　狩猟採集民のあいだで保持されてきた、鳥についてのローカルな知の積層に目が向けられるのは、1990年代になってからである。その萌芽として日本では、市川光雄による、コンゴ共和国イトゥリの森に暮らす狩猟採集民ムブティの社会で1980～81年に実施された調査で、はじめて意識的に「民族

鳥類学」の研究手法と概念が用いられた［Ichikawa 1998］。生物資源の圧迫が深刻な懸念となっている2000年代以降では、民族鳥類学の視点が直接的な鳥類保護のために運用される動きもある（例えばブラジル北東部カーチンガなど）［Alves, et al. 2013］。貴重な鳥類種の出現頻度や場所などの在来知は、鳥類保護にも有用な知見を提供する［Huntington 2000］。民族鳥類学とは、世界の先住文化や狩猟採集者の間で育まれた多彩な鳥類観の奥行きを集約できる、いわばプラットフォームとしての役割を担えるといってよい。そして、ヒトと鳥類との不断のかかわりから、個別具体の生態観／世界観を読みとき、かつ鳥類学についてのオルタナティヴな認識の発達をもたらした生態系と環境を理解するとともに、人間社会の営みのプロセスをも解明する領域と位置づけることができる。

◇II◇ 鷹狩文化の研究

1　鷹狩研究の意義と役割

　熱帯雨林を舞台に育まれた民族鳥類学／エスノ・オーニソロジーの概念形成とは異なる体系にもとづき、ユーラシア大陸全域で数千年にわたり受け継がれてきた猛禽馴致の伝統「鷹狩」でも、独自の鳥類観が育まれてきた。猛禽を手なずけて人間に代わって獲物を捕らえさせる「鷹狩」、いわば「ヒト・猛禽の往還交渉誌」の技法は、岩絵などの所在から、おそらく約4000年前の中央ユーラシア山岳地域の人々によって考案されたと推測される。古代世界では、タカ、ハヤブサなどの猛禽類は、狩猟伴侶、ステータス・シンボル、天空や王権の象徴などの役割を与えられて、家畜動物とは異なる文脈で人間のかたわらに寄り添ってきた。猛禽と人類の交渉譜は乗用馬などの家畜動物と同様に古い。しかしその長く濃密な両者の関係は、19世紀になると世界のいたるところで伝統的な信仰心や鷹狩文化の衰退から陰りが見え始めたように思われる。イギリスでは19世紀半ば過ぎには、そして日本でも明治維新を迎えた同世紀末期には、鷹狩と猛禽飼養の文化は、まるですっぽりと抜け落ちたかのように、ひっそりと社会からほとんど消滅した。そして

現在でも、少なくとも猛禽類を飼育する文化は——狩猟者や猛禽カフェなどの一部のカルト的なブームを除けば——、日本やアジアの国々では一般的な大衆文化やハイカルチャーからもかけ離れたカルトなプラクシスとなり、その分厚い交渉の歴史に隠れた在来知の積層も忘れられつつあった。

鷹狩の研究は 19 世紀初期から欧米で盛んに行われ、タカとハヤブサの調教法や歴史についての文献が蓄積されている。例えば鳥類学者であり鷹匠でもあったジェームズ・E. ハーティング氏（1841〜1928）による調教法や特殊技法についての一連の著作［Harting 1883, 1884, 1895］により、イギリスでは参与者以外にも鷹狩は身近な存在として広く知られていた。現在でも欧米やアラブ諸国には根強い鷹狩の伝統があり、とくにイギリス、フランス、ドイツ、アメリカ、カナダでは新規参入者のためのマニュアル本が 1970 年代頃から数多く出版されている［例えば、Evans 1973; Beebe 1984; Woodford and Upton 1987; Hollinshead 1995 など］。また、2000 年代に入ってからも関連図書が盛んに出版されており、一部はガイドブックとして底本化している［例えば Parry-Jones 2001; Hallgarth 2004; Wright 2006; McKay 2009; Golding 2014 など］。アジアでは欧米ほど鷹狩の実践や文化研究が普及しているわけではないが、中央ユーラシアの遊牧世界で生活技法として伝えられてきた「騎馬鷹狩」についての学術研究が近年、筆者による近著 *Human and Raptor Interaction in the Context of Nomadic Society*［Soma 2015a］により世界ではじめて紹介された。

全世界に広がる「鷹狩文化」は 2010 年、UNESCO の無形文化遺産として正式に登録されている［UNESCO 2010］。当該分野の基盤研究やアセスメントが急がれる一方、アルタイ系カザフの鷹狩猟についての先行研究はほとんどなく、また学術的・科学的に統合された調査報告もない。ほぼ唯一郷土史家のビフマル氏［Бикумар 1994］が 90 年代に、カザフ鷲使いたちの民俗をわずかに記録しているが、人々が参照できる書籍などとしてはほとんど残されていない。鷹狩実践は現在、限定された人々による嗜好性の強い活動ではあるが、かつては猛禽類の馴致と狩猟をへて、自然環境への理解を深めるための個別具体の知の体系を鷹匠と共に育んできた背景がある。いわば鷹狩技法の「伝統的な知と技法 Traditional Art and Knowledge（TAK）」とは、「生態学

的伝統知 Traditional Ecological Knowledge（TEK）」に根ざしてローカルに展開された特殊な「民族鳥類学」の系譜に連なっているといえる。現在もわずかに実践されるイヌワシを手なずける知と技法も、馴致と出猟を通じて自然と対話し、アルタイの過酷な自然に適応しようとするカザフ人たちの編み出した伝統知の特殊な一形態と定義することができる。

2　カザフ騎馬鷹狩文化の特質と概要

　モンゴル西部アルタイ山脈に位置するモンゴル最西端のバヤン・ウルギー県（Баян-Өлгий Аймаг/Bayan-Ölgii Province）（図1）では、イヌワシを用いた「騎馬鷹狩」の習慣がカザフ系モンゴル人（以下、アルタイ系カザフ人）により、1300年間にわたっていまに伝えられている［Soma 2012a, 2013a］。とくにアルタイ系カザフ人の鷹匠「鷲使い（イーグルハンター）」が行う鷹狩は、最大の猛禽類のひとつであるイヌワシ［英名 Golden Eagle; 学術名 *Aquila chrysaetos daphanea*］のメス個体のみを狩猟の伴侶として馴化し、騎馬で出猟する。狩猟の目的は、多くの場合、酷寒の季節を乗り越えるための毛皮の取得である。そのため、捕獲対象もアカギツネ *Vulpe vulpe* やコサックギツネ *Vulpes corsac* などの中型獣にほぼ限定されており、鳥獣などの食肉確保の意図は一切見いだされない。イギリスや日本のように、娯楽として支配階級や聴衆の面前でおひろめされることもない。鷹匠たちは−40度を下回る厳寒の山々を、淡々と獲物を探して騎行する［相馬 2012a, 2013a］。そして狩猟用のイヌワシは、性成熟した4〜5歳時に再び産地で自然界へと解き放たれ、野生へと還る。カザフ社会では現地の言葉で「鷹匠 hawker/falconer」に相当する言葉はなく、イヌワシだけを鷹狩用に馴化することから「鷲使い」"ブルクッチュ Бүркітші" と呼び表される。イヌワシを手なずける特殊な能力から、古くは鷹司"クス・ペグ қусбегі" とも言い表された。アルタイ系カザフ人にとって、イヌワシはもっとも崇高かつ畏怖の対象であり、民族集団のエスノ・ジェネシスを象徴する古典的なトーテミズムの体現とされてきた。

　鷹狩は馴致と狩猟に特化した猛禽類の半家畜化をへて、先住民や狩猟採集社会とは異なる距離感で鳥類学的認識と生態学的コスモロジーを築き上げた。

序　章　ヒトと猛禽の交渉譜

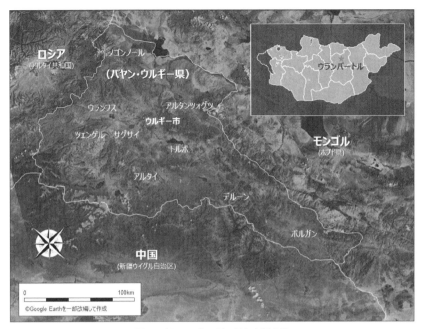

図1　バヤン・ウルギー県と各調査地
Figure 1　Study Sites at Bayan-Ölgii Province

それは民族鳥類学のメインストリームとも、近代科学（Scientific Ecological Knowledge：SEK）とも異なるコンテクストで育まれてきた。そのため本書では、実生活と密接に結びついた「実猟としての鷹狩」を「鷹狩猟」と呼び、「スポーツ狩猟」「娯楽狩猟」などの通念上の鷹狩像から、その特質を区別した。また、この地域の鷹狩猟は必ず騎馬で行われ、鷹狩の起源的・古典的形式と位置づけられる。そのため、アルタイ系カザフ牧畜社会の鷹狩を「騎馬鷹狩猟」「騎馬鷹狩文化」と呼び、その独立した個性に注目した。

3　イヌワシの概要

　イヌワシ *aquila chrysaetos* は汎世界的に繁殖の確認される猛禽であり、とくにスコットランド、ヨーロッパアルプス、北米での繁殖数が多い。アメリカでは 1962 年から「ハクトウワシ・イヌワシ保護法」で保護されるようにな

5

った。一方ヨーロッパアルプスのイヌワシは19世紀末から減少し続けていたが、保護活動の展開によって2000年にはアルプス全域でおよそ1,100つがい、2,200羽の生息数が維持されている［Brendel, Eberhardt and Wiesmann 2002］。イヌワシが200年にわたって国章に描かれているメキシコでは、1984年にはじめての生息調査が北部メキシコで行われ、保護活動の礎が築かれた［Rodoriguez-Estrella 2002］。しかしメキシコ全国のイヌワシ生息数など、いまだに全貌はあきらかになっていない。日本ではその絶滅が危ぶまれる希少種で、全国の生息数は現在およそ650羽と推定されている［環境省 2016］。日本では民間団体や在野での保護活動が1970年代に提唱されていたが、政府がその方針を打ち出したのは1998年からである。

　一方、アメリカでのワシによる家畜ヒツジの捕食による被害については、1981年1～5月までのニューメキシコでのイヌワシによる生産物被害が8万7,000ドル、1974年のモンタナの南西で3万8,000ドル、1975年が4万8,000ドルと推測されている［Matchett and O'Gara 1987: 85］。こうしたことから、地方農村部ではイヌワシに対する根強い反発があるのもまた事実である。

◇Ⅲ◇　本研究の目的・背景・問題意識

1　研究目的

　人類は長い環境への適応の過程で、動物の家畜化と共生を通じて地球のさまざまな地域を暮らしの拠点（エクメーネ）にかえてきた。猛禽類の馴致と共生は、アルタイ山脈から中央アジアの山岳地帯にかけてその起源があるとされる。山岳での動物性タンパク質や毛皮の獲得のため、鷹狩は山岳に適応した人類にとっていわば遊戯と実益を兼ね備えた生存戦略の手法でもあった。しかし、イヌワシ飼養や馴化の知恵、騎馬鷹狩猟の技法、歴史的な成立過程、鷲使いの生活誌の多くの部分には、いまだ解明されていない未知の領域が多い。また体系的な文化人類学・民俗学、生態学などの基礎調査が実施されておらず、20世紀に記された文献もほとんどない。しかし現地では2011年3月に、毎年秋に行われるカザフ鷹狩文化の祭典「イヌワシ祭 The Golden

Eagle Festival」がUNESCOから「無形伝統文化祭典」の認定を受け、その社会的・対外的認知が高まりつつある。

　本書では、民族鳥類学のメインストリームとも、近代科学（SEK）の思考とも異なるコンテクストで育まれた、アルタイ山脈に暮らすアルタイ系カザフ人の鷲使い／イーグルハンターと、騎馬鷹狩文化で用いられる特殊な知、技法、ボキャブラリーの科学的知見にもとづく体系化を意図し、次の研究意義（T_1〜T_4）を見いだしている。

　　［T_1］カザフ鷲使いのイヌワシの馴致プロセスと狩猟方法を、参与観察（生態人類学）、構成的インタビュー（定量社会調査）、自身の飼育体験を通じた体感的理解（実践人類学）により記録した。

　　［T_2］民族鳥類学のこれまでの研究成果とコンテクストのなかで、カザフ騎馬鷹狩文化がどのような位置にあり、かつ汎世界的な鷹狩文化の研究にとって、どのような意味・意義をもつのかを分析・評価した。

　　［T_3］カザフ鷲使いによるイヌワシをめぐる特殊な認識および分類法と、鷹匠用語・特殊語彙などのボキャブラリーをドキュメンテーションし、世界中で見られる鷹狩文化と比較可能な民俗データとして整理した。

　　［T_4］イヌワシ馴致と出猟習慣の伝統と現状を、文化変容の過程にあると仮定してその変化を追跡した。

　以上の達成課題により、騎馬鷹狩文化の持続性を解明し、イヌワシ馴致の伝統知を未来に継承するための科学的知見の抽出を、本書は最終的な目標としている。

2　研究方法

　本研究の方法は、フィールドでの①参与観察、②定量社会調査、③実践人類学、の3つを基本として、文理融合の手法で特定文化の民族誌／エスノグラフィとして描写・詳述を試みた。

　「①長期滞在型の参与観察」では、サグサイ村ブテウ冬営地（行政区上は

表1 インフォーマント鷲使いのコード一覧
Table 1 List of Informant Eagle Hunters

居住地	鷲使いコード	鷲使いについて					飼育数
		年齢	生年	鷹狩開始年 年齢	開始年	継続年数	
アルタイ	A-01	60	1954	25	1979	35	9
	A-02	59	1955	20	1975	39	7
	A-03	55	1959	35	1994	20	4
	A-04	46	1968	25	1993	21	4
	A-05	45	1969	20	1990	25	6
	A-06	41	1973	20	1993	21	10
アルタン・ツォグツ	Ts-01	76	1938	20	1958	56	3
	Ts-02	64	1950	26	1976	38	9
	Ts-03	50	1964	30	1994	20	4
	Ts-04	45	1970	15	1985	30	4
	Ts-05	38	1976	14	1990	24	5
	Ts-06	13	2001	12	2013	1	1
ウランフス	U-01	73	1941	18	1959	55	32
	U-02	60	1954	12	1966	48	35
	U-03	51	1963	31	1994	20	6
	U-04	32	1982	20	2002	12	10
	U-05	26	1988	—	—	—	4
	U-06	21	1993	21	2014	0	1
サグサイ	S-01	75	1939	37	1976	38	8
	S-02	74	1940	46	1986	28	8
	S-03	74	1940	—	—	—	12
	S-04	73	1941	40	1981	33	10
	S-05	65	1949	25	1974	40	6
	S-06	60	1954	20	1974	40	50?
	S-07	58	1956	15	1971	43	6
	S-08	57	1957	22	1979	35	10
	S-09	52	1962	37	1999	15	5
	S-10	51	1963	30	1993	21	7
	S-11	47	1967	32	1999	15	10
	S-12	45	1969	20	1989	25	3
	S-13	43	1971	15	1986	28	65
	S-14	39	1975	31	2006	8	3
	S-15	36	1978	16	1994	20	11
	S-16	21	1993	15	2008	6	1
	S-17	18	1996	14	2010	4	2
ツェンゲル	Z-01	56	1958	15	1973	41	23
デルーン	D-01	55	1960	26	1986	29	6
トルボ	T-01	73	1941	17	1958	56	10
	T-02	53	1961	15	1976	38	8
ノゴンノール	N-01	84	1930	20	1950	64	5
	N-02	56	1958	30	1988	26	8
	N-03	49	1965	15	1980	34	9
平均:	n=42	51.6		22.9		28.8	9.51

序　章　ヒトと猛禽の交渉譜

| イヌワシについて ||||| 離別方法 |||||
入手時平均年齢	使用平均年数	現伴侶年齢	現伴侶開始年	解放	売却	譲渡	死亡	逃避
3.00	4.13	3	2011	4	0	0	3	0
3.17	3.20	2	2009	2	0	2	0	1
1.50	5.33	1	2010	1	0	0	0	2
—	—	—	—	—	—	—	—	—
1.17	4.80	1	2014	3	0	0	0	1
1.33	3.40	1	2013	1	0	0	2	2
2.00	12.33	3	1999	2	0	0	1	0
1.56	2.38	2	2007	0	0	3	3	2
1.25	5.33	1	2012	2	0	0	1	0
1.75	9.33	1	2013	2	0	1	0	0
1.80	3.75	2	2013	2	0	2	0	0
1.00	—	1	2014	0	0	0	0	0
1.60	4.75	1	2012	1	0	0	2	1
2.00	—	3	2011	1	0	2	1	0
1.83	4.00	1	2014	3	0	0	0	1
2.40	3.25	1	2014	3	0	1	0	0
4.25	—	—	—	1	1	0	0	1
1.00	—	1	2014	0	0	0	0	0
2.63	7.14	1	2011	0	0	0	0	0
2.63	3.43	1	2014	3	0	1	3	0
2.50	4.20	3	—	0	0	1	0	0
2.20	3.78	1	2014	2	0	0	0	4
1.60	6.50	—	2006	2	0	2	0	0
—	—	—	—	—	—	—	—	—
2.33	8.80	—	2014	5	0	0	0	0
3.60	2.00	3	2013	4	0	3	0	2
1.80	1.75	1	2007	0	0	2	0	2
2.43	3.17	1	2014	3	0	0	1	2
1.00	4.67	1	2013	0	0	0	3	0
3.00	2.00	2	2012	1	0	1	1	0
—	—	2	—	—	—	—	—	—
2.67	2.00	1	2012	1	0	0	0	1
1.27	2.00	1	2013	1	4	2	2	1
4.00	—	—	2008	0	0	0	0	0
2.00	3.00	3	2013	0	1	0	0	0
2.88	7.00	1	2014	6	0	0	0	1
2.67	4.50	2	2013	2	0	1	0	1
1.50	5.57	1	2014	7	0	0	0	0
1.75	2.71	2	2011	6	0	0	0	0
1.00	1.25	1	2014	1	0	1	1	1
1.83	3.00	3	2014	0	0	3	2	0
1.00	7.00	1	2014	1	0	0	0	7
2.07	4.45	1.58		73	6	28	27	33

5-R バグ）の鷹匠家族 S-16（当時 18 歳）と約 400 日間生活を共にした「住み込み滞在型フィールドワーク」により実施した。この第 1 次調査では同村に居住する鷲使い 24 世帯（牧畜世帯約 280 世帯中）を対象に質的調査を行った。鷹狩文化の実態と解釈は、「参与観察」「半構成的インタビュー」にもとづき、情報収集の多くは日々の生活に溶け込みながら行った日々の顔合わせや、訪問時の「日常会話」「エスノグラフィック・インタビュー」などにより得た。同期間中、トルボ村（Толво）には 2012 年 8 月と 10 月、アルタイ村（Алтаи）には同年 10 月に訪問し、鷲使い宅でインタビューおよび参与観察を行った。

加えて「②定量社会調査」は 2014 年 9～10 月の期間、アルタンツォグツ村（Алтанцөгц）、デルーン村（Дэлүүн）、ノゴンノール村（Ногооннуур）、ツェンゲル村（Цэнгэл）の新規インフォーマントを含むイーグルハンター全 42 名を対象にアンケートを用いた構成的インタビューを実施し、サグサイ村でも得られた既存データをアップデートした。インフォーマントはコード化して一覧表を表 1 に示した。イヌワシ祭りの設立・運営関係者へのインタビューは 2012 年 8 月と 12 月に行った。

「③実践人類学」では、サグサイ村で短い期間、自らイヌワシの飼育を担当した個人的経験を、社会・文化現象の解釈へと織り交ぜた。

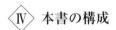 本書の構成

第 1 章　イヌワシとの出会いと別れ —— イヌワシの捕獲術と産地返還の掟

第 1 章では、イヌワシの捕獲方法と産地への返還について定量的に詳述し、鷲使いによるイヌワシとの「出会いと別れ」の民族誌を描き出した。鷲使いたちは、巣からヒナワシ"コルバラ"を捕獲するか、成鳥"ジュズ"を罠や網で捕獲する方法でイヌワシ（雌個体のみ）を入手する。そして 4～5 年間狩猟を共にしたのち、性成熟を機として再び自然へと返す「産地返還」の習慣を「鷹匠の掟」としてきた。しかし近年、こうした環境共生観の伝統知は実践されなくなりつつある。むしろ一部のイヌワシの交換、取引、転売は、

地域の遊牧民や鷹匠にとって「現金収入」「生活資金源」となることもある。

　はじめに、①イヌワシの入手／離別履歴について、鷲使いの記憶を頼りに遡及調査を実施した。現存する鷲使いおよびイヌワシ飼育者（n=42）へのインタビューを実施し、1963〜2014 年までの 52 年間で入手履歴 222 例／離別履歴 167 例が特定されたが、新規参入者の停滞に反してイヌワシ入手件数が増加する傾向が確認された。またイヌワシとの離別では、「産地返還」の習慣は 47.7％とそれほど熱心なものではなく、「死別」「逃避」が全体の 38.0％を占める。さらに、②実際のイヌワシの営巣地点と伝統的な捕獲術については、2011〜12 年の長期滞在期間を通じてサグサイ村およびトルボ村にて実地検分・実見した。この調査過程で③イヌワシの捕獲・入手地点 76 ヵ所（詳細 65 地点）のローカルな鷹取場と捕獲実数を特定した。これら鷹取場の名称は地図上の明記のない、現地カザフ人のローカルな地理空間認識にもとづく貴重な伝統知であることから、一覧表として記した。

　こうした結果から、カザフ騎馬鷹狩文化をあげてイヌワシ馴化と飼養の伝統知および、自然崇拝観の継承・実践を徹底させる必要性を浮き彫りとした。

第 2 章　イヌワシを馴らす──イヌワシ馴致をめぐる知と技法

　第 2 章では、鷲使い／イーグルハンターたちによるイヌワシ馴化の知と技法に注目し、とくに捕獲したイヌワシとのファースト・コンタクトおよびラポール構築について詳述した。

　第 1 次調査として、2011 年 7 月〜2013 年 1 月までの期間、バヤン・ウルギー県サグサイ村を拠点として、長期滞在型フィールドワークによる参与観察にもとづく定性調査を行った。同地に居住するイーグルハンター約 24 名を対象に横断調査し、①鷲使い狩猟用イヌワシの現存数、生活誌調査、②夏季のイヌワシ飼育・馴化方法、について明らかにした。現在のサグサイでは、村の中心部に通年で定住する「定住生活者」と、高地・低地間の季節移動をともなう牧畜活動に従事する「移牧生活者（マルチン）」の 2 つの生活形態がある。そのため両者の生活とイヌワシとの接し方を比較検討し、民族誌として記述した。加えてイヌワシの分類方法、身体名称、飛翔方法、諺、言い

伝え、鷲使いの隠語や特殊語彙など、イヌワシについて養われた土着の在来知を多数記録した。

また第2次調査では2014年9～10月の期間、構成的インタビューにより①捕獲したイヌワシの初期の馴化プロセス、②イヌワシへの日々の給餌頻度／分量、③動物別の給餌適正、についての定量的な結果を割り出した。また個人的なイヌワシ飼育経験も織り交ぜ、中世～近代イギリス（16～19世紀）のタカ、ハヤブサ馴致の方法を参照しながら分析・考察を試みた。イギリスでは技術として完成された猛禽飼育の伝統があり、また古い文献によって多数が文書化・マニュアル化されているため、これらを参照した。鷲使いによるイヌワシ馴致と給餌の実践的な知と技法についての知見を詳説した。

本調査領域の基礎研究の必要性を踏まえて複数のイーグルハンターを横断的に調査し、その生活実態および馴致技術、イヌワシ飼養術についての一般性・法則性を特定した。

第3章　イヌワシを駆る──騎馬鷹狩猟の実践と技法

アルタイ地域では現在でも、常時80～100羽程度のイヌワシが鷹狩用に馴致されている。しかし実猟に携わる鷲使いはこの20年間で減少の一途にあり、実際には出猟経験をもたない「デモンストレーター」がその大部分を占めるようになっている。そのため第3章では、出猟についての民族誌的記録の必要を見据え、騎馬鷹狩猟の実践と技法の現状についてフィールドワーク（インタビュー・参与観察）を行った。

2011年11月20日～2012年1月26日まで、バヤン・ウルギー県サグサイ村の鷲使いS-16氏宅に滞在し、滞在期間中にS-16氏と叔父のS-10氏が同村アグジャル山地で行った狩猟活動（全10日間）に同行した。出猟に際して、S-10氏は11歳ワシ1羽、S-16氏は6歳ワシ1羽の2羽を同行させた。

①狩猟への同行調査では、GPS機器を用いてハンティングログを記録し、行動分析もあわせて実施した。狩猟ポイント、狩猟ルート、実働時間、標高値、移動距離などはGarmin社製品GPSmap60CSxを使用し、GoogleEarth™にて処理を行った。これら観察結果からは、同村アグジャル山地での伝統的

な狩猟実践の詳細が明らかになった。②参与観察の結果からは、出猟における複数の狩猟同伴者の必要性、勢子役の重要性および獲物の優先取得権など、アルタイ地域特有の狩猟技法と伝統が部分的に明らかとなった。また、実猟者の減少や出猟頻度の低下がうかがわれ、定期的な出猟を行うイーグルハンターは全体の2割程度と推測された。近年のこうした狩猟態度と出猟習慣の減少には、「狩猟行為の身体的負荷」「キツネの減少による猟果の低下」「銃猟・罠猟の広まりと効率化」などの理由がその一因としてうかがわれた。

本章では狩猟誌と出猟の意義を分析することで、鷹狩文化の持続可能な保護・継承のためには銃猟や罠猟に頼らず、イヌワシを用いた「キツネ狩り」を継続させることが、騎馬鷹狩文化の保護と「脱狩猟化」へ対抗する唯一の方法であると結論づけた。

第4章　イヌワシを飾り、魅せる──鷹具と鷹匠装束の民族鳥類学

第4章では、鷲使いが用いる鷹匠道具「鷹具」と鷹匠装束など全14種類について、その製作方法、使用方法、文化的意義などを民族芸術学の視点により明らかにした。

鷹具の利用方法から①必需道具、②イヌワシをつなぐ、③イヌワシを養う、④イヌワシを鍛える、の4つのカテゴリーに分類して詳述した。①「必需道具」では、鷹狩猟の実践で必須とされる目隠し帽"トモガ"、餌掛(手袋)"ビアライ"、足緒"アヤク・バゥ"、騎乗用腕部固定具"バルダック"、の4種類の鷹具を中心に、その必要性を自身の体験も交えて詳述した。②「イヌワシをつなぐ」では、イヌワシを人間界に据え置くための据え木"トゥグル"、つなぎ紐"アルカンシャ"、留金具"アイランソク"、の3種類を取り上げた。③「イヌワシを養う」では、給餌に用いられる、給餌容器"サプトゥ・アヤク"、口餌袋"ジェム・カルタ"、強制給水具"トゥトゥク"、嘔吐補助具"コヤ"の4種類を分析した。④「イヌワシを鍛える」では、狩猟訓練に使われる道具、呼び戻し肉"チャクル"、疑似餌"チュルガ"、嘴部拘束具"タンダイ・アガシュ"の4種類を分析した。

本章の鷹具類については、長期滞在期間中、サグサイを中心に実見し、そ

の一部は譲渡・収集により入手した。そのため、本章参照の鷹具の大部分は、サグサイ村の鷲使いによる所有物である。また、民具や考古学的資料の物質文化研究に特有の描画的・陳述的な記述の羅列を避け、一部の解釈は実際に現地でイヌワシを飼育した体験型分析、いわば実体験を言語化することで鷹具利用の臨場感を表現し、読者への理解を促した。

　本章では、民族考古学と実践人類学の手法を応用し、鷹具の制作と利用をめぐる物質文化の周辺をもあわせて民族誌として描き出した。

第5章　イヌワシを受け継ぐ──騎馬鷹狩の伝統と文化変容

　第5章では、バヤン・ウルギー県で2000年と2002年に相次いで設立された、民族文化の祭典「イヌワシ祭 Golden Eagle Festival」をめぐる、祭典の設立経緯、騎馬鷹狩文化の地域振興、地域社会と伝統文化への正負双方の影響を考察・評価した。

　①「イヌワシ祭」の設立にかかわった発起人、関係者、行政の運営関係者にインタビューを行い、その詳細な設立経緯について記録した。イヌワシ祭りの設立・運営関係者へのインタビューは2012年8月と12月に行った。さらに②3つの地域、アルタイ村、サグサイ村、トルボ村に居住の鷲使い47名を訪問・面談し、祭りへの参加等の有無、開催の賛否・問題点、要望、などの意識調査を実施した。これにより、上記3村における騎馬鷹狩の実践、文化継承、伝統への態度などの地域性を描き出した。またイヌワシ飼養の開始年齢を特定し、年代ごとに鷲使いの継承年齢、継承関係、増加率を特定した。③サグサイ村で2011／12年の2年間で行われたヒナワシの取引を記録し、生物資源の保全問題について言及した。ヒナワシの取引は恒常的かつ商取引の機会となりつつあり、イヌワシ個体数に負の影響をもたらす可能性を指摘した。

　祭典は現地における伝統意識やアイデンティティの確立を飛躍的に前進させた一方で、多くの無形文化遺産と同様に、近代化体験を通じた著しい「脱文脈化」の傾向をもたらしている現状を指摘した。

終章　イヌワシと鷲使いの環境共生観——騎馬鷹狩文化の持続性と成立条件

　第 6 章では、これまでの研究成果を統合し、カザフ騎馬鷹狩文化の文化上、社会上、生態環境上の持続性を解明し、イヌワシ馴致の伝統知を未来に継承するためのマスタープランを文理融合の手法で提唱した。

　現在、イヌワシの飼育者は同県全域で 100 名を下回り、急激な観光化と伝統の知恵と技法の喪失に直面する文化変容の過渡期にある。本書で長期滞在型のフィールドワークにより得られた「鷲使いの民族誌」「牧畜社会の現状」「鷹狩文化の持続性」などの、これまでの知見を統合し、カザフ騎馬鷹狩文化を保護・継承してゆくための脆弱性への対処とレジリエンスを考察した。騎馬鷹狩の特性を解明することで、遊牧社会と鷹狩文化の互恵的関係を描き出した。①イヌワシの馴化と保持にかかる食肉給餌の年間必要量と、毎年の幼畜再生産により給餌食肉を確保するための最小家畜所有数（世帯ごと）を特定した。②カザフ牧畜社会で、「鷹狩の知と技法（TAK）」と「生態学的伝統知（TEK）」が、広く共有されている特性に言及した。技術継承については父から子への「垂直継承」だけではなく、コミュニティ成員間の「水平継承」の必要性とその肯定的側面を描き出した。

　その結果、騎馬鷹狩の成立条件には、①イヌワシの営巣環境の保全、②牧畜生産性の向上、③出猟習慣の継続、の実践が不可欠であることが浮かび上がった。騎馬鷹狩文化とは、「環境」「社会」「文化」が有機的に連結したハイブリッドな無形文化遺産であり、とくに牧畜社会の暮らしの文脈に成立の多くを依存していることをあきらかにした。

全体を通じた体裁の統一

　本書で扱う情報は、インフォーマント鷲使い約 42 名との「構成的インタビュー」「エスノグラフィック・インタビュー」「対話」「日常会話」などにより 2011 年 7 月から断続的に得た。実見・実聞の直接の情報源は、拙稿［相馬 2015b: 429］および本書 8〜9 ページに掲載したコードによりインフォーマントを特定した。本書で参照した人物およびイヌワシの年齢は、各章の調査日時に準じ、冒頭に明記した。また、現地価格については 100MNT（₸）

＝6円（2012年10月現在）で統一した。

　調査対象地域では、タカやハヤブサは鷹狩猟には一切用いられない。また現地カザフ語でも「鷹匠」「隼匠」などに相当する語は使用されていない。そのため、本書では文化的文脈との整合性に配慮し、現地で鷹匠を呼び表す"ブルクッチュ Бүркітші"（＝鷲使い／イーグルハンター）を一般的な「鷹匠」の意味として使用する。また「ソム」「ソム・センター」を各村の定住中心部に限定し、村の固有名称（「サグサイ」など）は村域を表す「村 сум」の意味で使用する。また現地語（モンゴル語・カザフ語双方）で「遊牧民」「牧夫」を表す"マルチン малчин"を、「牧畜活動従事者」の意味で以下使用する。

　イヌワシの年齢表記は現地の数え年（満年齢＋1歳）で統一した。イヌワシの年齢は、羽根の生長量、嘴・脚部の色、体格などによって鷲使いに判定されるためこれに準じた。

　本書では実証研究に加え、鷲使いに用いられる特殊なボキャブラリーや隠語、鷹匠詞の発掘・収集も意図し、意識的に現地語を多数収録した。これら現地語は"（カザフ語）"で指示しキリル表記を併記した。こうした特殊語彙すべてが現在、鷲使いでも日常的に使用・共有されているわけではなく、忘却の過程にある用語も少なくない。そのため、定義・用法・綴りの不確かな語には（？）を付し、筆者の解釈であることを明示した。現地カザフ語は、筆者の耳で聞いたもっとも近いと思われる音をカタカナ表記で音写した。集成されたこれらボキャブラリーは、巻末に一覧表として列記した。

第1章 イヌワシとの出会いと別れ
イヌワシの捕獲術と産地返還の掟

⟨Ⅰ⟩ はじめに――イヌワシとの出会いと別れの物語

　モンゴル国西部アルタイ地域には、メスのイヌワシ Aquila chrysaetos daphanea を鷹狩用に馴致する騎馬鷹狩の伝統が数世紀にわたって受け継がれてきた［相馬 2012a～b, 2013a～b, 2014a；日本放送協会（NHK）2003, 2010, 2015；Soma 2012a～d, 2013a～b, 2014, 2015a～c, 2016a～c, 2017］。鷲使い／イーグルハンターは巣からヒナワシを捕獲するか、成鳥を罠や網で捕獲する方法でイヌワシを入手する。そして4～5年間狩猟を共にしたのち、再び自然へと返す「産地返還」の習慣を鷲使いの掟としてきた［相馬 2015a, 2015b］。しかし近年、イヌワシの乱獲や、交換、取引、転売は、地域の遊牧民や鷲使いにとって「現金収入」「生活資金源」となりつつある（図1-1）。そのため、地域の人々はイヌワシの巣を発見しても、周囲に他言しないようになっている［Soma, and Sukhee 2014］。さらに生存が危ぶまれる大型猛禽類を、鷹狩に使用することにも批判の声が聞かれることもある。

　世界的に密猟の危機にある猛禽の代表はハヤブサ Falco spp. であり、鷹狩用か否かを問わず、ユーラシア大陸全域でその棲息は脅かされている。例えば2007年9月24日、寧夏回族自治区中寧県では、外国人密猟グループ24人がハヤブサの密猟で逮捕された。中国北方はモンゴル高原にかけてハヤブサの繁殖地となっていることから、全員中央アジア諸国からの「出稼ぎ密猟者」だったとされている［レコードチャイナ 2007］。またインド北東部のナガランド州では、毎年およそ12～14万羽のアカアシチョウゲンボウ Falco amurensis が密猟され、その大部分は燻製などの食用として売却されている［ナショナル・ジオグラフィック 2012］。一方、パキスタンでは、2005年には2000

図 1-1　イヌワシの巣と鷲使い
Figure 1.1　Golden Eagle nest and an eagle master

羽程度だったハヤブサの生息数が、紛争続きで密猟者が締め出されたことにより、2008年には 8,000 羽まで大幅に改善したという皮肉な事例もある［Inter Press Service 2013］。日本での猛禽捕獲は、沖縄県の伊良部町で、食用を目的としたサシバ *Butastur indicus* 捕獲の風習がかつてあった（現在は禁猟）［琉球新報 1999］。日本の弓道ではイヌワシの尾羽を矢羽に利用するため、かつて本調査地のバヤン・ウルギー県には不定期に羽根の買い付けに日本人が訪れることもあった。しかし販路が開けた反面、ワシの羽根"カウルスン"をむしり取って売るためだけに多数のワシが捕獲されることとなった［U-01 氏談］。そのため現金収入の機会が、現地へ負の影響も生み出してしまった側面もある（日本弓道連盟の 2015 年 1 月の準則により、「矢羽の適正入手証明書（トレーサビリティ証明書）」のない矢羽の購入は原則として禁止されている［日本弓道連盟 2015］）。ただし、現在は羽根の販売目的でイヌワシが乱獲されることはほぼ見られなくなった。モンゴル西部地域の猛禽類取引の現状は、いまだに漠然としている。野生動物の違法取引や、中国、ロシア、アラブ諸国への密売が指摘されているものの、イヌワシに限っていうと、現地で生活していても外国人や国外への売却などの情報や噂はほとんど耳にすることはなかった。牧畜社会で 450 日間以上暮らした経験からすると、外国人による野生動物の密猟や現地生活者による捕獲でも、それらの情報は牧畜社会のネットワークを通じて瞬時にあまねく人々へと伝わった。そしてイヌワシは鷹狩の盛んなアラブ諸国や西欧では一般的には用いられない。イヌワシは中央アジアのカザフ人とキルギス人の騎馬鷹狩猟でのみ馴致される。モンゴル、中国、カザフスタン、キルギスの全域を合わせても、鷲使いの数はすでに 300 人に満たな

くなっている。また飼養と維持に莫大な給餌費が必要とされるため、ペットや愛玩用にも需要があるとは考えにくい。そのため、イヌワシそのものはモンゴル外部への密猟対象となりにくく、乱獲などの人的被害の影響は比較的寡少のような印象も受ける。

いわば、現代のアルタイに生息するイヌワシをおびやかす最大の脅威は、地元カザフ鷲使いによる高頻度な捕獲や、飼養術に未熟なための死亡事故などに見いだされる可能性がある。そのため、モンゴルの「騎馬鷹狩文化」の地域研究にとどまらず、世界に広がる鷹匠と鷹狩文化による生物資源と環境への影響評価も見据え、本章では以下3つの事案をあきらかにした。
　① 地元の人々に伝わるイヌワシの鷹取術や鷹取場の名称を特定した。
　② 鷲使いたちによるイヌワシの捕獲手段、頻度、飼養期間、離別の理由を定量調査によりあきらかとした。
　③ イヌワシの入手経路と地域間取引／交換の実態を部分的に解明した。

先行研究が皆無である状況を受け、本書では上記の知見を「伝統知（TEK）」として記録し、地域固有の「民族鳥類学 ethno-ornithology」から派生した知的資源として再定義した。さらに、イヌワシを捕獲／交換することによる生物資源（とくにイヌワシの繁殖や個体数）への負荷や影響を考察した。ヒトと動物の関係誌および野生動物保護の観点から、これらがアルタイのイヌワシ個体数と動物資源の持続性にどのような影響をもたらすのかを、将来の課題に見据えて考察した。

II　イヌワシの捕獲方法

1　幼鳥"コルバラ"の鷹取術

鷲使いのあいだでは、同じイヌワシを示す呼称に豊富なバリエーションがある。ワシの総称はメスワシが"エレク елек"もしくは"ウルガシュ ұрғашы"、オスワシは"サルチャ сарша"と呼ばれる。さらにメスには年齢ごと（換羽回数）によって11の年齢別名称「齢称」が与えられている。メスワシと異なり、オスのイヌワシはただ単に"サルチャ"と総称されるのみである。

同じイヌワシでも、オスワシはその鈍重な性質からイーグルハンターのさげすみの対象となっている。イヌワシのなかでもとくに素晴らしい狩猟能力をもった最高のワシを、"クラン қыран" と愛着をもって呼び表す。"クラン" とはカザフ鷹狩文化で秀逸なイヌワシを称えた最高の表現であり、(現在はアルタイの) カザフ民族とイヌワシの崇高さを重ね合わせるかのような比喩を込めて用いられる。とくに捕獲された幼鳥／若鳥／成鳥の来歴の違いは明確に区別されている。イヌワシの巣から直接捕獲したヒナ (巣鷹) hand-reared は "コルバラ қолбала"、網や罠で捕獲した成鳥 haggard は "ジュズ жүз" と呼ばれる。また、性成熟 (満 5 歳齢以降) を迎えたイヌワシは、"カル・クス карі құс"、"カルスー・ブルクット карісі бүркіт"、と呼ばれ、とくに年齢を重ねた老練で賢いワシは "クラン・カル қыран карі" と愛着をもって言い表される。

　イヌワシの捕獲方法には、巣立ち前のヒナワシ "コルバラ" を巣から直接捕獲する方法と、巣立ちした若鳥・成鳥 "ジュズ" を捕獲する方法、の 2 種類がある。バラパン (ヒナワシの総称) の捕獲には制約や法律などはなく、現在は地元の鷲使いならば誰でも捕えることができる [S-08, S-12, S-15, U-01]。アルタイ山脈ではワシは 5 月頃に孵化するため、6 〜 7 月にかけて捕えられる。低山帯のワシは 7 月 5 日前後、高山帯は 7 月 20 日前後に巣立ちすると伝承されている [S-05]。それ以降は巣を訪れてもヒナがいることはまれである。一般的には例年 7 月頃までに十分成長した、巣立ち直前のヒナがもっとも好まれる [S-02, S-15]。巣立ちした直後から最初の冬 (10 月末頃) まで親鳥と一緒に狩りをした若鳥 "アク・バラパン ақ барапан" が、もっとも狩猟に馴致しやすく、鷲使いには好まれている [S-08, U-01]。ヒナを捕獲する習慣は、とくにサグサイ、ウランフス、アルタンツォグツなど、バヤン・ウルギー県北部に多く見られる。県南のトルボ、デルーンでは、バラパンよりも自然界で鍛えられたジュズを捕獲する方が狩りに向いているともいわれている (後述)。

　鷲使いのあいだでは「山が高い場所ほど良いワシが営巣する」と信じられており、ツァンバガラフ Цамбагарав、ツェンゲル・ハイルハン Ценгер Ха ирхан、タバンボグド Таван Богд、キインウヤなどの高原が鷹取に最適とされてきた（表 1-1 参照）。サグサイ周辺では、"バクモイズ"、"コルシェイト"に優良なイヌワシが多く営巣すると伝えられ、かつてこれらの場所は鷹取場として多くのワシが捕えられた［S-02］。また、ウランフス北部ロシアとの国境付近のオイグル山地は、ロシア（アルタイ共和国）のコシュ・アガシ（Кош-Агаш）から飛んでくる優秀なワシの産地とされている［U-01］。また、デルーンは中国側のアルタイ山地西麓から良いイヌワシが飛来する産地とされている。以下、地域の古老鷲使いの話を中心にバラパンの捕獲方法の概要を述べる。

　山地を訪れた鷲使いは、はじめに上空を見上げて親ワシの所在を確認する。夏季に山地や夏牧場の上空で、ワシが舞うように旋回していればその地上付近に巣があるとされる［S-05, S-12］。このイヌワシを注視し、ヒナワシの母鳥"エネ ene"がエサを巣に持ち帰るところを注意深く観察する［S-08, S-15］。イヌワシは見晴らしの良い岩場や崖上の縁に好んで営巣を行う。飛び立ちやすく、舞い戻りやすい場所を選定する。また巣の近辺や直下はヒナワシの糞で岩肌が白っぽくなっている。営巣地点のこの現象を鷲使いたちは"サンガルー"と呼び、褐色の岩肌にイヌワシの白い糞が目視でも比較的容易に視認できる。

　バラパンの捕獲にはおおむね次の 2 つの方法がある［S-05］。①鷹取役が巣まで降りて直接捕獲、②巣からバラパンを追い出して捕獲。①の方法では、鷹取役が紐で吊るしたケレゲ（天幕の外壁）に乗って巣まで降りるか、木のはしごで巣まで降りる。支えとなる人物が必要なことから、バラパンの捕獲には 2 人以上で向かう必要がある［S-12, S-15］。②の方法では、鷹取役が巣まで近づき、巣のなかに石を投げたり、松明の明かりをかざしたりしてヒナを驚かし、巣から飛び出たところを捕まえる［S-02］。捕獲には 2 つのネットで挟みとるようにするのが良いとされる。巣にヒナが 2 羽いれば両方とも別々に包んで持ち帰られる。

　サグサイ村でのフィールドワーク期間中、2012 年 5 月に S-10 氏による 10 日齢程度のバラパンの捕獲を実見した（図 1-2）。ヒナは夏牧場では鷹小屋の

表 1-1 産地・方法・年齢別イヌワシの捕獲数
Table 1.1 A number of captured eagles by origin, method, and age

産地	捕獲場所 (n=76地点)	巣	網	罠	購入	交換	贈呈	合計	1歳	2歳	3歳	4歳	5歳	6歳	7歳	8歳	9歳	<10歳	合計	地元で飼養	他地域で飼養
アルタイ	アルタイ周辺	1	1		3				1	1	2							1		2	3
	サルゴビ	3		1					3	1										4	
	サルゴビ／オルタサイ	1							1											1	
	シェゲルタイ	2							2											2	
	ジャランガシュ		1	2					1			1			1					3	
	ソルトムスクタン	1							1											1	
	トゥクテルスケイ		1															1			1	
	トシュン		1						1				1							1	
	トルボ			1					1												1
	ボロー・ボログスン	2				1			3											3	
	ヨルト	4						26	4										26	4	
アルタン ツォグツ	ツォグツ周辺	2	2		2	1			3	2	2									4	2
	エルゲト	1							1											1	
	オヌ	2				1			3											3	
	カラガント	1							1											1	
	テクト	3						15	3										15	3	
ウランフス	ウランフス周辺	1			2	1	1		1	1			1	1						2	3
	アラルトゥベ			1							1										1
	オイグル	1	1		9	1			2	2	4	2	1							5	7
	オルタタウ／サルブラク					1				1											1
	カラタウ	1	1		1				1	1		1								2	1
	コクショク			1						1										1	
	サルトガイ			1											1						1
	バヤンズルフ	2	1		1				4											4	
	フルン・ハイルハン	1		3				32	1	1	2								32	4	
サグサイ	サグサイ周辺	13		3	7	5	2		15	10	2	2	1							25	7
	カク(ツェンゲル・ハイルハン)		1								1									1	
	カグルガト(ウムヌゴル)		1											1						1	
	カラタウ			1	1						1	1								2	
	カランガト	1							1											1	
	キインウヤ (ダイン)	1							1												1
	コシェイト	1							1											1	
	コックンゲイ(コシェイト)	1							1											1	
	コラガシュ (ダイン)	1							1											1	
	ジェルドゥ・カブルガ		1											1						1	
	シャグル (ダイン)	1							1											1	
	シンダワー		1							1										1	
	タイルタイ・タウ	1							1											1	
	ダイン			1					1												1
	テレクト	1							1											1	
	ヌレト	1												1							1

第1章　イヌワシとの出会いと別れ

	ブケン		1					1										1			
	ブケンタウ	1						1										1			
	ブテウ				3				1	1	1							3			
	フルン・ハイルハン	1									1							1			
	ホイロー		1	1								1						1			
	ムズタウ	2	1					2		1								2	1		
	モンゴル・ダラー(ダイン)	1					57	1									57	1			
ツェンゲル	ツェンゲル周辺		2		3	5	1	2	4	1	2	2						1	9		
	アクコル		2					2										2			
	カランゴル	1					14	1									14	1			
デルーン	デルーン周辺	1	3	3	11	2	3	4	12	4		1					1		22		
	カラタウ				1		23			1							23		1		
トルボ	トルボ周辺	2	1		3	2	2	5	4	1								6	4		
	ウスゲン・アルジャク	1							1									1			
	コグアドゥル			1					1									1			
	サイル			3	1			2	1	1								4			
	ベル			1			17	1									17	1			
ノゴンノール	ノゴンノール周辺	2		1	1			3				1						3	1		
	アクコル(クブシャル)	1						1										1			
	アクタスタ	1						1										1			
	バクウク	12						12										12			
	バハトルク	1		1	1	1		1	2	1								1	3		
	ブテウ(ノゴンノール)	1						1										1			
	ムクルザク		1				24			1							24	1			
バヤンノール	バヤンノール周辺			1				1										1			
	オシュク	1						1										1			
	コクムイチク	1					3	1									3	1			
ボゴット	ハトゥー				1	1		1									1		1		
ボヤント	ボヤント周辺		3						2	1								3			
	ウムヌ・ゴル			1					1									1			
	カラサイ	1						1										1			
	ヌレト	1					6	1									6	1			
ボルガン	ボルガン(ジャルガラント)			1	1			1									1		1		
ウルギー	ウルギー周辺			2	2			1	1								2		2		
オブス	オブス周辺			1	1					1							1				
詳細捕獲地点 (n=65 地点)		83	23	20	54	24	18	222	108	53	30	15	8	5	0	0	0	3	222	137	85
																				61.7%	38.3%

23

図1-2　捕えられた10日齢前後のヒナワシ
Figure 1.2　A captured 10 day-old eaglet

なかで無事成長し、9月のイヌワシ祭（2012年）にも同行された。ただし、これほど若いバラパンの捕獲はあまり一般的ではない。カザフ鷲使いの伝統知に照らすと、歳の若すぎるヒナワシ（おおむね4週齢以下）を捕獲することは通常行われない。

サグサイ村南北の山地周辺でワシの巣を探査したところ、2つの巣（N_1、N_2）が見つかった（図1-3a-b）[以下、S-15氏の案内により2011年8月18日に実見]。N_1とN_2はソム・センターから南に約6,400 mの冬牧場で確認された。そのうち1ヵ所はS-15氏の冬営地の自宅から西に約1,000 m、もう1ヵ所は160 mしか離れていなかった。N_1は尖塔型の岩棚の上にあり、アクセスの困難な場所のため遠方より目視した。N_2は徒歩でもアクセスできる2.5 mほどの高さの岩棚の上に確認された（図1-3a）。巣は全長約153 cm全幅約45 cmで、大人の人間が入れる大きさであった。N_2の内部には、軍手、ブーツ、皮革製ポーチ、ワイヤーハンガー、布切れなどが収集されており、人間の生活空間と重なり合うイヌワシの生態がよく表れていた。巣にヒナはいなかったが、案内人のS-15氏とともに上空に親ワシの旋回する姿を確認した。そのため、繁殖および巣立ちを済ませたイヌワシの巣と思われる。とくにN_1～N_2の行動圏内にはサグサイ村南部のオルタタウ冬営地が含まれており、例年9月～翌5月には6家族が牧畜生活を営んでいる。またホブド河北岸のカインドアラル冬営地でも2つの巣（N_3、N_4）が確認できた（図1-3c）。これらはS-16氏の叔父が居住する冬牧場から約900 mの距離にあり、同一地点に3つの営巣が確認された。2つは空巣であったことから、同一個体の営巣地と推測される。これらは、カザフ人とイヌワシの生存空間が互いに重なり合っているひとつの事例と考えられる。

鷹狩用に捕獲するイヌワシ、とくにウルギーからサグサイ、ウランフス、

第1章　イヌワシとの出会いと別れ

a. 棚状になった崖に掛けられた巣（N_2）

b. 上部から見た（N_2）

c. 同一地点に営巣された2つの巣（N_3、N_4）

図 1-3　サグサイ村周辺の営巣地点
Figure 1.3　Eagle's nest around Sagsai sum-center

　ツェンゲルの各村一帯に生息する個体については、そのほとんどが岩棚上に営巣すると考えられる。営巣場所のほとんどは眺めが良く、周囲が一望できる高台や稜線上に掛けられている。アルタイ山脈には高木や森林地帯は少なく、木の群生地点も山の北斜面に限られている。これらの場所にも、イヌワシが人目を避けて営巣できるほどの大木や茂みはほとんどないため、雛獲りが木立に掛けられた巣から行われることはない。またイヌワシは巣に上空から舞い戻り、飛び降りるように巣から飛び立つ習性が見られる。そのため、切り立った崖上に開ける眺望の良さなどが条件になっていると推測される。これら巣の営巣材には、付近から採集したポプラやマメ科の低木カラガンの枝が用いられている。サグサイ南側 N_2 では、サグサイ村の近郊で群生する

カラガンの枝が多数使われていた。カラガン林の付近は秋冬の風よけに、地元の人々の秋営地・冬営地となっている。また林のすぐ近くまでジャガイモ畑が耕作され、通年で人の気配がある。こうした場所からもワシは営巣材を確保している可能性がある。比較事例として、アラスカのケープ・クルゼンスターン地域では、イヌワシが営巣材に大量のカリブーの角を使用し、その質量は営巣材の10〜15%にも達した事例が報告されている［The Raptor Research Foundation, Inc 1998: 268］。とくにサグサイ村周辺は木材資源が乏しい。一方、中国国境付近のホトンノール、フルゲンノール、ダインノール西岸地域は、峰々に数多くのシベリアスギ、アカマツ、クロマツが群生するため、イヌワシの生態環境や営巣行動もおおきく異なると思われる。これら冷涼な高原地帯はマルチンの夏牧場として利用される。そして9月以降は厳しすぎる冷え込みのため、通年で宿営するマルチンはほぼ皆無となる。ホトンノールおよびフルゲンノール一帯で夏季に暮らしていた鷲使いは、ウランフスから移動していた1名のみが確認された。同氏も9月には冬牧場へと引き上げ、この付近一帯が冬季の狩場として利用されることはない。

2　成鳥"ジュズ"の鷹取術

　ジュズの捕獲には、罠や投げ網などいくつかの方法がある。鷲使いに伝わる伝統的な方法のひとつに、エサを食べすぎて体重が増え、飛行動作の鈍くなったアク・バラパンかジュズを、網を投げて捕獲する方法がある。成鳥になるとイヌワシの自重は6 kgを超え、上昇気流の助けがないと上手く飛翔できないことがある。この習性を利用し、はじめに上空を舞うイヌワシから視認できる開けた場所におとりの肉や動物の死骸を置き、ワシに十分に捕食させる。ワシが食べ終わって飛び立つところを見計らい、ネットなどで捕獲する。かつては飛翔の鈍重となったワシを騎馬で追走し、投げ網で捕えることも行われた。さらに雨天時に濡れた状態のイヌワシも、自重が増して飛行が制限されるため、網で捕まえやすいといわれている。ただし、これら昔ながらの伝統的捕獲術はもはや一般的ではなく、フィールドワークで実見することはできなかった。

第 1 章　イヌワシとの出会いと別れ

a. 罠の設置に適した山肌

b. 地元在住の T-08 氏と罠

c. 罠の設置方法

d. 捕えられたメス

図 1-4　トルボでの成鳥の捕獲方法
Figure 1.4　A trapping way for adult eagles in Tolbo County

　現在広く行われる罠を用いた鷹取術は、次のように行われる。トルボ在住の鷲使い T-08 氏の行ったジュズの捕獲方法を以下に参照する［2012 年 10 月 8 日に実見］（図 1-4a〜d）。はじめに、よく開けた山肌の南斜面にロシア製の鉄の罠（いわゆるトラバサミ）を設置し、砂をおおい被せて隠しておく（図 1-4a）。罠の谷側に石を置き、その上に上空からもよく視認できるように、ウサギの死骸を紐でくくりつけておく（図 1-4b）。イヌワシが山側から獲物に襲ったり、近づいたりする習性を利用し、おとりのウサギに近づくと罠がイヌワシの脚を捕えるように設置されている（図 1-4c）。この罠で訪問の前日に、5〜7 歳齢のメスのイヌワシが捕獲された（図 1-4d）。しかし、右足の第二趾（内趾）を失っていたため、すぐにリリースされた。訪問の 2 週間

27

前にも若いオスのイヌワシが捕えられ、これもリリースされた［Soma 2016b］。一般的には強力な罠を使用しなければ、イヌワシほどの巨体を捕獲することはできない。ただし、同様の方法で罠を使用せずにネットを用いた鷹取は昔から行われていた（周囲のネットに自然にイヌワシがからまるため）。そのためこうした鷹取術は、鉄製のトラバサミが用いられるようになって以来の、もっとも広く行われている初期的な方法と考えられる。

Ⅲ 鷲使いによるイヌワシの入手離別履歴

1 イヌワシの入手経緯と入手時年齢

構成的インタビューにより 42 名の鷲使いのイヌワシ「入手／離別履歴」を追跡したところ、もっとも古い入手事例 1963 年から 2014 年まで、52 年間の履歴（合計 n = 222 例）を特定した。

イヌワシの入手方法は、次の 6 区分（#1. 巣からの直接捕獲、#2. 網、#3. 罠、#4. 購入、#5. 交換、#6. 贈呈）に分類して集計した。入手方法別の内訳は図 1-5a のようになり、自然界からの「捕獲」（#1〜#3）は全体の 56.8%（n = 126）、人づての「取引」（#4〜#6）は 43.2%（n = 96）となった。入手時の年齢別では、全体の 48.6%（n = 108）が 1 歳齢"バラパン"の入手であった（図 1-5b）。年齢が 1 歳増えるごとに、入手比率は半減する傾向にある。とくに 1 〜 3 歳齢での入手が全体の 86.0% を占め、4 歳齢以降のワシの馴致は全体の 14.0% 以下となる。とくに 7 歳齢以降の老齢のワシはほとんど馴化に用いられない傾向が見られた。

馴致への適正年齢別に入手経路を調べてみると、1 歳齢バラパンの入手経緯は 72.9%（n = 82）が「#1. 巣からの直接捕獲」であった。2 歳齢テルネックからは、「#4. 購入」（37.7%）と「#5. 交換」（24.5%）が入手全体の 62.3% を占めている。この傾向は 3 歳齢（56.7%）、4 歳齢（60.0%）でも変わらない。3 〜 4 歳齢の「#1. 巣からの捕獲」は、営巣中の成鳥も巣からの捕獲対象になることを示している。入手時年齢と捕獲方法のピアソン相関係数では（表 1-2）、1 歳齢ワシは「#1. 巣からの捕獲」と $r = 0.95$ の値が示さ

第1章 イヌワシとの出会いと別れ

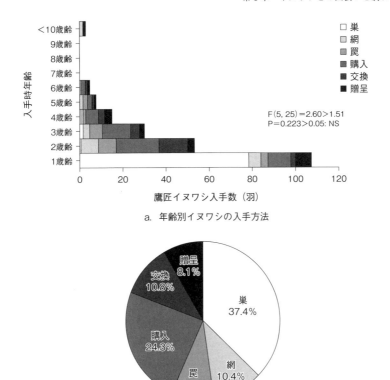

a. 年齢別イヌワシの入手方法

b. イヌワシの入手方法
図 1-5 イヌワシの入手方法
Figure 1.5 Ways for acquisition of eagles

れた。また 2 歳齢ワシは各種取引（購入 $r=0.82$、交換 $r=0.71$、贈呈 $r=0.71$）と強い相関が見られた。また 3 歳齢以降は、3 歳齢で「#4. 購入」（$r=0.83$）と、5 歳齢では「交換」（$r=0.74$）と強い相関が示された。一方、4 歳齢以降は捕獲全般（直接捕獲、罠、網、）とはほとんど有意な相関が示されなかった。ピアソン相関係数による分析から推測すると、鷲使いは年齢の高い鷲を捕獲しても馴致には用いず、リリースされるか売却、交換、贈呈などに回されていると考えられる。

表 1-2　イヌワシの入手時年齢と捕獲方法のピアソン相関係数
Table 1.2　Pearson Correlation between age of acquisition and capture

年齢	捕獲			取引		
	巣	網	罠	購入	交換	贈呈
1歳	0.95	−0.08	0.26	0.29	0.42	0.20
2歳	0.30	0.40	0.49	0.82	0.71	0.71
3歳	−0.07	0.43	0.38	0.83	0.24	0.42
4歳	0.11	0.08	0.04	0.48	0.55	0.34
5歳	0.08	0.39	0.13	0.65	0.74	0.45
6歳	−0.14	−0.03	0.06	0.19	−0.11	−0.03
7-9歳	—	—	—	—	—	—
<10歳	−0.10	0.41	0.18	0.53	0.06	0.29

2　イヌワシの離別方法と離別時年齢

　現在飼養中の個体（n＝55）を除いたイヌワシの離別方法の内訳（合計 n＝167 例）を図 1-6a～b に示した。もっとも古い例の 1967 年から 2014 年までの 47 年間の離別履歴を特定した。イヌワシとの離別方法は、次の 5 区分（S1. 解放［産地返還］、S2. 売却、S3. 譲渡、S4. 死亡、S5. 逃避）に分類して集計した。

　(a)解放／産地返還　　イヌワシとの離別履歴（n＝167）のうち、自然界への「S1. 解放（産地返還）」は全体の 43.7％（n＝73）となった。また狩猟により体の一部を痛めたための解放が 5 例確認された。このことから、伝統的な「S1. 産地返還」は、地域の鷲使いにとってあまり熱心に実践されているとは考えにくい。産地返還されるワシの入手時の平均年齢は 2.56 歳、平均使用年数は 5.38 年間となった（表 1-3）。そのため、産地返還されたワシの離別時年齢は 3 ～18 歳に達していると推定され、平均年齢は 7.83 歳と算出された。

　(b)売却／譲渡　　「S2. 売却」された個体数は、全体の 3.6％（n＝6）のみが特定された。売却された個体の入手時／離別時年齢は 1.67 歳／1.80 歳で、平均使用年数は 0.6 年間であった。比較的若いイヌワシが売却の対象とされており、はじめから売却目的で入手されている可能性もある。「S2. 売却」はとくにサグサイの S-15 氏で 4 件、偶発的に高校生の S-17 氏による 1 件、

第1章 イヌワシとの出会いと別れ

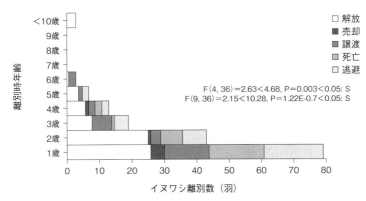

a. 年齢別イヌワシ離別方法

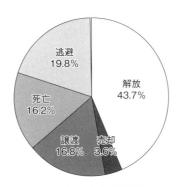

b. イヌワシの入手方法

図1-6 イヌワシとの離別方法
Figure 1.6 Ways for separation with eagles

表1-3 イヌワシとの離別方法別の年齢／飼養年数
Table 1.3 Eagle's age of separation and tamed duration

離別方法	平均年齢		平均飼養年数
	入手時	離別時	
1. 解放	2.47	7.83	5.38
2. 売却	1.67	1.80	0.60
3. 譲渡	2.25	4.46	2.21
4. 死亡	1.44	4.78	3.33
5. 逃避	1.88	5.24	3.20
平均：	1.94	4.82	2.94

31

U-05 氏による6件のみが確認された。U-05 氏はイヌワシ祭や式典のためだけにイヌワシを所持するデモンストレーターである。そのため、インタビューによる自己申告を信用する限り、鷲使い間での金銭授受をともなうイヌワシ取引が、全県的な現象とは描き出せない。金銭によるイヌワシの取引はモンゴル国内の法的規制の対象でもあり、口外することには当然ながら否定的意識がともなうものと考えられる。

一方、「S3. 譲渡」されるイヌワシは、全体で16.8％であった。譲渡された個体の入手時／離別時年齢は2.25歳／4.46歳で、平均使用年数は2.21年間であった。「S3. 譲渡」では、4〜5歳齢の比較的若いワシが対象となり、馴化のプロセスで「狩りに向いていない」「フィーリングが合わない」「近隣の鷹匠宅でワシが死んだ」などの理由で、やりとりが行われた。

(c) 死亡／逃避　イヌワシとの「S4. 死別」「S5. 逃避」は、全体の36.0％を占めている。イヌワシとの「S4. 死亡」による離別は全体の16.2％ (n=27)となった。「S4. 死亡」した個体の入手時／離別時年齢は1.44歳／4.78歳で、平均使用年数は3.33年間であった。狩猟中の死亡事故は5例が確認された。例えば、U-01 氏の"ホブドのカラゲル"がキツネとの戦闘で死亡、T-02 氏所有の"アク・カナット"がクマに襲いかかったために死亡など、比較的勇猛なワシの死亡例が武勇伝として聞かれた。その他の具体的な死亡理由を、鷲使い自身から聞き出すことはできなかった。自ら理由を話したがらなかった心理状態から察すると、病死や衰弱死による健康管理面での失敗がもっともおおきな理由と推察される。

「S5. 逃避」は全体の19.8％（n=33）を占め、「S1. 産地返還」の次に高い割合を占めていることが示された。いわば飼養中のイヌワシ5羽中1羽が逃げ出している計算となり、かなり頻繁にイヌワシが人間界から逃避する現状が見いだされた。とくに強風日の訓練や出猟で、イヌワシが風下に飛んでしまうと、風上に容易には戻ってこられないことがある。鷹狩と鳥類学に博識だったシェイクスピアの著作にも、「タカを風下に飛ばすと、風に乗って遠くへ行ったまま鷹匠の元へは戻って来ない」という一句があり、イギリスでは「今生の別れ」を意味する慣用句として用いられることがある［ハーテ

ィング 1993（1864）：68]。またイヌワシの初速揚力を測定したところ、地上からの最大揚力が 25 kg を超えることもあった。こうしたことから、とくにラポール構築の不十分なワシが、据え場所を振り切って逃げ出すことは珍しい現象ではない。鷲使いのあいだでは一般的に、年齢の高いワシほど自然界で培った野性のため、人間界から逃避する傾向があるとされている。しかし逃避個体の入手時／離別時の平均年齢は 1.88 歳／5.24 歳で、平均使用年数は 3.20 年間であった。馴致段階での年齢は若く、十分に人間界で過ごす時間が確保されていたと考えられる。また逃避個体（n = 33）の入手方法は、「捕獲」19 件、「取引」14 件で、来歴に有意な差は見られなかった。そのため、イヌワシの逃避は年齢よりもワシの個性や、とくに鷲使い自身の飼養・訓練上の不注意などに原因があると考えられる。

イヌワシ捕獲をめぐる環境と社会

1 「兄弟殺し現象」からの解放

　日本のイヌワシは通例 2 つ卵を生み、2 羽が孵化する。アルタイのイヌワシも、カザフの鷲使いの話では必ず 2 羽が巣にいるという。日本イヌワシ協会の巣立ち記録では、179 例の繁殖成功が報告されているが、2 羽とも無事に巣立った例は 3 例のみである。つまり日本を例にとると、98％以上の「弟／妹」ワシは生存できないということになる。アルタイのイヌワシに関する「兄弟殺し」の研究例がないため推測となるが、イヌワシに限っていうと、ヒナの摂食数と兄弟殺しにほとんど相関がないようにも思われる。つまり、ほぼ確実に後続ヒナへの攻撃は実行されている。これは 90％以上の確立で発生する「無条件カイニズム Obligate Cainism」と呼ばれる。

　イヌワシの成鳥は利用できる餌資源に限りがある場合、子育てをしなくなることがある［Nelson 1982: 99］。例えば、岩手県では、イヌワシのつがいが 30 年以上卵を産まない例も報告されており、北上高地の繁殖率も 1990 年から 20％に満たないとされる［関山 2007：22-25]。スロヴァキアでは 1978 年から、雛ワシを他のつがいの巣へ移動させて子育てをさせる試みが行われ、

1993〜2000年の成功率は74.3％（n＝35）であった。また空の巣に雛ワシを置いたところ、オスワシが殺してつがいが食べてしまうこともあった［Kornan 2003: 259-260］。関山房兵によると、巣の大きさによって「兄弟殺し」回避率が正比例に作用すると指摘されている［関山 2007：22-25］。

　こうした生まれながらの生存競争は、イヌワシに限らずあらゆる猛禽類に起こりうる。猛禽以外にもサギ、ペリカン、カツオドリ、ミツユビカモメなどにも発生する。しかしワシの場合はその発生率がとくに高いことで知られている。この原因は、ヒナに給餌できる獲物の数に制約が生じた場合、兄弟殺しやその摂食を始める現象が発生する特有の生態行動にある。ハヤブサの場合も通常3〜4羽のヒナを育てるが、ヒナへの給餌状態の悪化により、ヒナ同士の争いが生じることがある。殺されたヒナは親かその兄弟（おもに兄／姉）により食べられるか、親により別のヒナに「餌」として与えられる［Tordoff 1998: 184］。オオタカの場合は、孵化して3週間もたったヒナ同士で、兄弟殺しとその摂食が行われる例もある［Boal and Bacorn 1994: 748-750］。ただしケアシクマタカ（*Hieeaaetus pennatus*）のように、兄弟殺しがほとんど起こらず、記録にもない種類の猛禽もいる［Garcia Dios 2003: 261］。しかし鳥類のこうした兄弟殺し（シブルサイド）は、オオタカの例［Estes, Dewey and Kennedy 1999］やツバメトビの例［Gerhardt, Gerhardt and Vasquez 1997］のように、必ずしもすべてが餌の寡少さに由来するわけではない。大型の猛禽類ほど後続ヒナの生存率が低いという推測もある。抗いようのない猛禽界の摂理とはいえ、まるで後続卵には、食料事情の悪化時におけるいずれかのヒナの生存のための「保障」が、その身に背負わされているようでもある。

　カザフのイーグルハンターは通常、巣に生まれる2羽のヒナのうち、体が大きく羽毛の発達した方を捕獲して狩猟用に育て上げる。つまり先に生まれた「姉」の方を取得するか、もしくは「妹」を取得する。そのためオス兄弟の場合以外は、いずれか片方が生存する可能性が高い。

　北米やヨーロッパでは、「兄弟殺し」という猛禽の先天的攻撃性による繁殖数の減少を危ぶみ、観察された時点でその兄弟を巣から引き離して養育することが、1980年代頃から始められた。カザフ人のイヌワシのヒナ取得と

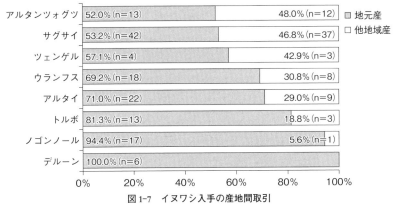

図1-7 イヌワシ入手の産地間取引
Figure 1.7 Regional exchanges of captured eagles

その養育は、少なくともカザフ人コミュニティの成立した18世紀初頭から行われてきたと考えられる。くしくもイヌワシを狩猟用に育て上げる伝統が、イヌワシの個体数を増加させ、世界でも有数のイヌワシ生息地としての生態環境を成立させた可能性がある［終章にて詳述］。鷹狩と牧畜の伝統により人間の手が加えられることにより成立した生態環境が、イヌワシの繁殖や個体数増加にとっても有益であったと考えられる。こうした意味で、カザフ人とイヌワシはお互いがアルタイの地への適応を模索する過程で、その共存関係を成立させたといえる。

2 イヌワシ捕獲個体の地域間交換

イヌワシは地域間でさかんに交換・取引がされており、産地の特定できた個体222例のうち、地元での捕獲個体が61.7％（n＝137）、他地域からの引取個体が38.3％（n＝85）と算出された（表1参照）。つまり地域のイーグルハンターの飼養する個体の4割以上が、他地域で捕獲されている結果となっている。すべての鷲使いの所持した飼養個体数（n＝208）に占める他地域産イヌワシの割合を見ると図1-7のようになる。他地域産の受入個体はアルタンツォグツで48.0％、サグサイで46.8％、ツェンゲルで42.9％、とこれら3村では全飼養個体の4割以上を占める結果となった。またウランフス

（30.8％）とアルタイ（29.0％）の 2 村でも、他地域産の受け入れが 3 割近く行われていた。一方、トルボ（18.8％）、ノゴンノール（5.6％）、デルーン（0.0％）では、地元産の捕獲個体を飼養する割合が高い。地元産／他地域産の比率は、県北で 62.4％／37.6％（n＝186）、県南（トルボとデルーン）で 86.4％／13.6％（n＝22）となった。県南でのサンプル数の少なさから、有意な検定値は得られなかった。ただし鷲使いのあいだでも、県南では優秀なワシが捕獲されるという認識が広くある。このことから、バヤン・ウルギー県ではとくに県北の各村のあいだで他地域産のイヌワシ受入が積極的に行われている傾向がうかがわれる。

　こうしたイヌワシの「取引（売買・交換・贈呈）」は、地元の鷲使いや遊牧民同士のあいだではかなり昔から頻繁に行われてきた。それは制度化された「商取引」ではなく、むしろ優れたワシを腕の良い鷲使いに提供するなど、コミュニティ内における良好な対人関係のためにやりとりが行われた。ただし、他国やカザフ人以外への取引や譲渡は、倫理上の禁忌とされてきた。「ワシはカザフの財産だから他国へは譲らない」[S-15]、また「ハヤブサだけは決して捕ってはいけない」という長老もいる [S-05]。取引には金銭での売買、家畜との交換、物々交換がなされ、ワシの個体それぞれの体格、性質、性格、状態に応じて相談のうえで値段（交換価）が決められた [S-02, S-05, S-08]。一般的なイヌワシ（ヒナも成鳥も）は現在、1 羽の価格（現地相場）は 10 万〜20 万 MNT（約 6,000〜1 万 2,000 円）前後が相場とされており、ヒツジなら 2〜3 頭分相当で取引される [S-12]。もっとも高いワシの売却価は 70 万 MNT（約 4 万 2,000 円）[S-01] であった。交換価ではラクダ 1 頭 [S-01, S-07]、牛 2 頭とヒツジ 1 頭 [Ts-04]、馬 1 頭 [Ts-04, S-01, S-02, S-07, Z-01] と交換した事実も確認され、良いワシに出費を惜しまない態度も見受けられる。近年、ヒナは取引や売却の対象とされており、鷲使いだけでなく地元の牧夫たちも頻繁にイヌワシの巣を探し求めるようになっている。そのため、鷲使いたちはたとえ営巣地を発見したとしても、その所在を秘匿していることも多い。

　現存する鷲使いによるイヌワシの入手／離別個体数の推移（図 1-8）を見

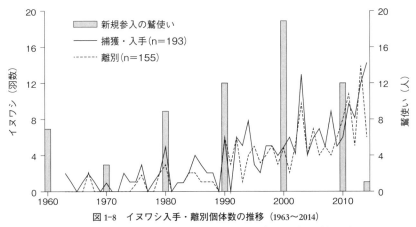

図1-8 イヌワシ入手・離別個体数の推移（1963〜2014）
Figure 1.8 A transition of numbers of acquisition/ separation with eagles

ると、1990年頃を境に新規参入者とともに増加傾向にあり、2003年には入手件数が激増した。これは1990年以降の民主化により、伝統文化への規制がなくなったことが背景にある。長い社会主義時代を通じて、カザフ社会ではイスラーム宗教の教えや宗教行事、伝統文化などの多くが政治的に抑圧・禁止されてきた。1970年代には数年間、イヌワシを保持することが禁止された時期もあった［U-01氏談］。さらに、2000年10月および2002年9月に相次いで開始された、カザフ民族文化の祭典「イヌワシ祭」の顕著な影響も見て取れる［第5章参照］。これは90年代以降のイヌワシ保持者の増加とも一致している。社会主義時代に失った自文化の再制度化（repatriation）が模索されたカザフ社会にとって、この時期イヌワシと鷲使いは、いわば民族の象徴として回帰した。調査対象イーグルハンター（62名）のうち、1990年以前からのイヌワシ保持者は30名、90年の民主化以降の参与者は32名でその比率はほぼ同程度となっている。注目すべきことは、2010年以降は新規参入者が停滞する反面、イヌワシの入手・捕獲数は2003年のピークよりも増加傾向にあることである。これは鷲使いの飼養技術の喪失にともなう、イヌワシの死亡や逃避事故が多発しているため、度重なる入手件数の増加を反映したものと思われる。そのため、鷹狩文化への新規参入者の停滞に反し

て、今後もイヌワシ入手件数は増加するものと見込まれる。このことは、イヌワシの個体数へ負の影響をもたらす可能性が十分にあると指摘できる。

3　幼鳥／成鳥の飼養をめぐる議論

　鷹狩り用の猛禽馴致における幼鳥／成鳥の選択には、それぞれのメリットとデメリットがある。ヨーロッパの鷹狩でも古来、幼鳥（eyass）／成鳥（haggard）の訓育には賛否の意見が議論され、中世イギリスの鷹匠のあいだでも論争となっていたことが、18世紀のJ.キャンベルの著書にも見える［Campbell 1773: 137］。キャンベル自身は巣から捕獲した個体の飼育を推奨しており、その育てやすい性質から、とくに5月の最終週の幼鳥個体が最良と考えられていた［Campbell 1773: 143］。現代の鷹狩では世界的に、巣から捕えたヒナの飼育に重点が置かれているように思われる。成鳥を避けることには次のような理由も指摘されている。①野生での成鳥を繁殖個体として確保しておくため、②ヒトへの馴致と訓練の困難に加え、すぐに逃避する癖があること、③古くは成鳥の飼育には確立された技術があったが、現代に継承されておらず幼鳥の飼育の方がよく知られているため［Beebe 1984: 123］。成鳥が逃げ出しやすいという認識は、欧米でもアルタイ系カザフの鷹狩でも共通した認識としてはっきり表明されている。

　イヌワシ馴化の伝統的な知と技法が失われつつある地元の鷲使いたちにとって、コルバラの飼育はジュズよりも容易で手間と危険をともなわない、と考えられている。しかし実際は、コルバラは成長するにつれてマスターや人間に反抗的になることや、しきりに鳴き声を立てる癖が現れるなど、狩猟や飼養に不向きな特徴が見られることも多々ある。古くから伝わる飼養の伝統知が駆使されれば、こうした性質はすべて矯正することができた。しかし、2000年以降はイヌワシ祭への参加だけを目的とし、イヌワシをつなぎとめるだけの「デモンストレーター化」したイヌワシ所持者が増え、かつ精度の高い馴致と飼養方法を継承する鷲使いは少なくなっている。加えてサグサイ周辺の鷲使いたちのあいだでは、「コルバラだけがオオカミを捕獲できる最強のイヌワシに成長する」と信じられている［相馬 2012a, 2016b；Soma and

Battulga 2014]。そのため、県北の鷲使いたちのあいだではコルバラへの執着がとくに強い。ウルギー県北の村々でコルバラの入手・取引が盛んな理由には、イーグルハンター人口の豊富さだけではなく、馴化の容易さに加え、最強の「クラン」へ育つと信じられる巣鷹／コルバラへの強い心理的愛着がその背景にある。

　一方、県南のトルボやデルーンではコルバラを捕獲する習慣はほとんど見られない。例えばトルボ村の鷲使いにはコルバラを捕える習慣はなく、むしろ「狩猟にはジュズが向いている」という共通認識をもっている。この見解は長老級の鷲使いにも一様に共通している。このように、現代は成鳥から幼鳥への飼育に比重が移る傾向があるが、これは狩猟の成果や環境負荷よりも、イーグルハンターにとっての飼養のしやすさが優先されている近代化の特徴と受け取れる。

　例えば、アルタイで最古老の鷲使い U-01 氏は、ヒナワシ「コルバラ」の捕獲を次のように深く憂慮している。

　　「コルバラは捕るべきではない。巣からたくさんヒナを捕ったせいで、ワシの数が減ってしまった。若衆にも同じことを言っているが、いまや誰も耳を貸してはくれない。巣から捕ったコルバラは（うまく馴致できなければ）、家畜や子どもを襲うこともある。いわば父母にしつけられていない人間の子どもと同じだろう。そのため、ジュズを丹念に馴らして鷹狩をすべきなのだ。いまは飼養技術を身に付けていようがなかろうが、誰でもワシを捕ってよいことになっている。だからコルバラの捕獲を規制するための法律や制度が必要なのだ」［2014 年 9 月 22 日訪問］。

こうした見解は、とくに長老級の鷲使いに共通している。コルバラの飼養に比重が移る傾向は、アルタイ系カザフでも顕著に見られるようになった鷹狩文化の近代化・形骸化の特徴といえる。

　参考までにハヤブサの事例をあげると、ソウゲンハヤブサ、ペリグリン、シロハヤブサの 3 種類には、幼鳥／成鳥の飼育では著しくおおきな違いがあり、コチョウゲンボウとチョウゲンボウにはそれほど差が生じないといわれている［Beebe 1984: 126］。（ハヤブサを例にあげると）幼鳥はしきりに鳴き声

を立てる癖、トレーニングにあまり熱心に取り組まないこと、枝木へのとどまり、獲物を捕らえた直後に身をひそめる癖、などの特有の性質がある［Beebe 1984: 123-124］。とくに鷹狩の初修者には馴致のしやすさで幼鳥は成鳥飼育と対照的な点が見られ、多くのメリットがあるとされる［Beebe 1984: 123］。ただし、完全にハンティング・バードとしての馴致が完成されれば、成鳥以上のパフォーマンスを狩場で発揮できるといわれている。たとえ幼鳥でも、2シーズンを通じてなかなか狩猟へのモチベーションがあがらない鳥は野生の鳥よりも本能をむき出しにする傾向もある。また、散発的にしか飛ばず、ペットのように飼われている狩りをしないタカやハヤブサは、子どものように泣いたり、わめいたり、つかみかかったりするが、これはひとえに鷹匠の飼育方法に責任があるとされる［Beebe 1984: 124］。

4　失われつつあるカザフの自然崇拝観

　カザフ鷲使いのならわしでは、バラパンや若鳥を捕獲し、4歳齢（満年齢3歳）になった春先に、イヌワシを捕まえた山へと再び放つ「産地返還」の習慣が行われてきた［相馬 2012a, 2012b］。イヌワシは3～4歳で性成熟し、雌のイヌワシはもっとも強壮な年齢となる。こうしたワシを山へ返すのは「自然界でつがいとなって次の世代を育て、再び強いワシにめぐり合わせてくれるように」という、カザフ鷲使いたちの祈りが込められている［U-01, T-01］［Soma 2015a；相馬 2015a, 2016b, 2017］。そのため3～4歳齢のワシは「母親」を意味する"アナ ана"と呼び表される。この「産地返還」を実践することで、鷲使いとイヌワシとの交渉は好循環を続けることが可能となった。

　しかし現在、3～4歳齢での「S1. 産地返還」の習慣はそれほど熱心に行われているとは言い難く、伝統的な掟が失われつつある結果が示された。長老のU-01氏は次のように話す。

　　「1羽のイヌワシとは4年間だけ共にするようにし、決して何年もつなぎとめてはいけない。人間界で死なせてしまわないため自然へと解放し、育て上げたワシにも子どもを産み、育ませるために、山へと返す掟がある。

この風習があるからこそ、再び良いワシとめぐり合わせてくれるのだ」
　カザフ鷲使いたちが「産地返還」のならわしを継承実践することは、古来の自然崇拝観と伝統知にしたがってアルタイの自然環境を守れることを体感的に理解していた証でもあった。そのため産地返還は、カザフ鷲使いとイヌワシとの共生観を端的に表している。しかし現在のカザフ騎馬鷹狩文化では、自然界へと放鳥されたイヌワシ個体は73件（43.7％）であり、馴化・飼養された全167件の半数に満たなかった。ただし、「S5. 逃避」（19.8％）を含めたイヌワシの自然回帰率は63.5％となっており、くしくも技術不足などでの逃避個体数が全体の自然回帰率を押し上げている側面がある。
　かつてアルタイのカザフ人社会では、自然を敬い、限りある動植物資源を有効に活用するといった、古来の「自然畏怖信仰」「ガーディアンシップ」にもとづく理念と思想があった。イヌワシと鷲使いとのもっとも崇高な関係は、この「出会いと別れの物語」に見いだすことができる。イヌワシとカザフの人々の関係は、「産地返還」の実践で数世紀にわたる正相関の共生関係を生み出すことで、アルタイに根を下ろした遊牧民が育んだ「自然守護観 nature guardianship」「環境共生観」を具現している。「イヌワシは空の生き物だ。だから10年以上も人間の世界でつなぎとめてはいけない。ワシも飛ぶことを欲している。山に放ち、次の世代を育ませるべきだ」[Z-01] という長老たちの畏怖の念は、かつて多くの鷲使いたちに共有されていた。T-02氏は「父が21年間ワシを飼っていて、2011年に山へ返したが、戻ってきてしまった。それから2年間ずっとエサも与え続けている。父からも"イヌワシを長くつなぎとめてはいけない。かわいそうだから……"」と諭されたことがあった [T-02]。実際に、トルボ村在住の最古老の鷲使いT-01氏（95歳）宅で、このイヌワシを実見した。おそらく自然界での狩猟方法と野性を失ったため、自然へと還れなくなったと考えられる。
　しかしこうした「自然崇拝観」は、カザフ人の直面する地域経済と牧畜生産の社会・経済的困窮［相馬 2014b, 2014c, 2015c］を背景に、過去の遺産となっているように思われる。これは鷲使いたちに限ったことではない。近代化の過程で生産性を追求するあまりに、モンゴルの牧畜社会が「自然の恵みに

対する敬意」を置き去りにしてきた結果でもある。こうしたことから、老齢になったイヌワシはさらに転売を繰り返されることもある。サグサイ村では名の知れたデモンストレーター DS-01 氏は罠でイヌワシを捕えて解体し、ツメ、脚部、頭部、翼を観光客に毎年売りさばいていた。またデモンストレーター DS-02 氏宅では、食餌として禁じられている家畜の肝臓を与えていたため、2年間連続（2012／13年）で飼養中のイヌワシが死亡した。実際には収集したデータよりも多くのイヌワシが死亡している可能性は否定できない。近年、鷹狩の評価の高まりとともに生じた観光化、デモンストレーション目的の商用化により、鷲使いたちは古来の思想に多くの意味を見いだせなくなっている。

　こうした背景には、イヌワシの単なる所持いわば「つなぎとめ」だけがカザフの文化表象として独り歩きし、伝統的な飼養の知と技法が軽んぜられ、継承・実践されていないことに根源的な原因が見いだされる。形骸化した「見世物」「まつり」「デモンストレーション」としての鷹狩は、むしろ動物資源を圧迫し、カザフ社会が守ろうと試みる騎馬鷹狩文化の本質を壊滅させる可能性がある。デモンストレーションに傾倒するイヌワシ所持者たちがこうした利益追求を脱し、かつての鷲使いたちが自然を敬ったようなガーディアンシップの再生に回帰の意義を見いだし、人類の普遍的価値として再び自然と向き合えるかどうかに、カザフ騎馬鷹狩文化の今後が託されている。

 まとめ

　イヌワシの捕獲はバヤン・ウルギー県の各地で見られ、取引も網の目のように行われている。そして地域の鷲使いたちはイヌワシの営巣地点や鷹取場を、在来の地理空間認識でよく理解しており、そこにはイヌワシとの古来の共生観を読み取ることができる。しかし近年の鷹取・交換を通じた鷲使いのやりとりからは、以下（C_1. 野生生物の誤捕獲、C_2. 狩猟用イヌワシの自然回帰率の減少、C_3. イヌワシ繁殖率と個体数への影響）にまとめたような、生物資源圧迫への危うさは拭い去れない。

第 1 章　イヌワシとの出会いと別れ

　[C_1]　イヌワシの幼鳥（バラパン）と成鳥（ジュズ）の捕獲方法と伝統の鷹取術は、シンプルな方法ながら高い捕獲率を誇る。バラパンの捕獲では、ベースライン調査で示したように 65 ヵ所のローカルな鷹取場が特定された。こうしたローカルな地理空間認識は定住者のあいだでは薄れつつあることから、空間認識の在来知を GIS などを駆使し別途把握する必要もある。また成鳥の捕獲には鉄製のトラバサミが多用される。これはイヌワシのみならず、クロハゲワシやハヤブサなどの猛禽をはじめ、オオカミ、モウコヤマネコ、ジャコウネコなども副次的に捕獲してしまうため、生物資源の圧迫の可能性を否定できない。

　[C_2]　鷲使い 42 名による 1963～2014 年までの 52 年間の入手履歴 222 例／離別履歴 167 例が遡及調査により特定された。イヌワシとの離別では、「S1. 産地返還」の習慣が廃れつつあり、「S4. 死別」「S5. 逃避」が全体の 38.0％を占めようになっている。また 2000 年以降、鷹狩への新規参入者の停滞に反して、イヌワシ入手件数が増加傾向にある。こうした結果からは、イヌワシ馴化と飼養の伝統知や技術継承の喪失が危ぶまれる背景が見いだされ、伝統知の継承・実践を徹底させる必要が浮かび上がっている。

　[C_3]　イヌワシの取引・交換はバヤン・ウルギー県内全域でやりとりが見られるが、とくに県北のアルタン・ツォグツ、サグサイ、ツェンゲルで、他地域からのイヌワシ受け入れが多く見られた。県北ではコルバラ飼養への心理的こだわりが見られ、県南ではジュズの飼育が好まれる地域性が部分的に確認された。一方で、イヌワシやヒナワシの取引は商業機会化する傾向も見られ、イーグルハンターや牧夫が春先に頻繁にイヌワシの巣を探し求め、営巣地点を秘匿するようになっている。

　モンゴルのイヌワシの繁殖率や個体数は、西欧のような密猟や環境汚染ではなく、カザフ鷲使いによる飼養態度や遊牧民の取引への執着など、地元での人的介入にきわめて敏感に影響されると考えられる。イヌワシの捕獲や取引に関する実効力のある法規制や制度は、モンゴル国内では現時点では存在しない。「生物資源の保全」と「カザフ騎馬鷹狩文化の保護」は表裏一体であり、今後は地域・行政レベルでイヌワシを自然／文化双方の資源として定

義し、地域の思想と体制を刷新できるかどうかに、イヌワシと騎馬鷹狩文化の双方の未来が委ねられているといえる。

第2章 イヌワシを馴らす
イヌワシ馴致をめぐる知と技法

はじめに

1 現存する鷲使い"イーグルハンター"の横顔

調査地バヤン・ウルギー県には現在、約80名程度の鷲使い"イーグルハンター"が現存していると考えられる（図2-1a～1）。そのうちインフォーマントとして特定した42名に対面形式の構成的インタビューを行った〔序章表1参照〕。鷲使いには14～97歳までの広い世代が確認された〔2014年10月調査時点〕。現存者の平均年齢は51.6歳、鷲使いとしての活動平均年数は28.8年間となった。世代別で見ると（図2-2a）、50歳代をピークとして比較的均等に分散している。ボリュームゾーンは40～70歳代で、鷲使いの高齢化が進んでいる現状が見られる。

所有するイヌワシについては、平均年齢0.58歳齢（数え年1.58歳）で、満1歳齢未満の若鳥の保持率が61.1％（n＝22/36）と目立った。イヌワシの平均飼育数は9.51羽と算出された。全体の鷹狩継続年数から推算すると、およそ、3.02年間で1羽の割合で狩猟伴侶が交代されている。鷲使いとしての活動開始時の年齢は下限12歳～上限46歳で、平均開始年齢22.9歳となった。体格的に恵まれていない限り、イヌワシの巨体を持ち上げるのは10代前半頃までは難しいと考えられる。

2 騎馬鷹狩文化の継承と参入

イヌワシ飼養技術・出猟の継承関係については図2-2bに示した。父から学習した鷲使いは24名（57.0％）で、半数以上が鷹匠家系での継承者の立場にある。さらに「叔父・伯父」「親戚」から学んだ8名を加えると32名

a アルタイ最長老の鷲使い S-01 氏

b ウランフスの熟練の最古老 U-01 氏

c サグサイの長老 S-05 氏

d サグサイで生活を共にした若き鷲使い S-16

e 協力者 S-16 氏の叔父 S-10 氏

f メディアでも紹介された少女の鷹匠

第 2 章　イヌワシを馴らす

g 誇らしげに獲物を見せる鷲使い

h 出猟の一場面

i 若い世　サグサイの長老 S-05 氏

j イヌワシ　Aquila chrysaetos

k 狩猟用のイヌワシ

l キツネ捕獲の訓練風景

図 2-1　アルタイ系カザフの鷲使いとイヌワシ
Figure 2.1　A profile of Ataic Kazakh eagle masters

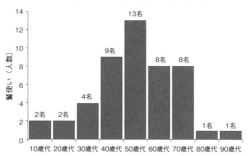

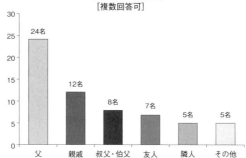

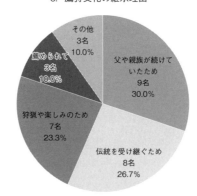

図 2-2 インフォーマント鷲使いの構成
Figure 2.2 A composition of informant eagle masters

（76.1％）が近しい親族内に鷲使いがいる立場となった。「友人」「隣人」「その他」から技術の教授を受けた 10 名（23.8％）[Ts-02, Ts-03, S-02, S-13, S-14, N-01, U-01, U-03, U-05, D-01] は、鷹匠家系外からの参入者であり独習者と考えられる。つまり、鷲使いの 76.1％（n = 32 名）は血縁上での継承関係が色濃く残っており、鷹匠家系以外からの参入者は全体の 23.8％（n = 10）であった。ただし地域の隣人やコミュニティ内での鷲使いのプレセンスはおおきいため、弟子入りなどで鷹匠家系以外からの継承も、T-01 氏（98 歳）世代から行われていたことが確認されている。

　騎馬鷹狩の継承理由（回答件数全 30 件）については、「A_1. 父や親族が続けていたため」（n = 9）、「A_2. 伝統を受け継ぐため」（n = 8）、「A_3. 狩猟や楽しみのため」（n = 7）がほぼ同数で支持され、全体の 80.0％を占めている。「A_4. 勧められたため」（n = 3）の回答には、「昔は銃が得意だったことから、鷹狩も始めてみるよう勧められた」[S-01]、「若い頃とてもよい馬乗りだったので、イヌワシも育ててみてはと勧められて」[N-01] など、一芸に秀でた人々にイヌワシ飼育の適性が見いだされることが古老のあいだではあった。また A-01 氏のように「若い頃幼子が死んで、深く悲しみ病気になったりもした。そんなときに故コマルカンさんが鷲使いになることをすすめてくれた。イヌワシを育て始めると、不思議と深い悲しみから解放されたような気分になった」といった印象的な回答も聞かれた。

　カザフには次のような諺がある。「生活での楽しみには 2 つあり、ひとつは"脚の速い駿馬"で、もうひとつが"イヌワシ"だ。馬は 15 日間に一度しかレースに出られないが、ワシとは毎日でも狩りに出られる。だから鷹狩はなんといっても面白いのだ」。家屋にこもりがちな厳冬期の遊牧生活において、仲間と共に出猟して苦楽を分かつキツネ狩りは、生活娯楽としてカザフ人の冬の暮らしになくてはならない清涼剤でもあった。そして、イヌワシ飼養の文化は、出猟やキツネの捕獲だけにその伝統技法の価値が見いだされていたわけではない。若者にとって、イヌワシの飼育とキツネの捕獲は一人前の「カザフ男児」へのイニシエーションでもあった。またイヌワシをつなぎとめ、「その声を聴くだけでも心が晴れる」と吉祥役としてワシが語られ

ることも多い。そしてなによりも、イヌワシ飼養の習熟と出猟で繰り返される地域の鷲使いたちとのコミュニケーションによって、鷲使い自身の良好な社会生活を下支えする人脈などに恵まれることが、鷹狩参与への最大の恩恵と考えてもよい。

対象地域と調査の概要

1　調査地サグサイ村の概要

　バヤン・ウルギー県は面積 4 万 5,700 km² におよそ 9 万 400 人が暮らしている。人口密度は 2.0 人／km² と世界でもっとも人口密度の低い土地でもある。県内人口の約 90％以上（約 8 万 1,000 人）が「カザフ人」であり、そのコミュニティ生活・文化・言語・宗教はモンゴル人社会とはおおきく異なっている。イスラームを信奉するカザフ人社会には、各村に 1 ヵ所モスクがあり、全県で 16 のモスクが建立されている。ウルギー市（アイマグ）ではモンゴル語が比較的広く使われるが、地方村部ではモンゴル語の通用度は低く、カザフ語が用いられる。モンゴル語を一言も発せられない居住者も多数いる。「マイノリティ集団」として典型的に周辺化されたカザフ人にとって、騎馬鷹狩は民族高揚の数少ない文化資源であり、誇りの再構築にとってなくてはならない表現形式のひとつでもある。

　なかでも本調査の主要なフィールドとなるサグサイ村は、バヤン・ウルギー県内では比較的温暖な環境にあり、ホブド河とサグサイ河で形成された良質な湿地状の放牧地が広がる。村の中心部はウルギー市から 35 km 西に位置する。アクセスは他の村よりもよく、ツェンゲル村、アルタイ村、ダイン地方などへの中継地であることから人々の往来も比較的多い。村内には小規模な食料品雑貨店舗が 13 店舗、衣料品店が 3 店、銀行の支店が 2 店舗ある（ハーン銀行／ハドガラムジ銀行）。学校はサグサイ村内には 2 校あり、中心部の本校には 6 歳から 18 歳まで約 750 人の生徒が通っており、その半数は隣接する寄宿舎で暮らしている。学校の裏には幼稚園も 1 ヵ所隣接している。村内の人口は約 4,000 人で、そのうち約 1,500 人（約 250 世帯）が村中心部

（ソムセンター）に通年で定住している［サグサイ村役場談］。定住者以外の大部分は、「夏営地（ジャイラウ）」と「冬営地（クスタウ）」を季節によって行き来する移牧活動に従事している。村域内には、中国国境付近のフルゲン・ノールとダイン・ノールに広がるダイン夏牧場（ソムから約 120 km 移動）、ツェンゲル・ハイルハン山麓のカク夏牧場（ソムから約 60 km 移動）など、県内でも有数の広大な夏牧場を有する。村内には市場はなく、新鮮な食肉、酪農・乳製品はその大部分が自給自足でまかなわれるか、必要があれば牧畜活動従事者"マルチン"から直接買い付ける。野菜全般の入手は困難で、ジャガイモ以外はウルギー市での調達に依存している。ソムセンターを取り囲む山岳地では野生のネギが多数自生している。そのため夏の終わりに、これらが食用や販売用に採集される。

　山岳高原に位置するアルタイ地域の農村部では、ヤギの消費実数・頻度が国内他県よりも多い。放牧中の家畜群構成率を見ても、ヤギの比率がヒツジよりも卓越している［相馬 2014a, 2015b；村内での数量調査による］。消費食肉の大部分を占めるヒツジ／ヤギの価格は現地通貨トゥグルク（₮）で、ヤギ 1 頭 5 〜 7 万トゥグルク（約 3,500〜4,900 円）程度、ヒツジ 1 頭の値段はおよそ 10〜15 万トゥグルク（約 7,000〜 1 万 500 円）程度で取引されている。ヒツジ・ヤギの家畜価格はこの 5 年間で 2 〜 3 割値上りしている。ウシ 1 頭は 50 万トゥグルク（約 3 万 5,000 円）前後である。羊肉は値が張るためサグサイのマルチンが日常的に口にすることは少ない。冷温保存が可能となる 11 月の一斉屠殺"ソグム согым"で屠られ、冬季を中心に消費される。平均的なカザフ人家庭では、ウシ 1 頭で一冬（6 ヵ月間）を越せる食肉量が確保できる。乗用に用いられるウマは 60〜70 万トゥグルク（約 4 万 2,000〜 4 万 9,000 円）程度で取引されている。馬所有数の寡少さから、馬乳酒生産はソム周辺では 2 〜 3 世帯のみが行っている。ラクダは家畜のなかではもっとも高く、100 万トゥグルク（約 7 万円前後）の値がつく（以上すべて 2011 年 9 月時点の村内相場）。サグサイ村周辺でラクダ 3 頭以上の多頭飼育者は 1 家族のみ、 2 頭以上の複数所有者は 2 家族のみであった。

　アルタイの山岳草原地帯の植生は一見単調に見えるが、日当たり、土壌堆

積、斜面の向きや角度によって、その植生は場所によって多様である。草原の水辺近縁に生えているアヤメの一種"ジャランガヤク"は、比較的背の高い草を密集させてはやす植物で、ヤギのみが食べる。マメ科の低木"カラガン"は枝に細いトゲがびっしりと生え、その姿はギョリュウ（タマリスク）に似ておおきな松明のように生える。その葉はラクダとヤギが常食する。もっとも多く利用される背の高いススキの一種"チィ"は、ウシとヒツジが好んで食べる。冬営地に牧草とともにびっしりと生えるこのチィは、8月1週目頃から刈り取られ、冬場の乾草として保管・貯蔵される。サグサイはアルタイにおける典型的な地方集落であり、かつカザフ人人口比がもっとも多いことから、フィールドと選定した。

2　サグサイ村の鷲使い

　サグサイ村は古くから腕の良いイーグルハンターが多くいることで知られている。県や村から表彰された名手や、長老級の鷲使いが多く暮らすのもこのサグサイである。2008年2月にウランバートルで開催された初のカザフ鷲使いの祭典「イヌワシ祭」には、21名のイーグルハンターが首都に呼ばれ、当時の大統領エンフバヤルからその知識と技術が表彰された［第5章図5-2］。この時の参加者の9名がサグサイからの参加者であった。

　サグサイ村中心部と隣接する夏営地／冬営地には、通年で20家族24名のイーグルハンターがイヌワシと共に生活している。そのうち定住生活者は6家族7名、牧畜生活者は14家族17名であった。これには引退した2名の年長者が含まれる。牧畜を専業とするイーグルハンターが定住者の2倍以上おり、牧畜活動とイヌワシ所有の関連がうかがわれる。定住者によるイヌワシ所有が見られるのは、このサグサイ村に特徴的な現象でもある。これは「イヌワシ祭」へのデモンストレーションを目的にイヌワシが所有されるようになった結果でもある。定住者の居住地はソムの中心部に限定されていることから、サグサイ全域で定住型のイーグルハンターはこの6家族7名のみにほぼ限定される。調査時点でこれら7名のうち、5名は中高年世代であり、1名は学校に通う高校生、1名は経験の浅い修練者であった。鷹狩用イヌワシ

は、2名の複数所有者を合わせると24羽が確認された。

イヌワシの飼養と騎馬鷹狩文化の成立には、牧畜生活の生産・生活が不可欠となる。そのため、鷲使いは代々マルチンのあいだで受け継がれてきた。サグサイ村には10代から90代まで、世代を越えたイーグルハンターの存在が確認される。さらに定住型／牧畜型両方の鷲使いの生活誌も確認できる。牧畜社会の現代的様相と向き合いながら鷹狩の伝統を継承・受諾していることから、カザフ騎馬鷹狩文化の変容、普遍性、持続性の解明に向けて、調査フィールドにもっとも適している土地と考えられる。

アルタイ山脈のイヌワシの特徴

1　イヌワシの特徴と所見

アルタイのイヌワシ"ダファネア *daphanea*"は、全世界のイヌワシ亜種のなかでも最大級といわれることがある。イヌワシはカザフ語名で"ブルクット Бүркіт"、モンゴル語名で"ツァルムン・ブルゲッド Цармн Бүргэд"と呼称される。成鳥は体高66〜90 cm、翼の開張幅は180〜234 cmとなり、モンゴルでは最大の「狩猟する猛禽」である［Gombobaatar and Usukhjargal 2011］。イヌワシは南ゴビ砂漠の一部を除くモンゴル全域に棲息している。サグサイを含むアルタイ山脈全域が営巣地として利用されており、産卵・抱卵〜育雛期の3〜8月はその棲息密度がとくに高い。モンゴルでは1990年以降、ハヤブサの生態調査が盛んに行われ、現地調査者によってもその実態に科学的に肉薄できる土壌が培われている。これらは鷹狩の盛んなアラブ諸国やイギリスの関心を受け、国外からの資金的助成にもとづき行われている。しかしイヌワシについては、モンゴル国内の生息数、営巣地、抱卵など、詳しい生態は把握できていないのが現状である。イヌワシが遊牧社会の外で鷹狩に用いられることはほとんど例外である。鷹狩文化の文脈のなかで、イヌワシは狩りに用いる重要性が感じられにくいためである。さらに、モンゴル国内のイヌワシの推定現存数は比較的安定しており、「Least concern（軽度懸念）」であることから、調査の緊急性が現地で危惧されていないこともある。

カザフ鷲使いたちは鷹狩猟のためにメスワシだけを馴致する。メスの方がオスよりも体格が大きく、ツメの大きさや握力でもオスに勝っているためである。現地でも「ヒナを育て上げようとする母性本能が、メスワシの狩猟能力をオスワシ以上に高めて戦闘的にさせる」と信じられている。

　鷹狩用のイヌワシにも、人間のように多様な個性が垣間見られる。例えばS-09氏所有の1歳ワシはよく馴らされており、飼育者以外の接近にも動じないが、呼び戻しにも無反応な鈍重さが見られた。またS-16氏所有の2歳ワシはまだ馴らされきれていないため気性が荒く、飼育者以外の接近に対してつねに羽根を逆立てて威嚇した。目隠し帽（トモガ）を被ることを極端に嫌っているように見えた。他にもさまざまな身体的特徴が見られる。例えばS-05氏所有の5歳ワシは右脚第四趾を、DS-01氏所有の12歳ワシは左脚中趾を失っていた。自然での獲物との格闘などで損傷したものと考えられる。またアルタイのイヌワシは鳴き声を立てる習性が比較的少ない。キルギスの鷹狩用イヌワシは、人の接近に対して頻繁に鳴き声を上げる神経質な一面があった。これらの特徴は鷹狩用に捕獲された鳥の来歴に由来している。巣から得た幼鳥（巣鷹）には、鳴き声を上げる癖が抜けない個体も多い。しかし成鳥を馴致した際には鳴き声を上げる癖はあまり見られず、とくに矯正の必要がないことも多い。イヌワシ特有の甲高い鳴き声は狩場での出猟で不利となるため、矯正の必要がある。サグサイ村では24羽のイヌワシが狩猟用に馴化されているが、頻繁に鳴き声を立てるワシはS-10（11歳ワシ）、S-12氏（3歳ワシ）、S-02氏（3歳ワシ）、各氏の所有する3羽だけであった。S-10氏とS-12氏は、鳴き声を立てないように矯正を試みたが治らなかったと話す。

　これらサグサイ村の狩猟用イヌワシは、イシク・クル湖岸（キルギス共和国）で目にした鷲使いのイヌワシと比較すると、どれもみな体格がおおきく気性が荒い印象を受ける。近づけば必ず威嚇され、飼育者以外の者が不用意に近づくのは危険であるようにも感じられた。現地では馴致途中のワシが、近づいて来た家畜や他のイヌワシを襲うことも珍しくない。DS-09氏所有の3歳ワシがインタビュー中に襲い掛かってきたこともある。こうした威嚇は、

まだ経験の浅いマスターにも向けられる。初修者には、目隠し帽（トモガ）を被せ、腕に据えるだけでも1ヵ月以上が必要とされる。しかし、よく馴らされたワシは腕に据えると従順になり、マスターの指示や訓練に応じるようになる柔軟性も持ち合わせている。これら性質は後述するが、イヌワシ馴致の伝統知が失われ、イヌワシ保持がデモンストレーション化している一面でもある［第5章参照］。

2　イヌワシの年齢別名称

　鷲使いのあいだでは、イヌワシには換羽回数に応じた「年齢別名称／齢称」が与えられている。この齢称は11年目（満10歳齢）まで個別に呼び分けられ、その後は数字を冠して"バールチン бaршын"と呼ばれる（表2-1）。現地の鷲使いたちは、自らのイヌワシに特定の「名付け given name」をすることなく、共通して年齢別名称でイヌワシを区別している。同じイヌワシを用いたキルギスの鷹狩でも換羽ごとの年齢別名称が用いられる。カザフもキルギスも0～4歳齢までの表現方法に共通点が見られる。またイギリスや日本の鷹狩にも共通して見られ、1年目のタカをさらに細分していることがわかる（Cox［1686: 4-10］、Eberly［1968: 58-67］、福井［1940：9-10］）［表2-1参照］。

　現地語で"トゥレク түлек"は「換羽」を意味し、ワシの羽根"カウルスン қауырсын"が生え替わり、その長さも成長しておおきくなる時期をさす。一般的に0歳齢の"バラパン"とはイヌワシに限らず、雛鳥から幼鳥までの総称である。例年3月頃の羽化をへて7月の巣立ちから、翌年7月頃の換羽の完了前の幼鳥～若鳥までを総称している。また2年目のテルネックとは、満1歳齢で迎える「完全換羽」を言い表したものと考えられる。また3年目の"タス・トゥレク Тас-түлек"は「石の換羽」、4年目"クム・トゥレク құм-түлек"は「砂の換羽」を意味し、年々おおきくなる羽根の生長量が独自に表現されている。とくに4～5年目の個体は"アナ ана"（＝母親）と呼ばれる。イヌワシは満3～4歳齢で性成熟にいたる。そのためこの年齢のワシは通例、産地でつがいになれるように山へと放たれ（産地返還）、鷲使

表 2-1　年齢別(時期別)名称の比較
Table 2.1　Pearson Correlation between age of acquisition and

数え年	満年齢	時期	アルタイ系カザフ 筆者*1	ビフマル氏	キルギス*2	中世イギリス*3	日本*4
1年目	0歳齢	1月					
		2月					野ざれ
		3月					↓
		4月	バラパン	バラパン	バラパン	Eyas/Brancher	巣まわり
		5月	↓	↓	↓	Ramage	↓
		6月	↓	↓	↓	↓	↓
		7月	↓	↓	↓	↓	あがけ
		8月	↓	↓	↓	↓	↓
		9月	↓	↓	↓	Soar	山がえり
		10月	↓	↓	↓	↓	↓
		11月	↓	↓	↓	↓	↓
		12月	↓	↓	↓	Carvist	↓
2年目	1歳齢	1月	↓	↓	↓	↓	佐保姫かえり
		2月	↓	↓	↓	↓	↓
		3月	↓	↓	↓	↓	↓
		4月	テルネック	カン・トゥブト	ボズム	↓	ひととや
		5月	↓	↓	↓	Enterview	↓
		6月	↓	↓	↓	↓	↓
		7月	↓	↓	↓	↓	↓
		8月	↓	↓	↓	↓	↓
		9月	↓	↓	↓	↓	↓
		10月	↓	↓	↓	↓	↓
		11月	↓	↓	↓	↓	↓
		12月	↓	↓	↓	↓	↓
3年目	2歳齢		タス・トゥレク	テルネック	ウム・トゥリュク	White Hawk	片かえり
4年目	3歳齢		クム・トゥレク	アナ／タス・トゥブト	タス・トゥリュク	The First Coat	諸かえり
5年目	4歳齢		アナ	ムズバラク	コム・トゥリュク	(＋以後数字を加算)	鳥屋かえり
6年目	5歳齢		カナ	コク・トゥブト	バールチン		(以後同じ)
7年目	6歳齢		サナ	カナ	ビル・バールチン		
8年目	7歳齢		ユー・トゥレク	ジャナ	(＋以後数字を加算)		
9年目	8歳齢		スー・トゥレク	マイ・トゥブト			
10年目	9歳齢		アールチン	バルクン			
11年目	10歳齢		バールチン	バールチン			
12年目	11歳齢		(以後同じ)	チェギル			

*1　サグサイ村ダイン地方での古老からの聞き取り［2011年8月現在］
*2　キルギス共和国ボコンバエヴァ在住の鷲使いS氏からの聞き取り［2006年6月現在］
*3　Campbell［1773:137-139］, Cox［1686: 4］, Hamilton［1860: 272］を参照
*4　福井［1940: 9-10］を参照

いはまた新たなパートナーを探す。

　カザフではイヌワシの成長には２度の特徴的な識別があり、最初は性成熟を迎える満３〜４歳齢の"アナ"、２回目は身体的成長が頂点となる10歳齢"バールチン"のときである。バールチンは中世イギリスでいうところの"Hawk of the First Coat"、日本では「とやかえり」に相当する。かつてはイヌワシの年齢に応じて、鷲使いとの関係や狩猟での役割が明確に異なっていた。そのため、こうした齢称により、年齢ごとの飼養や狩猟使役への区別を考案したものと考えられる。つまり、年齢別の名付けを行ったというよりも、対イヌワシ・対鷲使い同士のコミュニケーションでの年齢や特徴の識別結果として、こうした齢称が発生したと考えるのが自然と思われる。

3　イヌワシの種類と分類法

　カザフ社会ではイヌワシをほめ称える言葉として、"クラン"という言葉が頻繁に用いられる。これは前述のように、最高のメスワシを称えた表現であり、鷲使いの自尊心と腕前とを共に称えるメタファーでもある。鷲使いたちは生物学的には同一種のイヌワシを、その身体的特徴、狩猟への適正、性格・個性などから、20種類程度に分類している（表2-2）。これらの生物学的特徴は定かではないが、カザフ鷲使いの深い観察眼を示す事例のひとつと考えられる。以下に現存する代表的なイヌワシ（#1〜#10）の類別名と特徴を、もっとも狩猟に適する能力が高いと考えられている順に列挙した。

#1. "アルタイ・アクイグ Алтай Ақиығы"
　アルタイでもっとも崇敬されているワシで、鷲使いならば一度は共に狩りをしたいと願う「最強のワシ」とされる。アルタイ山脈西麓の中国側から飛来するといわれ、ほとんど目にすることができないといわれている。通常のイヌワシよりも二回り程度おおきな体格をもち、強壮かつ獰猛さを兼ね備えている。背が高く、湾曲の少ないおおきなツメが特徴とされる。名前の意味は「アルタイ山脈の白き肩」で、首周りの羽毛が純白をしている特徴に由来する。体の羽根が全体的に灰色味を帯び、見る角度によってさまざまな色に

表 2-2　イヌワシの分類
Table 2.2　Pearson Correlation between age of acquisition and capture

	ワシの種類名称 （カザフ語表記／日本語表記）		特徴
1	Алтай Ақиығы	アルタイ・アクイグ	
2	Хобдның желд қара	コブドヌン・ジェルド・カラ	
3	Хобдонын Карагері	コブドヌン・カラゲル	
4	Хобдонын Жапыр Карагері	ホブドヌン・ジャップル・カラゲル	
5	Алтай Сарысы	アルタイ・サルスー	（本文中に明記）
6	Нарыннын Сарысы	ナルンヌン・サルスー	
7	Сары Буркіт	サル・ブルクット	
8	Жапырақ Жунді Сары	ジャプラク・ジュンド・サル	
9	Майғара	マイガラ	
10	Сарша	サルチャ	
11	Өркен Карагері	ウルケン・カラゲル	"大きいカラゲル"の意。毛並みが黄色の優秀なワシ
12	Кыш Карагері	クシュ・カラゲル	"小さいカラゲル"の意。毛並みが黄色の優秀なワシ
13	Сарыала кус	サララ・クス	ウランフス（オイグル山地）産の優秀なワシで、ロシアから飛来とされる
14	Сарышолақ	サル・ショラク	デルーンとトルボに産するワシで狩りに向いている
15	Сарықоз	サル・コズ	"黄色い眼"の意。とても良いワシで、トモガを取ると瞳が輝いているように見える
16	Шегіркоз	シゲル・コズ	"青い眼"の意。とても良いワシで、トモガを取ると瞳が輝いているように見える
17	Жапырақ Жунд Манда Коныр	ジャプラク・ジュンド・マンダ・コヌル	夢にまで見るほど良いワシで「毎日1人娘を売っても手に入らないほど」と形容される
18	Күзгын Тумыз Қысық Коз	クズグン・トゥムズ・クスク・コズ	毎日獲物を捕らえるほどとても良いワシ
19	Ақ Түягын	アク・トゥヤグン	体が小さいが、頭と手脚が大きく、俊敏な飛翔が特徴
20	Ақ Канат	アク・カナット	体重が 16 kg（?）にもなった巨大なワシ。クマに襲いかかったため、逆に殺されてしまった

見えることもあると信じられている。調査期間中、トルボとアルタイでそれぞれ一例を実見したが（図 2-3a～b）、これらは体格と体重ともに他の個体を凌駕していた印象を受けた。

#2. "ホブドヌン・ジェルド・カラ Хобдның Желд Қара"
　アルタイ・アクイグに次ぐ勇壮なワシとされている。名称の意味は"ホブ

第 2 章　イヌワシを馴らす

図 2-3　最強のワシとされるアルタイ・アクイグ
Figure 2.3　Altai Akikh, the best eagle

ドに吹く黒き風"。判定の詳細は不明。

#3. "ホブドヌン・カラゲル Хобдонын Карагері"
　名前の由来は"ホブドの無双者(?)"とされる。単に「カラゲル」とも呼ばれる。アルタイ・アクイグと同様に重宝され、アルタイ山脈西麓の中国側から飛来するとされる。羽根が短い身体的特徴があるが、狩猟に対して戦闘的でモチベーションに溢れるとされる。

#4. "ホブドヌン・ジャップル・カラゲル Хобдонын Жапыр Карагері"
　カラゲルと同程度のワシで、"湧き立つホブドの無双者(?)"と呼ばれる。#2〜#4 は同一種の地域別名称とも推測される。カラゲルは白っぽい眼をもつ特徴があるともいわれる。

#5. "アルタイ・サルスー Алтай Сарысы"
　"アルタイの黄色"と呼ばれるワシで、珍重される。減量や血抜き肉アク・ジェムによる給餌制限をしなくても、そのパフォーマンスが落ちないといわれている。獲物が見つからないときは、付近の人間に襲いかかるほど勇猛なワシと形容される。

59

#6. "ナルンヌン・サルスー Нарыннын Сарысы"
　"ナルンの黄色"と呼ばれるワシで、カザフスタン平原から飛来するとても珍しいワシとされる。全体的に体長が短いことが特徴とされ、狩猟伴侶に最適といわれている。

#7. "サル・ブルクット Сары Бүркіт"
　"黄色いワシ"の意。毛並が黄色く狩りに向いている。ロシアから飛来するといわれている。

#8. "ジャプラック・ジュンド・サル Жапырақ Жунді Сары"
　"黄色い木葉(?)"の意。良質なイヌワシとされるが、識別基準の詳細は不明。

#9. "マイガラ Майғара"
　"太っちょ(?)"の意。トルボやデルーンに多く産するワシ。大柄な体格で脚部や手も大きいが、あまり狩猟に用いられない。ただし、個体の個性に適した給餌調整（バプ・ケルセ）により、秀逸なハンターに変貌することもあるとされる

#10. "サルチャ Сарша"
　オスワシの総称で、鷲使いの多くがサルチャは狩りに無能としていることから、幾分さげすみの意味を含む。性別に関係なく、巣に産み落とされた卵2つのうち、後に孵化した方の総称だとする解釈もある。ただし、サルチャが巣で単独で育てられた場合や、適正な給餌調整がなされれば、優秀なハンターに成長する潜在性がある。サルチャは体が小さく細いため、総じて飛翔速度が敏捷といわれている。手・脚が短く、くちばしとともに黄色く、ツメが短いとされる。

　上記以外の種別（#11〜#21）は、複数のインフォーマントからは確認され

なかった。これらは生物学的分類ではなく、イヌワシの個体の身体的特徴に応じて、編み出したカザフ鷲使い特有のイヌワシ識別能力といえる。これら分類は現在、知識としては伝わっていても、明確な判定基準やクライテリアが共有されているわけではない。かつてはより多くの識別方法や判定基準があり、地域の鷲使いと共有されたと思われる。

4　イヌワシの身体部位の用語

イヌワシの身体部位については、かなり細かく分類されている（以下、ウランフス在住の元獣医師 J 氏および滞在先の S-16 からの聞き取りで特定した）（図 2-4）。こうした詳細な名称は脚部でも細かく分類されている（図 2-5）。用語によっては厳密にどこの部位を示すのか判定が困難な場合もあった。そのため対応表を資料として提示し、今後の研究により特定する。

5　イヌワシの飛翔の用語

カザフの古い諺では"10 のワシには 10 の異なる飛び方がある *10 буркіт т уралы 10 ушады*"とされ、イヌワシの多様な個性が表現されている［U-01］。鷲使いはイヌワシの飛翔方法についても鋭い観察眼を向けて独自の呼び名を与えている。とくに長老クラスの鷲使いからは、こうした分類が聞かれ、15 種類の飛翔方法を特定した。ただし、名称だけが確認できた場合や、飛翔方法、役割、定義が現時点であいまいなため、身体部位と合わせてリストにまとめて提示するのみにとどめる（表 2-3）。

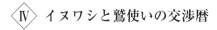 イヌワシと鷲使いの交渉暦

1　春夏期〔4〜8 月〕──雛鳥の捕獲と馴化

一般にイヌワシを馴らして腕に据えられるようになるまで、30〜45 日間が必要とされる。馴化の過程でもっとも大切なことは、右腕に据えて自ら毎日給餌することと、目隠し帽（トモガ）を毎日被せることである。一度馴らされたワシは、腕に据えられている間は従順になる。それでも若いブルクッ

Table 1. Local Name of Eagle's Body Parts

	Code	Local Kazakh name (Kazakh / Latin)		Anatomical/ Falconers Terminology
Body Section	B_{01}	Көк Болат	Kok bolat	cere
	B_{02}	Құсмұрын	Kusmurun	nare (nostrils)
	B_{03}	Ак тұмсық	Ak tumsuk	beak
	B_{04}	Шегір көз	Shegr Koz	eye
	B_{05}	Қабақ		blow (eyelid)/ supraorbital ridge
	B_{06}	Төбе	Tube	parietal/ vertex
	B_{07}	Шүйде	Shuide	occiput/ back of head (nape)
	B_{08}	Кемнегі	Kemieg	lower bill gonys
	B_{09}	Қияғы	Kiyag (= "cutting")	toung (upper bill gonys?)
	B_{10}	Жемсау (бөтеге)	Jemsau (Butege)	goiter
	B_{11}	Омырау	Omurau	thorax
	B_{12}	Шеңгел	Shengel	sternum
	B_{13}	Жембасар	Jembasar	crop
	B_{14}	Сығым	Sugum	vent
	B_{15}	Тегеурін	Tegeurin	synsacrum
	B_{16}	Бауыр	Baur (bukul ush jag)	liver
Wing Section	W_{01}	Кермеиық	Kermeik	brachium/ humerus
	W_{02}	Жебе	Jebe	third digit
	W_{03}	Құйрықтар	Kuiruktar	primary feather
	W_{04}	Сан	San	covert feather
	W_{05}	Сырт (бүкіл сырт жағы)	Surt (bukul surt jag)	white part of contour feather
	W_{06}	Шалғайы	Shalgaw	empennage/ caudal ala?
	W_{07}	Саңырауқұлақ	Sangraukulak (= "mushroom")	alula
	W_{08}	Майтүбіт	Maitubut	patagium
	W_{09}	Жотасы	Jotas (jaurun surt)	outer side of wings
	W_{10}	Табан	Taban	down or coverts under tail
	W_{11}	Балақ жұн	Balakh Jun	feather of back
	W_{12}	Түркы (ұзын)	Turku (Uzun)	feather of neck?

図 2-4 年齢別（時期別）名称の比較
Figure 2.4 Altaic Kazakh's terms on Golden Eagle

第2章　イヌワシを馴らす

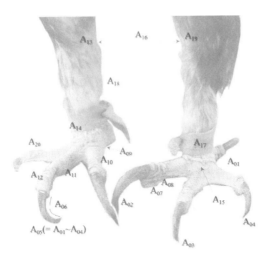

Table 2. Local Name of Eagle's Leg Parts

	Code	Local Kazakh name (Kazakh / Latin)		Anatomical/ Falconers Terminology
	A_{01}	Тегеурін	Tegeurin (= "onslaught")	first toe (hallux)
	A_{02}	Жембасар	Jembasar (= "food presser")	second toe
	A_{03}	Сығым	Sugum (= "opression")	third toe
	A_{04}	Шеңгел	Shengel	fourth toe
	A_{05}	Тұяқ	Tuyak	talon
	A_{06}	Пышақ	Pushak (= "knife")	innerside of talon
	A_{07}	Көбе	Kube	pad
Leg and Arm Section	A_{08}	Без	Bez	pad?
	A_{09}	Табан	Taban	sole of the foot
	A_{10}	Табан қышыры	Taban Kushur	furrows of sole?
	A_{11}	Болат	Bolat	pad
	A_{12}	Аяқ қабыршағы	Ayak Kavurshag	crust of foot
	A_{13}	Топшы	Topsh	thigh
	A_{14}	Шалғы	Shalg	mower?
	A_{15}	Серпер	Serper	sole of the foot?
	A_{16}	Аңғар	Angar	crotch (interval of legs)
	A_{17}	Шонты/ салалы	Shontu/ Salalu	tarsus
	A_{18}	Көбе құйрық	Kube Kuiruk	leg feather
	A_{19}	қауырсындар	Kaursundar	plumelet (of mantle?)
	A_{20}	Мелжем (Жұдырық)	Meljem (Juduruk)	fist

図 2-5　脚部の個別名称

Figure 2.5　Indigenous terms on Golden Eagle's leg part

63

表 2-3　狩猟用イヌワシの飛翔名称
Table 2.3　Names of Flight Pattern by the Hunting Eagle

飛翔の種類		特徴
ジャイ・ウシャド	жай ушады	ゆっくり飛ぶ動作。獲物には飛ばない
シャブシャン	шапшаң	速く飛ぶ、あるいはほうきではくように地面に沿って飛翔し、獲物に襲い掛かる
アトゥル・シャル	атыл шағал	早く飛んで帆翔し、キツネを攪乱（だます）し、捕まえる
シャバン・ウシャド	шабаи ушады	ゆっくり飛ぶ
テズ・ウシャド	тез ушады	早く飛ぶ
コムダングル・ウシャド	комданыл ушады	荷を背負ったような飛翔（？）
ケイビル・ビイック	кейбірі биік	高く飛ぶ
ケイビル・アラサ	кейбірі аласа	低く飛ぶ
カナット・コンダップ・ウシュ	Канат кондып ушу	空の高いところを飛ぶ。風切羽を少したたんで飛翔
トゥイルブ・ウシュ	түйіліп ушу	翼を丸めて飛翔
ティク・シャンシャルブ・ウシュ	тік шаншаліп ушу	滑空
カルブタップ・ウシュ	қалыдтап ушу	翼を大きく広げて飛翔（帆翔？）する。狩りをせず、別の場所に向かう飛行
カイダヌップ・ウシュ	қаиданып ушады	直滑降
トゥイスルップ・ウシュ	түйсліп ушады	獲物に襲い掛かるときの滑空（？）
シャイシャルップ・ウシュ	шаишалып ушу	直滑降みたいに襲い掛かる（？）

　チュの腕には、強靱なツメやくちばしでひっかかれた生傷が絶えないことが多い。キルギスの鷲使いによると、ハヤブサやオオタカは7～10日間程度の馴化・訓練で狩猟に使用できるようになるという。イヌワシとの信頼関係の構築は、他の猛禽類と比較してもっとも時間を要すると推測される。

　幼鳥を飼育するときは、鷲使いはまだ飛び立てない1～3月齢のヒナワシ"バラパン"を巣から捕らえて狩猟用に飼養する。バラパンの捕獲時期は6月中旬がもっとも多い。これに先立ってイーグルハンターは山々を騎行し、あらかじめイヌワシの営巣地点を探し出しておく。一般的にイヌワシは、孵化から10週間で自ら飛翔・捕食することが可能となり、12週目を過ぎると巣立ちを迎えるといわれる［Parry-Jones 2000: 14-15］。地元イーグルハンターの伝承では、毎年7月20日前後に幼鳥は巣立ちを迎えるといわれている。そのため、巣立ち前で体も成鳥並みに成長したバラパンの馴致が好まれている。

　カザフのイーグルハンターは古来の慣例として、4～5歳ワシ（アナ）に

なった冬の終わりに山へと放ち、4～5年間を連れ添った「相棒」に別れを告げる。一般にイヌワシは、満3～4歳齢で繁殖能力を身に付ける。この年齢は、ワシがもっとも強壮になる時期（4～6歳ワシ）と一致する。強壮な盛りの時期にイヌワシを山に返すのは、つがいとなって新たな世代を育んでほしいという、イヌワシと共に生きるカザフ鷲使いの環境共生観にもとづいている。そのため、別れを告げる5歳ワシには「アナ（＝母親）」という名称が与えられるようになった（第1章参照）。これはカザフ騎馬鷹狩文化の育んだイヌワシとの環境共生観をよく表す行為といえる。しかし現在のイーグルハンターたちは、通例として8歳ワシ（ユー・トゥルク）頃まで共に過ごすことが多くなっている。なかには12歳頃まで生活を共にするイーグルハンターもいる。サグサイではDS-01氏、S-10氏が11～12歳のワシを飼養している。ただし狩猟に従事する現役のワシは、S-10氏所有の11歳ワシが唯一である。昨今は鷹狩猟の盛んな時代と比べて、狩猟頻度・毛皮販売の機会と家計への経済効果が減少し、鷹狩猟の実生活に対する比重が相対的に低くなっている。イヌワシへの身体的負担も軽減されていることから、5歳ワシとの別れはほとんどなくなりつつある。とくに近年は狩猟実践者の減少は著しく、多くのイーグルハンターは単なる「イヌワシ保持者」になっているのが現状である。

　夏のこの時期は、ワシに毎日給餌することが望ましい。ワシへの給餌の頻度や与える肉の種類はさまざまで、どのイーグルハンターも給餌用の肉の種類は限定していない。ただし手近に手に入る羊肉などが最も多い。ワシの旺盛な食欲を満たすため、ヒツジ・ヤギに加えて、ウシ、ウサギ、タルバガン、野ネズミ、鮮魚、キツネ、イヌ、さらに人間の食肉用に解体した際の内臓や肉片、またその余りなども与えられる（図2-6a～d）［後述87～92ページ参照］。なるべく新鮮な状態の内臓を給餌するのが望ましい。本来、換羽が始まったイヌワシには、毎日ふんだんに肉を与えて体重を増やし、新しい羽根の成長を促進させることで、換羽期の終了を早めることが望ましいとされる。中世ヨーロッパのハヤブサ、タカの飼育方法にも同じ記録が見られる［Cummins 2003: 206-207］。野生のイヌワシは新鮮な肉や内臓しか食べないが、狩猟用に

a. ラット給餌

b. 内臓の給餌

c. 魚の食餌風景

d. ホブド河で獲られた川魚（ウグイ、マスなど）

図 2-6　イヌワシの食餌風景
Figure 2.6　Feeding for a tamed Golden Eagle

　馴化されたワシは死肉、乾燥肉、魚、血抜き肉なども食べるようになり、食餌の許容範囲が広くなる傾向がある。

　夏季の給餌方法はいたって簡単で、イヌワシの足元に肉などを放り投げておくだけで済ませている。毎日餌を与えるのは熟練のイーグルハンターや、肉の確保が容易な移牧生活者に多く見られる。定住型のイーグルハンターのあいだで、銃や罠での小動物捕獲が頻繁に行われるようになった背景には、こうした飼養負担増がある。鷹狩猟の家計への経済的効果は相対的に低くなっており、狩猟実践者減少の大きな一因となっている。

　8月前半の鷲使いは家畜の越冬用の草刈と乾草つくりに追われ、日中ほとんど自宅や天幕にいることはない。定住者・移牧者の生活形態に限らず、サグサイではすべてのイーグルハンター家庭が家畜を所有しているため、冬季に向けた乾草つくりは必須である。草刈作業は男の仕事で、家畜の保有数に

第 2 章　イヌワシを馴らす

年月	繁閑期	騎馬鷹狩猟 活動	鷹取	年月	繁閑期	遊動性牧畜活動 季節移動	牧畜活動
4月	鷹狩閑散期（トゥレク期）	換羽開始	巣の捜索	4月	牧畜繁忙期		幼畜の出生
		↓（十分な給餌と増量）					↓
5月		↓	ヒナ捕獲時期	5月			↓
6月		↓（冷温下での健康管理）	↓	6月		夏牧場へ移動	↓
		↓	↓				ウシの繁殖適期
7月		↓	↓	7月			↓乗用馬の肥育
		↓	若鳥の捕獲時期				↓オトルや分離放牧
8月		↓	↓	8月			↓干草用の草刈り
		↓	↓				↓家畜管理コストの低減
9月		換羽の完了	↓	9月		冬牧場へ移動	
		食餌制限の開始（〜翌3月）	↓			(秋牧場へ移動)	
10月	鷹狩繁忙期（カイルー期）	訓練の開始	成鳥の捕獲時期	10月	牧畜閑散期	(冬牧場へ移動完了)	
		↓	↓				
11月		出猟開始		11月			ヤギ・ヒツジの繁殖期
		↓					↓家畜の一斉屠殺
12月		↓		12月			↓（ソグム）
		↓					↓
1月		↓		1月			毛皮製品の製作など
		↓					祝い事等での贈呈品交換
2月		↓		2月		春牧場へ移動	
		↓					
3月		↓		3月	牧畜繁忙期	牧畜活動への専念	幼畜の出産期
		(狩猟期終了)	(産地返還)			↓	
4月	トゥレク期	換羽開始		4月			↓

図 2-7　鷲使いとイヌワシの交渉暦
Figure 2.7　Seasonal interaction between eagle master and Golden Eagle

もよるが例年 1 〜 2 週間程度かかる。その間、家の男手はほとんど出はらっており、草刈場付近にテントで暮らす。不在中は鷲使いの妻や家族が給餌を担当する。S-03 氏宅でも不在時に妻や家族の手でヒツジの内臓が与えられていた。春夏期 7 〜 8 月にかけて、鷲使いとイヌワシの関係は疎遠になり、その世話に多くの手間が割かれることはない。

　以下、図 2-7 のイヌワシと鷲使いの交渉暦を参照しながら、季節ごとの生活を解説する。

2　秋冬期〔9～10月〕──鷹狩猟の訓練・出猟の開始

　9月を迎えたサグサイでは、1週目頃から急激に気温が低下する。この時期サグサイの山々の頂上付近にはうっすらと初冠雪が見られ、明け方の水路に薄氷が張る頃になると、鷲使いたちは一斉にワシの訓練を開始する。この時期から、ワシには水に浸して血抜きした肉（アク・ジェム）が与えられる。鮮血を食べさせず、空腹感を増幅させて狩猟へと駆り立てるためである。

　狩猟の開始は早ければ9月4週目頃から行われる。しかし移牧生活者の場合は、冬営地への移動が済み、冬支度が完全に整う10月20日前後からがもっとも多い。とくに山肌がうっすらと雪に色づく11月終盤からが、狩猟には適している。獲物の影が銀世界に映えて上空から視認しやすくなり、狩りの成功率が高くなるためである。鷹狩猟がいまよりも盛んだった20世紀半ばには、天候が安定していればほとんど毎日が狩猟に費やされた。通常は日の出から日没前まで費やされる。冬季の日照時間は短く、10月1日の日出は7時頃、日没は18時40分頃である。10月から日没は1日1分程度の割合で早まり、冬至の日には、日出は8時50分頃、日没は17時5分頃となる［GARMIN社製品GPS 60CSxの地点情報データによる］。イヌワシの視認能力を考えると、狩猟活動に費やせる時間は1日7～8時間が限度である。さらにイヌワシと馬の疲労を加味すると、双方を複数所有しない限り実際の狩猟頻度は3～4日間に一度であったと思われる。慶弔事なども考えると、一冬の平均的な狩猟稼動日数は、10月1日から3月末まででおよそ30～50日間であったと思われる［第3章参照］。

　秋季の給餌量は夏季と同じく一回300～500gが一般的である。給餌肉には春夏期同様に、羊肉・山羊肉がもっとも多く用いられる。しかし狩猟シーズンに入ると、脂身と鮮血のついた肉は一切与えられない。肉片からは丁寧に脂身が削り落とされ、水で洗って血抜きした肉が与えられる。肉は1～2cm程度の大きさに細切れにされ、木製の給餌器"サプトゥ・アヤク"の中で2～3時間水に浸された後に与えられる。とくに新鮮な血の付いた肉を食べると、イヌワシは満腹感から狩猟をしなくなる。血が味わえないイヌワシは、かなり大量の肉を食べても満足感を得られないといわれる。マスターは

肉を細切れにすることで、本来引きちぎって肉を食べるイヌワシに満足感を与えないようにしている。

3　厳冬期〔11〜2月〕——キツネ狩りの本格化

　鷲使いのおもな捕獲対象獣はアカギツネ *Vulpes vulpes* "トゥルク түлкі" である。キツネは毛色によってコヌル（茶色）／クラン（赤色）／クラーム（橙色）／サル（黄色）の4種類におおむね分けられており、毛皮の質や尻尾の長さでその価値も異なる。キツネはアルタイ全域に多数生息しており、狩猟の盛んな時代には、イーグルハンターの多くが一冬で10匹前後のキツネを捕らえることができたとされる。熟達者や狩猟稼働日数の多いイーグルハンターなどは、30匹前後の猟価があった年もあるという。またコサックギツネ（Corsac Fox/*Vulpes corsac*）"カルサック" も格好の捕獲対象となっている。かつては中型獣のほか、大型の角をもつアルガリ（Argali/*Ovis ammon*）、シカ、まれにオオカミなどの大型獣も狩猟対象となった。その他ノウサギ（hare/*Lepus spp.*）、マスクラット（Norway Rat/*Ondatora zibethicus*）"アンダッタル" などの小型獣なども捕らえる。ただしイヌワシは初速が遅く小回りが利かないため、一般に小型獣の狩猟を得意とはしない。さらにキジ、アルタイセッケイ（Altai Snowcock/*Tetraogallus altaicus*）"ウラル үлар" などの鳥類や、水辺に棲むビーバー（Beaver/*Castor fiber*）も捕らえることができたといわれる〔上記動物名のラテン名との対応はモンゴル国立自然史博物館の各展示項目を参照〕。

　捕獲されたキツネは毛皮にされて、市場や観光客へ販売されることもある。毛皮の状態にもよるが、キツネ1尾約2万〜2万5,000 MNT（約1,400〜1,750円）、コサックギツネ1尾約1〜2万MNT（約700〜1,400円）が価格の相場である。キツネの毛皮は裏返されて、塩やアイラン（ヨーグルト）で裏揉みされ、10日間程裏干して乾燥させる。キツネ1頭からは約3〜5kg前後の良質な肉がイヌワシ給餌用に確保できる。給餌肉の負担軽減という側面を考えると、一冬キツネ5〜10匹程度の捕獲量があると望ましいと考えられる。

またキツネは、カザフの伝統的装束に不可欠な毛皮材として利用されている［第4章参照］。そのため「キツネ狩り」は防寒具の製作に用いる毛皮の取得にその根源の目的があるといってもよい。カザフ民族の伝統装束の製作は鷲使いの威厳の維持に貢献し、また毛皮やそれら製作品の贈呈により良好な社会関係が維持された。毛皮や毛皮製品の販売による経済活動としての側面はそれほど見られず、社会生活の向上を意図した、酪農・食肉生産とは性質のまったく異なる質的な生産活動として成立している。かつてキツネ狩りへの参加と捕獲は、一人前のカザフ男児へのイニシエーションでもあった。そのためキツネ狩りは、いわば社会的・経済的充足と象徴的な自己形成をあわせもつ、カザフ民族文化を表象する行為として受け継がれてきた。

4　早春期〔2月末〜3月〕──狩猟活動の終了・牧畜の再開

　騎馬鷹狩の出猟は3月20日前後のイスラーム新年「ナウルーズ祭」をもって完全に終了する。春を迎えると気温の上昇による換毛および出産により、キツネの毛皮の質が低下するためである。そしてナウルーズの到来は、マルチンにとって牧畜生産活動の再開を意味する。家畜の出産、搾乳、毛刈り、夏営地への移動など、牧畜生産全般に専念する時期となり、騎馬鷹狩猟は終わりを告げる。この「猟閑期」にはイヌワシも換羽が始まるため、飛翔が安定しなくなったワシを激しい狩猟活動に使用することは控えられる。春を迎えて4〜5歳（近年は8歳頃）になったワシは山へと放たれる（産地返還）。鷲使いたちは6〜7月にかけて新たな雛鳥や成鳥を捕獲し、狩猟の伴侶とする［第1章参照］。巣から捕らえられたコルバラのほとんどが、人間界ではじめての飛翔をおぼえる。狩猟用として馴化されれば、その後5〜10年間をイーグルハンターと共に過ごすこともある。そしてアルタイのイヌワシが巣立ちを迎える7月20日前後を境に、多くのイーグルハンターたちは冬営地の草刈に出かけ、厳しい冬との対峙に再びイヌワシと共に向き合うこととなる。

イヌワシ馴化の知と技法

1　馴化に適したイヌワシ個体

　カザフ鷲使いのあいだでは、ワシの種類、性格、年齢、体尺によって、馴化の仕方には個別の知と技法が育まれてきた［S-02, S-12, S-15, U-01］。鷲使いによる「イヌワシの馴化／ラポール構築」は"ウズゲ・ユレトゥ өзге үйрету"と呼ばれ、おおきく分けて①巣から捕えた幼鳥"コルバラ қолбала"の馴化と、②罠などで捕えた成鳥"ジュズ жүз"の馴化、の2種類の方法がある。実際にはコルバラもジュズも、馴らし方におおきな違いはないが、一般的には従順なコルバラの馴化は、ジュズの馴化よりも容易と考えられている［S-05, Ts-01］。これは鷹匠の世界では共通した認識でもあり、イギリスでは「軟馴化 gentler taming」と表現される。コルバラからの飼養では、一般的には巣立ち直前の幼鳥"バラパン барапан"が好まれる。また、飛行と狩猟能力を身に付けつつある、巣立ち直後から最初の冬までの若鳥"アク・バラパン ақ барапан"もその従順さから馴化に好まれている。

2　成鳥"ジュズ"の馴化方法

　捕えられたジュズは、まずなによりも人間界に馴らされる施しを受ける。とくに年老いたイヌワシの馴化は、特殊な事例を除いてほとんどない。歳をとったジュズは"カルスー・ブルクット карісі бүркіт"、"カル・クス карі құс"と呼ばれ区別される。事実、こうしたワシは野生での長い生活のために人間に馴れにくく、自然界への愛着心からすぐに逃げたがる癖がある［Ts-01, S-08］。ジュズの馴化にはかつて、その年齢や個性に応じた馴化手順が実践された。しかし、現在ではそうした具体的な知と技法が十分に継承・実践されているわけではない。一般的にジュズは約45日間、腕の良い鷲使いならば約30日間で馴らされる［S-05］。最長老のU-01氏からは「58年間も鷲使いをやっているので、10〜20日間で馴らせる」との意見も聞かれた。捕獲した個体の個性や体尺に適った「適正な質・量のエサを与えること」が

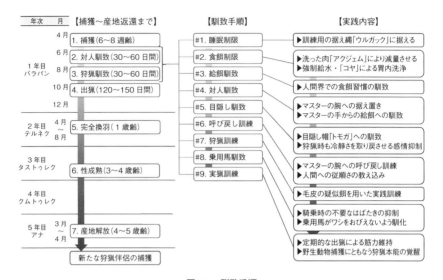

図 2-8　馴致手順
Figure 2.8　Taming Procedure of Golden Eagle

なによりも重要とされる。この適正給餌は"バプ・ケルセ бабы келсе"と表現される。

具体的な馴化手順は以下（#1）〜（#9）のプロセスにしたがって進められる（図 2-8）。

#1. 睡眠・活動制限

捕獲されたイヌワシははじめに、訓練用の据え縄"ウルガック ырғакке"に据えられる（図 2-9a）。ウルガックの上で暴れたり、バランスを崩すとひっくり返るようになっている（図 2-9b）。これらは鷲使いの腕の上での据え置きを想定し、無駄な動作や羽ばたきをさせないようにする矯正具のひとつである。またイヌワシは好んで長時間眠る習性があるため、この縄の上で丸一日過ごさせて眠らせないように（疲労させて）調教する [A-02, Ts-01, U-01]。疲労を感じさせることで従順にし、最初の給餌を容易にする効果がある。イヌワシは冬季に家屋内に据えておくと、平気で 12 時間以上眠っていることがある。これは短睡眠が一般的な鳥の世界では珍しい睡眠行動でも

第 2 章　イヌワシを馴らす

a ウルガック（キルギスの例）　　　b ウルガックから落ちたワシ（キルギスの例）

c 足緒（アヤク・バウ）　　　　　　b 据え木（トゥグル）

図 2-9　イヌワシ馴化にもちいられる道具
Figure 2.9　Equipment for Eagle Taming Procedures

ある。逃避する癖のあるイヌワシには、この時点で足緒"アヤク・バウ（a як бау）"（図 2-9c）を付けて逃げられないようにする［A-01］。据え木"トゥグル（тұғыр）"（図 2-9d）やウルガックに、羽根や尾羽を直接結び付けて矯正されることもある［S-05］。

#2. 減量・食餌制限

　イヌワシを空腹にさせて減量"カイラド қайрады"を施す。2 回に一度は脂身や血を水洗いした餌"アク・ジェム ақ жем"（図 2-10a～b）が与えられる［A-04］。また木製のタブレット"コヤ қоя"を嗉囊（そのう）まで飲み込ませて、胃の内部の脂や未消化物を吐き出させて洗浄する（図 2-10c）。コヤを飲み込ませると、その 3 時間～一晩後に、胃内の未消化物が付着したコヤごと吐き

73

a 給餌器（サブトゥ・アヤク）　　b 冬季の給餌方法

c コヤ　　d 訓練後の強制給水

e 手袋（ビアライ）　　f 目隠し帽（トモガ）

図 2-10　イヌワシの給餌馴致にもちいられる道具
Figure 2.10　Equipment for eagle feeding and taming procedures

出される。コヤで不十分なら、塩を飲ませて吐き出させる［A-02］。水やお茶を、ホースや骨で作ったチューブ"トゥトゥク ᴛʏᴛɪᴋ"でイヌワシに口移しで強制給水させることも行われる（図 2-10d）。また逆に個体の個性によっては、ワシに充分に餌を与えて肥らせることもある（現地カザフ語で「ワシ

を柔らかくする」と表現される)。

#3. 給餌・対人馴致

　つなぎとめたワシの近くにまずエサを置き与え、人間界で自らすすんで食べることに慣らす。エサを求めるようになったイヌワシに、マスターが左手で手ずから肉を与えるようにする。減量調整がうまくいけば、この段階での食餌には馴れやすくなる。家の中ではイヌワシの食餌へ執着心がとくに高まるとされる。そのため、マスターの接近がつねに食餌だと思わせないように、給餌は別の場所に移す方が良い [Hollinshead 1995: 36-37]。

#4. 腕への据え置き

　人間界での食餌に慣れたら、マスターが自らの右腕に据えながら餌を与えるようにする [S-02]。厚手の皮革製手袋"ビアライ биалай"(図 2-10e)の上に留まることと、マスターの手から餌を食べることをおぼえさせる。この段階で餌やワシの口のなかにマスターの唾液を入れると、匂いを記憶してすぐに馴れるといわれる [Ts-01]。

#5. 目隠し馴致

　マスターの腕で餌を食べることをおぼえたら、目隠し帽"トモガ томаға"(図 2-10f)を被せる訓練が始められる。トモガはイヌワシの視界を制限することで冷静にさせるとともに、鷲使い自らが幾度となく被せることで「ワシを服従させる」意味もあわせもつ。ワシの呼び戻しや疑似餌での訓練で成功したワシには、そのたびにすぐにトモガを被せるようにする。獲物を捕獲した直後のワシは極度の興奮状態にあり、近づいた鷲使いにすら襲いかかることもある。そのためすぐにトモガを被せることで、冷静さを取り戻させる訓練を徹底する必要がある。

#6. 呼び戻し訓練

　マスターからの給餌に馴れると、呼び戻し訓練"チャクル шақыру"を行

う。毎回の給餌の前後に、ウサギやキツネの脚の肉（＝チャクル）をかざして、腕に舞い戻るように訓練を行う［後述Ⅷ「狩猟馴致の知と技法」参照］。はじめは家の中で近距離を呼び、その後は外で徐々に距離を伸ばして呼び戻すようにする。ワシが疲れるまで呼び戻し訓練を行うことで従順になり、より高度な疑似餌での訓練（#7）が容易になる［A-02］。とくに空腹時にヒナワシを呼ぶと馴化を早める効果がある［S-02］。そのため、減量して体を細くしてから行うのが良いとされる［A-02］。このチャクルにもマスターがときおり唾を吐きかけて主人の匂いを記憶させる。もっとも注意すべき点は、腕に舞い戻ったワシから無理に餌を引き離さず、完全に食べ終わらせることとされる［Hollinshead 1995: 41］。またあまりに多くの食餌を腕の上で見せることは避け、隠し持っておく必要がある。上記に注意しなければ、イヌワシは与えられた食餌の防衛に腐心するようになってしまい、思い通りに訓練が進まなくなることがある［Hollinshead 1995: 41］。

#7. 疑似餌訓練

キツネやウサギの毛皮で作った疑似餌"チュルガ шыpгa"を引き、襲いかかるようにトレーニングする。初期の段階では、単なる毛皮よりも、実際にウサギの死骸を疑似餌代わりに用いるほうが習熟を早める［A-04］。チュルガの内側に肉片を仕込んでおくことでも、学習を早めることができる。チュルガで慣れたあとは、生きたウサギに首縄をしてより実践的な訓練を行う［A-01］。おとなしくならないイヌワシは、この段階以降もウルガックに据えられる［A-04］。

#8. 乗用馬馴致

チュルガでの訓練の前後から、狩猟に行くための乗用馬とワシをなじませ合うようにする［第4章参照］。

#9. 出猟訓練

狩場へ出猟"サヤチロク саятшылық"する。はじめて狩りに同行させる

ワシは、まずはじめにウサギを対象にする。それからキツネ、オオカミの順に狩猟対象の難易度が引き上げられる［A-01］。キツネを生け捕りにできたときは、さるぐつわと首縄で動きを制限してつなぎとめ、イヌワシを何度となくけしかけて狩猟本能を呼び覚ます訓練も行われる。狩猟シーズンの早い時期に出猟すれば、狩りに不慣れなイヌワシでも、イヌワシからの攻撃に不慣れな獲物を捕らえることができる可能性が十分にある［Hollinshead 1995: 81］。

　これら #1〜#9 すべてのプロセスを通じて、「子どもを教育するようにワシを馴らす」ことが、良い鷲使いの資質と考えられている［S-15］。強情だったり、性格の悪いワシは、説き伏せるようにならし、ときには 2〜3ヵ月かけて人間界とマスターになじませられる［S-08］。イヌワシを懐かせて静かにさせるには、新しく生まれた新生児にするように、体や脚をマッサージすることもある［A-01, Ts-01］。このときお互いがなじみ合っていれば、ワシもくすぐったがるような仕草"クトゥク күтік"を見せるようになるといわれる［Ts-01］。ときにはワシと子どもを遊ばせることで、人間の世界に馴らすこともされる［U-01］。

　他の多くの飼養動物と同じく、イヌワシも個体による性格や特徴がまったく異なる。性格の穏やかで馴らしやすい個体は"アクペイル ақпеиіл"、身につけた野性や強情さで馴らしにくい個体は"カラニエト қараниет"と称される。これは現在での日常生活ではほとんど用いられないが、高齢者のあいだではかつて人間の子どもにも同じように使われた。経験豊富な長老クラスの鷲使いは、「好ましくないワシ」の三大特徴を慣用表現的に次のように言い表している。①"デネ・ケルメイク дене кермеиық"、②"アヤク・ジャルガクアヤク аяқ жарғақаяқ"、③"トゥヤク・ジュムルトゥヤク тұяқ жұмыртұяқ"。これらを直訳（拙訳）すると、①巻きあがったような体つき（＝体が細く飛翔が安定しない？）、②毛皮のような脚（＝脚が細く握力が期待できない？）、③丸みを帯びたツメ（＝毛皮を傷つける湾曲のため？）、となる。これら身体的特徴は鷲使いからはとくに敬遠されている。また、「体が短く四角っぽいワシ」は"シャブシュク шабсыйқ"と呼ばれ、とくにサルチャ（オスワシ）をさげすむときの形容表現で耳にされる。

優良なワシの特徴はまずツメに表れるといわれ、まっすぐで湾曲の少ないツメが好まれる。こうしたツメは"ウラル・トゥヤク ɣлар тұяқ"と呼ばれ、直訳すると「アルタイセッケイのようなツメ(?)」を意味する。また蒼灰色に相当する"コク kok"は良いワシの形容表現として用いられる。代表的な表現には、"コク・チェギル кок шегір"(＝蒼い瞳)、"コク・トゥムシュク кок тұмсық"(＝蒼いくちばし)などがある。これらは実見できていないため、色調データは記録できていない。ただし蒼灰色へのこだわりは、身体的特徴というよりも、文化的吉祥の意味合いが強いようにも思われる。

3　幼鳥"コルバラ"の馴化方法

現在の鷲使いのあいだでは、成鳥"ジュズ"よりも馴化の手間のかからないヒナ"コルバラ"を育てることが好まれている。サグサイ村で実見したコルバラの捕獲は、次の2例だけであった。1例は2012年5月に、S-10氏がまだ10日齢程度のコルバラを1羽捕獲し、9月まで育ててイヌワシ祭に同行させた。同氏宅では、持ち帰ったコルバラには毎日1～2回、スーテーツァイ(乳茶)に浸して柔らかくした肉が与えられた。また6月2週目以降の夏牧場では、コルバラは鷹小屋に入れられて飼育された。もう1例は、定住者のDS-02氏が同年6月頃に2羽のコルバラ(約4週齢)を捕獲し、9月まで育て上げて1羽をS-14氏へ、もう1羽をDS-01氏へ、10万MNT(約6,000円)で売却した[Soma 2014, 2015a]。現代のコルバラ馴致への執着は、狩猟への同行が目的ではなく、イヌワシ祭への参加を目的としている。そのため、手間のかからないヒナワシの馴化が望まれるようになっている。コルバラには鷲使い自らの手で日々餌を与えることで従順となり、馴致にはジュズほどの手間とケアがかからない。

しかし、アルタイ地域一の熟練の古老U-01氏によると、「みんながあまりにもコルバラを求めすぎたために、イヌワシの数が減っている」と指摘している。事実、イヌワシは取引や売買の対象となっており、鷲使いや地域の牧畜民はたとえイヌワシの営巣地点を山中で発見しても、その場所を秘匿して誰にも告げないようになっている[第5章参照]。また、サグサイ周辺の鷲

使いたちのあいだでは、「コルバラだけがオオカミを捕獲できる最強のイヌワシに成長する」と信じられている。そのため、罠で捕獲したジュズでも「これは正真正銘のコルバラだ！」、と訪問者や観光客に見栄を張る「デモンストレーター化」した鷲使いは多い［Soma and Sukhee 2014］。ヨーロッパの鷹匠にも、とくに普通の獲物の狩りに馴れていない若鳥（生後1年以内）のワシを捕えることで、オオカミ狩り専用に育てられるとの認識がある［Hollinshead 1995: 48］。アルタイ地域を概観すると、県北のサグサイ、ウランフス、ツェンゲル、アルタン・ツォグツなどでは、コルバラを育てることが多く、県南のトルボやデルーンでは、ジュズを捕えて育てる伝統がある［第1章参照］。

　ただし育て上げたコルバラには、仕切りに鳴き声をあげる癖が見られることがある。鷲使いが「ピタッ、ピタッ……」と表現するこうした鳴き声は、出猟の際には獣にイヌワシと鷲使いの存在を知らせてしまうため不利となる。かつて鳴き声をあげる若いイヌワシには、くちばしを縛り付ける矯正具"タンダイ・アガシ танвай агаш"という鷹匠道具が用いられたが、現在はほとんど用いられていない［S-02］。鳴き声を矯正するための知と技法が存続していないためと考えられる。また、出猟の習慣が廃れ、鳴き声そのものの不利な意味合いが相対的に減じたためでもある。こうした鳴き声は、野生で生存しなければならなかったジュズにはほとんど見られない。そのため、コルバラは狩りには向かず、ジュズが向いていると考える鷲使いも（とくに古老のあいだでは）多い［T-02］。ただし、バヤン・ウルギーの北部地域でも、デルーン産のジュズは、優秀なハンターになると考えられている［Z-01］。

4　イヌワシの据置き方法

　狩猟用イヌワシは人間界の居所として、据木（トゥグル）をはじめ、ブロック、日干煉瓦、石、流木、古タイヤ、などの上に据え置かれる。かつてカザフ天幕内では、イヌワシは入口をくぐって左側（男性の場）に必ず据えられた。しかし定住化の進んだ現在は、イヌワシの据え方も多様化している。定住者も移動生活者も、冬営地には専用の「イヌワシ小屋」（図2-11a）を備

図 2-11　イヌワシの据え置き
Figure 2.11　Pearch of tamed eagles in human living sphere

えていることがほとんどである。日中はイヌワシを小屋から出して、庭の壁際や中央、外壁上などにあえて目立つように据えておく。ただしワシによって特定の留り場所を好むこともある。例えば S-13 氏は以前、庭の地面に 2 羽を 5 m ほど離して据えていたが、現在は庭の中央（ジャガイモ畑の中央）に据えてある。故 A 氏は乾草置き場の壁際に据えている。また DS-03 氏宅では、2 羽のイヌワシを同じ壁の上に 5 m ほど離して据えている（図 2-11b）。来客や子どもの多いカザフ人宅では、イヌワシをあえて目立つようにして、近づかせないようにする配慮でもある。据えられたイヌワシの両脚には、長さ 2 ～ 3 m の脚紐が掛けられ、据木や据石にしっかりと結ばれる。複数のイヌワシがいる場合には、必ず 5 m 程度は引き離し、お互いが争わぬようにする。真夏の高温時やマスター不在時には、常時イヌワシ小屋内の暗所に据え、直射日光から守るようにする。こうした「イヌワシのいる風景」は、村の日常に溶け込んだいわば伝統的景観になっている。

　移牧生活者（マルチン）の家庭では、イヌワシの据え方にはある程度統一された工夫がなされている。川岸付近に天幕を構える家庭は、河の土手沿いや中州にイヌワシが据えられる（図 2-11c～d）。空気の対流が生まれて、周囲よりも涼しい環境が保たれるためである。また新鮮な水分摂取を頻繁にさせる目的もある。川岸の付近に宿営しない鷲使い宅では、天幕の入口に向かって右側、サグサイの夏牧場の場合は北東側に据えられる。北東に据える理由は、天幕が影になって日中の直射日光を防ぐためや、西から吹くアルタイ特有の強風から守るためと考えられる。ヤギやヒツジなどの家畜が襲われないように、簡単な柵をつくって据えられる（図 2-11e）。これは各家庭の、小さな子どもに対しても同じ役目を果たす。通常イヌワシは夏場の高温に弱く、直射日光を避けるように据えられることが多い（図 2-11f）。高低差を利用したアルタイの移牧型牧畜では、夏期（6 ～ 8 月）は標高が高く涼しい場所へと移動する。そのためイヌワシは冷涼な高地で夏を過ごし、秋冬季（9 ～ 5 月）には比較的暖かい低地に降りて狩猟を行う鷹狩暦のサイクルが成立していた。遊牧民の季節移動はイヌワシの体調管理にも適合する社会的エコシステムでもあったといえる。そしてイヌワシは 3 月の狩猟期間終了から 9 月の

訓練再開までの半年間、ほとんど飛翔することはない。イヌワシの換羽は8月終わりまで完全には終わらないため、飛翔の安定しないワシを訓練することはない。ごくまれに訪れる観光客などに飛翔を見せる程度だが、これも鷲使いから進んで行うことはほとんどない。リクエストされたときのみ、若干の手間賃を受け取り行うことがほとんどである。人間の生活のかたわらに静かに寄り添って過ごすことが、狩猟用イヌワシの春夏期の姿である。

⟨Ⅵ⟩ イヌワシ給餌の知と技法

1　夏季の換羽給餌と冬季の食餌制限

　イヌワシの給餌には、夏季／猟閑期（4月1日〜8月31日）の換羽期食餌"トゥレク түлек"と、冬季／猟繁期（9月1日〜3月31日）の狩猟期の食餌制限"カイルー қайыру"の2種類の方法がある。トゥレクは本来イヌワシの「換羽 moulting」を意味する用語だが、「夏季」「夏季用給餌法」そのものを示すようにも使われる。カイルーは「体を細くすること」を示し、狩猟に向けた「食餌制限 enseam」や「冬季用給餌法」を意味する。まず夏季の「猟閑期」には、良質な餌を存分に与えてワシを肥らせことで良質な換羽を行わせる。さらに狩猟の開始される冬季の「猟繁期」には、食餌制限により体を細く減量させる。これにより空腹感を増させて、本来の狩猟本能を呼び覚ます。トゥレクとカイルーの給餌方法や導入時期を間違えないように、細心の注意を払わなければならない。これを見誤るとワシはモチベーションを低下させ、狩りをしなくなる［S-12］。

　イヌワシ馴致でもっとも重要なボキャブラリーに"ウズゲ・ユレトゥ өзге үйрету"があり、イヌワシとの「ラポール構築」を意味する。これは英語の"taming"や"reclaiming"にもそのまま対応する。馴致のプロセスでもっとも重要な工程は日々の給餌といって過言ではない。

　①夏季の換羽給餌"トゥレク"の方法　　夏季のイヌワシにはふんだんに餌が与えられる。良質な羽根の生長には膨大なエネルギーが必要とされることから、ワシの栄養バランスを整え、体重を増やすことで良質な換羽を促進

第2章　イヌワシを馴らす

a. 給餌器内で水に浸され血抜きした羊肉（S-16 氏宅にて）

b. くちばしの先端をナイフで削り、短くする（S-16 氏宅にて）

図 2-12　イヌワシへの冬季給餌の方法
Figure 2.12　Process of winter feeding

する。この時期与えられる肉は脂肪や血をふんだんに含む生肉であることから、"クズル・ジェム қызыл жем"（＝赤い肉）と呼ばれる。イヌワシの微妙な体重調整や体調管理のために、一度だけ水で洗った肉"クズル・ダイ қызыл дай"を与えることもある。とくに悪くなった肉は与えず、つねに新鮮かつ清潔な肉を与えるよう心掛けられる［U-01, S-08］。また周年で「イヌワシを適温下で過ごさせること」"タザ・アワダ таза ауада"により、狩猟に適したメンタルとフィジカルが維持できるといわれる。とくに換羽時には水場や川辺での水浴び機会をワシに与えて、「体を清潔に保たせる」"スーガ・トゥスル суға түсіру"も行われる。

　②冬季の食餌制限"カイルー"の方法　　冬季は狩猟に向けて食事制限を施し、イヌワシを減量させる。体重減量は"アルトゥップ арытып"もしくは"カイラド қайрады"と表現され、人間に対しては用いられない。イヌワシに満腹感を与えないように、給餌肉からは脂肪がていねいに切り落とされる。その後 1〜2cm 程度の大きさに細切れにされ、木製の給餌器"サプトゥ・アヤク сапты аяқ"のなかで 2〜3 時間水に浸されて血液がすべて洗い流される（図 2-12a）。そのため、食餌制限期のこうした食餌肉は"アク・ジェム ақ жем"（＝白い肉）と呼ばれる。冬季にふんだんに脂肪分や血液を食べさせると、イヌワシは餌に満足して狩りへの闘争本能を忘れてしまうためである。とくに新鮮な血の付いた肉を食べると、イヌワシは満腹感から狩

83

猟をしなくなる。血が味わえないイヌワシは、かなり大量の肉を食べても満足感を得られないといわれている。また肉を細切れにすることで、本来引きちぎって肉を食べるイヌワシに満足感を与えないようにしている。冬季はこれらのほかにも、血液成分や脂肪分の少ない赤味肉が"カラ・エト қара ет"（＝黒い肉）として重宝される。例えばイヌ、オオカミ、キツネなどの肉は、血液含有量が少なくカラ・エトに相当する。ヒツジや牛などの肩甲部の肉は"ジャウルン жауырын"と呼ばれ、イヌワシに最良の餌とみなされている。例年11月中頃に行われる「家畜の一斉屠殺」"ソグム соғым"のときに、この部位がワシへの給餌のためだけに数十個確保されることもある。また馬の肺を5〜6ℓの水でいっぱいにして2〜3日間そのままにし、それから切り分けた"コラバ қолаба"という餌が最上級の食餌とされる。同じようにラクダの肺も良いとされる。

　冬季は、春夏期には用いられない器からの給餌が必要となるため、イヌワシのくちばし先端を丸めて、餌を食べやすくすることもある。長いくちばしでは、器の底に当たって細切れにした肉片が口に入りづらくなるためである。これはイヌワシに目隠し帽（トモガ）を被せ、両足を紐で縛るか後ろ手で押さえつけてやや強引に行う。S-16氏宅では、ナイフでくちばし先端を2〜3 mm削り落として丸め、内側の角の立った部分も削って丸められた（図2-12b）。

　鷲使いが育んだイヌワシ馴致の伝統技法のなかで、もっとも重要な能力は、個体の特徴や健康状態を見抜き、"バプ・ケルセ"（＝適正量の給餌）を実践できるかどうかにある［S-05, S-08］。どんなイヌワシでも、マスターの腕前次第で良くも悪くもなり、ワシの個性に合わせてバプ・ケルセをしないと、体調を壊し、痩せ衰えて死んでしまうこともある［S-12］。バプ・ケルセにより良質な換羽を促せば、狩猟へのモチベーションが増すようになる［S-12］。

2　夏季／冬季の給餌頻度と分量

　①参与観察の結果　　サグサイ村在住のS-16氏の給餌頻度／分量の観

察・測定結果（1回の給餌量 300〜500 g）から、年間の給餌必要量を給餌頻度／分量ごとに［Case 1〜3］に分類して以下のように算出した［Soma 2015b］。

［Case 1］夏季／冬季で毎日給餌した場合
　　1.1：$\{300(g) \times 365(days)\} = 109,500(g)$
　　1.2：$\{500(g) \times 365(days)\} = 181,500(g)$

［Case 2］夏季：毎日／冬季：2日ごとに給餌した場合
　　2.1：$\{300(g) \times 185(days)\} + \{300(g) \times 90(days)\} = 82,500(g)$
　　2.2：$\{500(g) \times 185(days)\} + \{500(g) \times 90(days)\} = 136,500(g)$

［Case 3］夏季／冬季で2日ごとに給餌した場合
　　3.1：$\{300(g) \times 90(days)\} + \{300(g) \times 90(days)\} = 54,500(g)$
　　3.2：$\{500(g) \times 90(days)\} + \{500(g) \times 90(days)\} = 90,500(g)$

　S-16氏によるイヌワシへの年間給餌量は 136.0 kg ［2.2.］〜181.5 kg ［1.2.］のあいだと推定される。平均値をとって約 150〜160 kg と考えても、この量は現地のヒツジ換算（在来ヒツジ1頭の枝肉歩留まり約 20〜25 kg）でおよそ 7〜8 頭分に相当する。最低値 54.5 kg ［3.1.］では、イヌワシを維持することは不可能であり、82.5 kg ［2.1.］〜90.5 kg ［3.2.］でも、健全な健康状態に保てるとは考えられない。S-16氏の生活はアルタイのイーグルハンターのなかでもっとも低水準にあり、秋季から冬季にかけてイヌワシの給餌に困窮することがたびたびあった。また、とくにサグサイ村のソム・センターに定住する鷲使いたちに家畜群はなく、例年の家畜の幼畜再生産が期待できないことから、頻繁にウサギなどの小動物を山に撃ちに行っていることもあった［相馬 2012a］。

　②構成的インタビューによる結果　　参与観察と合わせて、構成的インタビューにより給餌頻度／分量を自己申告により割り出し、以下の数値を特定した（以下、夏季 150 日間、冬季 210 日間で算出）。夏季と冬季では、次に示したように給餌頻度／分量に相違が見られた。

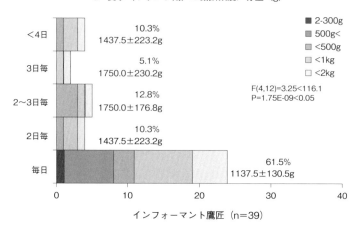

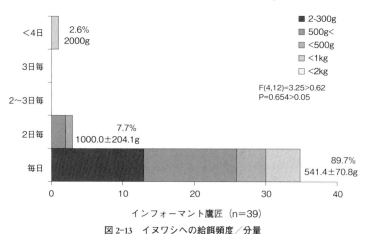

図 2-13 イヌワシへの給餌頻度／分量
Figure 2.13 Feeding Frequency and Quantity

夏季のトゥレク期は、調査対象者の 61.5%（n＝24）が毎日給餌しており、1 回の平均給餌量（Mean±S.E.）は 1137.5±130.5(g) であった（図 2-13a）。その他の 28.2% が、2 日毎（n＝4）／2～3 日毎（n＝5）／3 日毎（n＝2）の給餌をしており、毎回の平均給餌分量はそれぞれ 1437.5±223.2(g)／1150.0±176.8(g)／1750.0±230.2(g) と算出された。4～7 日毎の給餌は全体の 10.3%

(n = 4) のみで、平均給餌量は 2 日毎の分量と同程度となった。

冬季のカイルー期は、調査対象者の 89.7%（n = 35）が、毎日給餌を行っている結果となった（図 2-13b）。毎回の平均給餌量（Mean ± S.E.）は夏季の半分以下の 541.4 ± 70.8 g となった。2 日毎に給餌を行う鷲使いは 7.7%（n = 3）のみが確認され、平均給餌量は 1000.0 ± 204.1 (g) であった。また 1 名のみ 7 日間で 2000 g 程度の消費をするとの回答があった。1 回の平均給餌量を比較すると、冬季（541.4 ± 70.8 g）は夏季（1137.5 ± 130.5 g）に比べて 1 回当たりの分量は半分以下（47.6%）まで減らされていると考えられる。通年の平均給餌量は、夏季 144.5 ± 15.2 (kg)、冬季 111.5 ± 13.5 (kg) となり、冬季は夏季にくらべて給餌分量は 22.9% ほど減少されていることがわかる。

イヌワシ 1 羽分の年間平均食肉消費数（Mean ± S.E.）は、最低値 90.0 kg〜最高値 440.0 kg、平均 241.3 ± 18.3 (kg)＊と算出された（＊夏季給餌頻度 < 4 日間の 4 名、冬季給餌頻度 < 4 日間の 1 名を除外した）。この消費数は現地の在来ヒツジ換算で 9.6〜12.0 頭分に相当する。冬季でも給餌量を極度に制限すると、イヌワシは狩りをしなくなる。現在は「冬にマスターが充分な餌を与えないため、多くのワシが死んでいる」[U-01] といわれ、悪い鷲使いの典型例とされる [S-15]。そのためイヌワシ所有世帯にとって、給餌はおおきな負担となっており、その文化継承と新規参入者にとって最大の障壁となっている [Soma 2015b]。

例えば S-12 氏による給餌経費（自家飼養家畜での）の産出額を参照すると、以下のように算出された。

1. 夏季：30 kg／月：15 万 MNT × 5 ヵ月 = 75 万 MNT（約 4 万 5,000 円）
2. 冬季：15 kg／月：7 万 5,000 MNT × 7 ヵ月 = 52 万 5,000 MNT（約 3 万 1,500 円）
3. 年間支出金額（推定値）：127 万 5,000 MNT（約 7 万 6,500 円）

3 月を夏季（猟閑期）／冬季（猟繁期）のどちらに含むかは、イーグルハ

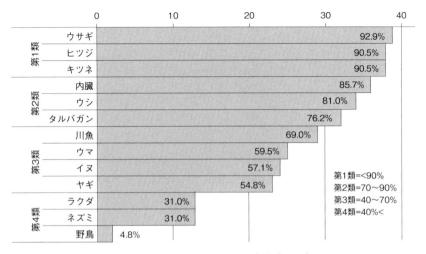

インフォーマント鷹匠（n＝42）
図 2-14　鷲使いによる動物別の給餌適正度
Figure 2.14　Diet Appropriation by Eagle Master's Feeding Attitude

ンターの出猟頻度次第となる。仮に夏季／冬季を 6 ヵ月間で等分すると、年間支出額は 135 万 MNT（約 8 万 1,000 円）と推定される。出猟頻度の低下する現在では、おそらく後者の値に近くなると考えられる。野生動物での給餌頻度／分量は相対的に減少しており、鷲使い自身の経済的負担は増大傾向にあると考えられる［相馬 2013b、2015b］。

3　イヌワシへの動物別の給餌適性

　イヌワシには生来の食餌嗜好許容範囲（diet palatability）の広さがあり、さまざまな肉の種類に許容性を示す。ただし、イーグルハンターにもっとも好まれる獣肉は、狩猟により得た野生動物"アン ан"の肉といわれる。構成的インタビューにより得た結果から、給餌に好ましい動物別適正度を第 1 類～第 4 類（13 種目）に任意に分類した（第 1 類＝＜90％／第 2 類＝70～90％／第 3 類＝40～70％／第 4 類＝40％＜）（図 2-14）。

　①第 1 類（ウサギ、ヒツジ、キツネ）　イーグルハンターにとって、給餌にもっとも好ましい第 1 類の動物は、Ⅰa ウサギ（92.9％）、Ⅰb ヒツジ

（90.5％）、Ⅰcキツネ（90.5％）の順となった。ウサギとヒツジは入手が容易であり、季節による変動を受けにくい利点がある。

　Ⅰaウサギ　冬季のカイルー期にだけウサギが与えられることが多い。一般的にはウサギ1匹を三等分にして、2日ごとに一部ずつ与えられる（6日間で1匹）。また別の方法では、ウサギ1匹を丸ごと与えて、それから1週間は何も給餌しない方法もある［U-01］。

　Ⅰbヒツジ　家畜のなかでヒツジはもっとも給餌に好ましいと考えられている。夏はヒツジの大腿部を六等分して、毎日ひとつずつ与えられる［S-01］。また、ヒツジの肩甲部の肉"ジャウルン жауырын"が特別な餌となるため、毎年の一斉屠殺"ソグム"のときに、ワシの餌用に一冬分（30個くらい）が確保されることもある［A-01］。

　Ⅰcキツネ　体脂肪率が低く、血液含有量が少ないキツネの肉は、脂肪と血液の給餌が制限される冬季には理想的な食餌となる［相馬 2013a：65］。そのため、地域のイーグルハンターにもっとも好まれる獣肉でもある。民間伝承では、キツネ肉を与えると、イヌワシの体が凍えないと伝えられる［U-01］。定期的な出猟によりキツネを安定して確保すれば、栄養面でもイヌワシを健全に飼養でき、かつ給餌分量の負担を軽減することができる。

　②第2類（内臓、牛、タルバガン）　ついで第2類として、Ⅱa家畜の内臓（85.7％）、Ⅱb牛肉（81.0％）、Ⅱcタルバガン（76.2％）があげられた。

　Ⅱa内臓　多くのイーグルハンターに内臓の給餌は推奨されているが、肺"ウッペ өкпе"だけ与える［S-01］、換羽のときだけ与える［S-16］、内臓は体に悪いのであげない［U-01, U-03］、肺と肝臓"バウル бауыр"は与えない［N-01］、など給餌態度にばらつきが見られた。肺がイヌワシにとって良質な餌との認識は共有されており、前述のようにとくに馬の肺"コラバ қолаба"が素晴らしいとされる［N-02］。駆けるのが早い馬の肺を与えることで、ワシの飛翔も早さを増すと信じられているためである［S-04］。内臓全般は夏に与えられることが多いが［U-01］、肺だけは冬季の食餌制限期に与えられることが多い［T-01, S-12］。ビタミンを多量に含む肺を冬季に与えることは理にかなっている。また、アルタイでは家畜の肝臓はイヌワシの「毒物」と

みなされ、決して与えてはいけない禁忌餌となっている。しかし、夏季にあえて太らせる目的や [T-01]、ほんの小指の先くらいを与えると強壮になる [U-01, S-04] など、とくに古老の伝統技法のなかで肯定的側面をもっている。

Ⅱb 牛　牛の屠殺は 11 月半ばのソグム以降、食肉の大量冷凍保存が可能な季節に多い。現にヒツジとウシは、冬季の食餌制限のときに与えられる [A-04]。中世イギリスの鷹匠も、新鮮な牛肉は、食餌が終わった後もタカの体を冷やさない最良の餌と信じられている [Sebright 1826: 54]。

Ⅱc タルバガン　草原でタルバガンが入手できるのは猟期の解禁される晩夏～秋季に限定されるが、7 割以上のマスターによって適正が認められた。ヒツジと同様にタルバガンは消化がよく、イヌワシの好物と考えられている [A-02]。定住者や夏牧場で過ごす鷲使いに頻繁に捕獲され、晩夏における最適な餌とされている。

③第 3 類（川魚、馬、イヌ、ヤギ）　第 3 類には、Ⅲa 川魚（69.0％）、Ⅲb 馬（59.5％）、Ⅲd イヌ（57.1％）、Ⅲc ヤギ（54.8％）があげられた。ただし、これらは積極的な給餌対象とはなりにくく、補助的な側面がある。

Ⅲa 川魚　夏と秋のみおおきく成長した川魚、ウグイ "サル・バリク сары балык"、マス "カラ・バリク қара балық" が与えられる。しかしワシによっては嗜好性を示さず、食べない個体もある [U-01, T-01]。川魚は半数以上（69.0％）のイーグルハンターから「給餌する」との回答を得たが、サグサイで積極的に川魚を与えている人物は、生活を共にした最貧世帯 S-16 氏のみで実見された [相馬 2012a, 2015b]。同氏宅ではイヌワシの給餌が家族の食肉消費をたびたび圧迫した。そのため、夏の終わり頃は週に 2 回程度、ホブド河で釣った魚がイヌワシに与えられた（図 2-6）。とくに貧しいイーグルハンター世帯で、夏季～秋季の給餌量の低下を防ぐために与えられることが多いように思われる。長老 S-05 氏は川魚も換羽をよく促すと指摘するが、前述のように嗜好性に合わないと食べないことがあり、給餌馴致が別途必要と思われる。そのためワシの給餌として、何らかの特殊な効果を期待して積極的に川魚が用いられることはあまりない。

Ⅲb 馬　長老 U-01 氏は「馬肉がイヌワシにとって一番よい食餌だ」とし

ている。一方で、馬肉は脂がすぐに固まるため、ワシが肥るとの見解もある［A-01, S-01, T-01］。そのため、馬肉とラクダ肉は夏の換羽時のみ与えられることがある［A-04, U-01］。また、「黒い肉」と呼ばれる脂身の少ない赤身部位"カラ・エト кара ет"だけが与えられることもある［S-04］。馬肉のなかでも、若い牝馬の肉がもっとも給餌に良いとされることもある［S-06］。

Ⅲc ヤギ　ヤギは脂が多く、イヌワシの食餌としてはあまり望ましくないと考えられている［S-07］。アルタイ全域でヤギの飼育数はヒツジを卓越し［相馬 2015a］、もっとも入手しやすい家畜肉ではある。しかし馬肉と同じように、脂分がすぐに固まり肥ってしまうため、冬には与えず夏の換羽時のみに与えられる［A-04, S-02, S-04, S-05, N-01］。実際、人間の食事としてヤギが食卓に出ると、常温でも脂がすぐに硬化してゆく。そのため、マルチンの間でもヤギの食べすぎは胃腸に悪いといわれることもある。

Ⅲd イヌ　犬肉は消化がよく脂分に富むため、春の換羽期に増量目的で与えられる［T-01, S-01, S-02］。とくにイヌの大腿部が最適の部位とされる［S-04］。また、S-16 氏は冬に行き倒れた野良犬を引き取り、イヌワシに与えることがあった。イギリスの鷹狩でも犬肉はタカとハヤブサにとって、消化・栄養バランスともに良質な獣肉とされ、皮革としても重宝された［Campbell 1773: 130, 167-168］。

④**第 4 類（ラクダ、ネズミ、野鳥）**　もっとも給餌適正度の低い第 4 類は、Ⅳa ラクダ（31.0％）、Ⅳb ネズミ（31.0％）、Ⅳc 野鳥（4.8％）となった。フィールドワークを通じてこれら動物の給餌は実見されなかった。

Ⅳa ラクダ　ラクダの肉は夏にだけ与えられることがあるという［S-01］。馬やヤギと同様にイヌワシを太らせる効果があり、とくに体つきの細いワシに与えられる［T-01］。また馬と同じで、肺が特別な餌になると信じられている［S-04］。ただし、日常生活で積極的にラクダの肉が与えられることはなく、ラクダ肉は好ましくない［S-09］、少ししか与えない［U-01］などの否定的見解も聞かれた。バヤン・ウルギー県の暮らしでは、人間の食肉消費用にラクダが屠られることはほとんどない。サグサイ周辺ではラクダの多頭飼育者は 1 世帯しかなく、その他 3 世帯が駄載用に 1〜2 頭を所有しているの

みである［相馬 2014a: 107］。

Ⅳb ネズミ　基本的にはネズミがイヌワシに与えられることはまれである［U-03, N-01, U-01］。ただし、ネズミは、小型のクマネズミやドブネズミ *Rattus spp.* などを与えないだけで、Ⅱc タルバガンは比較的好んで与えられている。また草原に多数生息するオナガホッキョクジリス *Urocitellus undulates* "タラクイロク тара-құйрық"も好んで与えられている［Ts-01, S-12, S-14, S-15, N-01, N-02］。

Ⅳc 野鳥　野鳥を与える習慣は現在、2 名の鷲使いのみで確認された。他方で、キルギスの鷲使いは夏季、週に 3〜4 羽のハトを与えて飼養している［相馬 2008］。ただし長老 U-01 氏からは、「夏に飛来するツル *Grus spp.* とカモ *Anatinae spp.* だけは与えてもよい」との意見も聞かれた［U-01］。また、山奥にいるライチョウの一種アルタイセッケイ *Tetraogallus altaicus* "ウラル ұлар"の肉も給餌に珍重されている［N-01］。現地では、ライチョウの肉は内臓疾患をもつ人間に薬効があると信じられている。地元カザフ人にも野鳥食や鶏肉食の習慣がないため、鳥肉を食肉給餌として認知しがたい土壌があるようにも思われる。

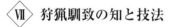 Ⅶ　狩猟馴致の知と技法

1　イヌワシの訓練方法

イヌワシの訓練は 9 月初めから開始される。通例、夏牧場から冬営地へと戻ると同時に訓練が始められる。狩猟訓練にはおおきく分けて①自分の腕への呼び戻し訓練「#6 帰翔訓練」、②疑似餌"チュルガ"を用いた実践訓練「#7 疑似餌」、の 2 種類がある。これら 2 種類の訓練を、歩行と騎馬の両方で行う。加えて出猟時の「#8 乗用馬馴致」の 3 系統に分けられる。

①呼び戻し訓練"チャクル"　「#5 目隠し馴致」に慣れた個体には毎回の食餌で「#6 呼び戻し訓練」"チャクル шақыру"が行われる。チャクルは本来「召喚」「招待」を意味するが、ウサギやキツネの後脚でつくった「呼び戻し肉」も指す（図 2-15a）。腕への「呼び戻し訓練」は、狩猟に成功した

第2章　イヌワシを馴らす

a. チャクル（ウサギの後脚）　b.

c.　d.

図 2-15　チャクルを用いた訓練風景
Figure 2.15　Eagle training with calleing meat

イヌワシを、キツネや獲物から引き離す場面を想定している。最初期の段階では、肉を右手にもって振りかざし、イヌワシにマスターへ近づくことを学ばせる。はじめは家の内で至近距離で呼ぶことも行われる。これに慣れると、マスターはイヌワシに背を向けて餌を手前に隠してイヌワシから見えないようにし、不意のタイミングで右手に持った肉やウサギの脚を振って掛け声とともにワシを呼ぶ（図 2-15b）。腕へ舞い戻るとすぐさま目隠し帽（トモガ）を被せて元の場所に据え置く。そしてマスターは目隠しを取り、再び懐に肉を隠しながらイヌワシに背を向けて遠ざかり呼び戻す。はじめはイヌワシから 5～10 m 程度離れて行い、成功すると 15 m さらに 20 m と前回よりも徐々にイヌワシとの距離を遠ざけてゆく。この訓練を 30 分～1 時間と繰り返す。かつては半日を費やすこともあった。よく馴らされたワシは、マスターが振り向いて肉を出すのを待ち構えて、身を乗り出して身構えるようにな

93

図 2-16 チュルガを用いた訓練風景
Figure 2.16 Eagle training with luring decoy

る。訓練が進むと、餌の肉を見せなくても、飼育者が振り向くだけでその腕へと舞い戻るようになる。呼び戻しが条件反射として刷り込まれるまで訓練を行う必要がある。鷲使いはカイルー期の出猟にのぞんで、ワシに空腹感を与えて狩猟に駆り立てている。獲物を捕らえた際のイヌワシは極度の興奮状態にあり、マスターにとってさえ危険な状態にある。そのため腕に舞い戻ったワシにはわずかな肉片を口に含ませ、すばやく目隠し帽を被せる。獲物の肉を目の前にしても、トモガを被せてすぐに冷静さを取り戻させる訓練が必須となる。また獲物への攻撃に失敗した際や、遠くの丘などに舞い降りてしまった際、この訓練が完成されていればすぐにワシを呼び戻せ、時間と馬の体力を節約することができる。

②疑似餌訓練"チュルガ・タルトゥ"　疑似餌"チュルガ"（図 2-16a）を用いた訓練"チュルガ・タルトゥ шырга тарту"は、より実践的な狩猟

対象を想定している。この訓練も腕への帰翔と同様に、近距離から遠距離へと距離を伸ばして行う（図 2-16b）。はじめは毛皮製の疑似餌を懐にしまい込んで隠し、イヌワシから見えないようにする。イヌワシから十分に離れたら、チュルガを不意に放り投げて、「ホダー！」や「セヤー！」などの掛け声とともにチュルガを引いて、ワシに狩りをするようけしかける（図 2-16c〜d）。狩猟場では獲物はとっさの瞬間に姿を現すため、こうした「不意打ち」への俊敏な対応力の強化が訓練される。疑似餌訓練の初期段階では、チュルガの内側にウサギやヒツジの肉を仕込ませて襲撃を導引する。騎馬でチュルガを用いた訓練は、50〜100 m 以上ワシから離れて行うこともある。そのため、ワシを据え置く担当とチュルガを引く担当の 2 人組で行われることが多い。

定住型の鷲使いの訓練は、自宅の庭や近所の草原で行われる。移牧生活者（マルチン）は、昼間の放牧の合間に実際の狩猟場を訪れ訓練を行うこともある。実地訓練の方が、イヌワシにとっても狩猟時のイメージトレーニングになるためである。こうした狩猟訓練は、出猟が本格的に開始される 10 月 20 日頃まで頻繁に行われる。

小動物を対象とした狩りでもっとも重要なスキルは、「頭獲り head grip」で、ウサギやキツネの鼻先を開口できないようにつかむ方法である。カザフでは、頭獲りのための明確な訓練方法は確認されなかった。この技術の修得のために、イヌワシをキツネの疑似餌の頭の上で給餌することで馴らされることもされる［Hollinshead 1995: 43］。

2　強制給水・強制嘔吐

イーグルハンターは訓練後、イヌワシへ強制的に水を飲ませる「強制給水」を施す。これによりペレットの嘔吐を促進させて胃内を洗浄する目的がある。S-12 氏の場合、訓練後すぐにワシの口から長さ 30 cm ほどのホースを胃袋まで挿入し、自身で口に含んだ水をホースで胃へと流し込んでいた（図 2-10 参照）。これを 4 〜 5 回ほど行い、200 mℓ 前後を給水させる。かつてはヤギの角、ツルやクロハゲワシの羽根の骨などを中空にした"トゥトゥク ᴛʏᴛʏᴋ"という管をイヌワシの口に入れ、口移しで水が流し込まれた

[S-12]。この強制給水は、食餌の際に胃の内部に溜まった獣毛や未消化物を取り除くために行われる。通常イヌワシは大量の水を一度に飲み込むことはないため、不快感を与えて嘔吐・排泄を促すとされる。またイヌワシに空腹感を与えて、狩猟への本能的欲求と訓練への集中力を高めるために行われる。そのため、捕らえたばかりのバラパン（1歳ワシ）にも"コヤ коя"という円柱状の木片を飲み込ませて、食べた獲物の肉や獣毛などを強制的に吐き出させることが行われる。急激な減量が必要なときには、イヌワシに紅茶や角砂糖が飲まされる。S-09氏は、イヌワシ祭でワシを呼び戻す競技に前もって当日の早朝、水ではなくお茶を流し込んで、イヌワシに嘔吐・排泄を促進させていた。またその同日S-13氏は角砂糖を3つ、喉につまらぬように角を落としてイヌワシに無理やり食べさせていた。出猟にのぞむ前には、氷や雪の塊が与えられることもある。いずれの場合も、イヌワシが自発的には口にしない食物を与えて、嘔吐・消化・排泄を促している。例年9月からイヌワシの健康に注意しながら体重増加を抑え、半年ぶりの飛翔に適した体型づくりが10月半ばの出猟期開始まで続けられる。

3　乗用馬との馴致方法

　イヌワシと乗用馬との馴致は、人間とよく馴らしてから馴らさなければならない［S-02, S-08］。一般的にはチュルガによる十分なトレーニングの後に行われる。草食獣である馬は、潜在的にはイヌワシの捕食対象となりうる。そのため、人間への服従が馬との馴致に優先される必要がある。馬とワシを馴らす際には、馬の脚をあらかじめ結んでおく。鷲使い自身も動作を機敏でテキパキとこなした方が、イヌワシと馬の双方にストレスがなくすぐに馴れるとされる。目隠し帽（トモガ）をはずして、ワシと馬とをお互いの瞳で見つめさせ合う。これは「馬に鞍をつけるように」頻繁に行う必要がある［S-02, S-08］。けっして簡単ではないが、10日間ほど試してそれでも馬が恐れたら、その馬はもうワシには馴染まないとされる［S-08］。とくにワシをまったく見たことのない馬は注意が必要となる。新しいワシの馴致には、以前すでにワシに馴らした馬がはじめに用いられる。一般に、おとなしい馬に

第 2 章　イヌワシを馴らす

はすぐ馴れるが、気性の荒い馬とはあまり馴れないこともある。逆にこうした荒馬の背にワシを据えると、従順でおとなしくなることもある。また馬の背をワシの羽根でたたくと、すぐに馴れ合うとも伝えられる［Ts-01］。ワシと馬が馴れるには約 30 日間かかるといわれている［A-01］。ただし、10～15 日程度［S-15］、20 日間［U-01］、もしくは 1 ～ 3 日間で問題ない［S-02, Ts-01］、という古老のイーグルハンターもいる。乗馬技術に長ける人なら 1 ～ 2 日間ですぐ馴れるともいわれる［S-05］。このことから、乗用馬の個性を的確に見抜ける眼識も必要と考えられる。現にウランバートルで開催の「イヌワシ祭」では、鷲使いたちは乗用馬を地元のマルチンから毎回借用している。イベント前 2 ～ 3 日間の馴致でも馬がワシを恐れなくなり、馬上競技も十分に可能となるまで馴らされている［S-02］。参加者の S-02 氏によると、「おとなしい馬なら丸一日で馴れることもあり、ウランバートルのイヌワシ祭では、ワシを一度も見たことのないテレルジの馬にもすぐ馴らすことができた」とされる［S-02］。基本的にはワシに慣れない馬はいない［Ts-01］といわれる一方で、要領の悪い人にはまったくできないこともある［U-01］。

　S-12 氏の次の言葉にはイヌワシ、馬、鷲使い三者の共生関係が端的にまとめられている。

　「馬もワシもお互いすぐには馴れないし、どんな馬でもはじめてワシを見ると怖がるさ。おとなしい馬で馴らし始めたほうがよい。馬もワシも恐れないようにし、ワシを馬で怖がらせないようにすることだ。馬には、はじめは遠くからワシを見せて、徐々にその距離を近づけること。慣れてきたら、馬の背にワシを乗せてみる。その後、馬の背にワシを据えたまま、手綱を引き回してしばらく一緒に歩かせる。そうしたことを何度か繰り替えしたあと、ブルクッチュが腕にワシを据えて騎乗する。このときに、バサバサとはばたかせたりする。この段階でも馬が怖がらなければ、お互いがもう馴れたことになる。だいたい 30 日間くらいはかかる。お互いに十分になじみ合った馬とワシなら、訓練や狩場でもマスターの腕にもすぐに舞い戻ってくるものだよ」［S-12］。

Ⅷ　イヌワシとのラポール構築と共生観

1　個体に応じた給餌・食餌適正

　鷲使いは給餌する獣肉には慎重な態度で臨み、イヌワシの状況に応じて家畜肉や野生動物の肉を選択的に与えている。本書では 84～87 ページで、イヌワシへの給餌頻度と年間給餌量の具体的数値を算出し、1 回の平均給餌量（Mean±S.E.）は夏季 1137.5±130.5 g／冬季 541.4±70.8 g と見積もられた。こうした夏季／冬季の給餌変更は、中世期ヨーロッパの鷹狩でも採用されており［Freeman 1869: 45；Cummins 2003］、猛禽飼育の普遍的特徴と考えられる。年間の平均食肉消費量は 241.3±18.3 kg と見積もられ、この消費量は現地の在来ヒツジおよそ 9.6～12.0 頭分に相当する。こうした膨大な給餌量をまかなうためには、日々の暮らしの牧畜生産性を向上させる必要がある。しかし、出猟経験が豊富な腕の良い鷲使いによると、家畜肉の与えすぎには慎重な意見もある。家畜肉でも、ヤギ、ウシ、ラクダをたくさん与えるとワシが飛ばなくなることがあるともいわれ［S-06, N-03］、痩せたヒツジとウシのみが選択的に与えられることもある［U-01］。そのため、家畜肉の確保だけで、イヌワシを健全に保持することは難しく、必ず野生動物の肉が必要とされる。

　前章で示したように、イヌワシの動物肉の嗜好性と給餌適正度は、第 1 類～第 4 類（第 1 類：ウサギ、ヒツジ、キツネ、第 2 類：内臓、牛、タルバガン、第 3 類：川魚、馬、イヌ、ヤギ、第 4 類：ラクダ、ネズミ、野鳥）に分類された。すべての鷲使いたちは、野生動物の肉がワシの体に一番良いとの認識で一致している。夏季は、夏牧場で豊富に捕れるウサギやオナガホッキョクジリスなどの小動物が最良とされる［S-6, S-15］。またオオカミ、イヌ、タルバガンもイヌワシの好物で、食欲を増進させる働きが認められる［U-01］。現地語で「暖かい肉」と呼ばれる鮮度の高い肉をふんだんに与えることで、良質な換羽を促すことが可能という認識がある［S-05］。また冬季には、ワシが狩場で自分の欲するエサを自ら見つけることができる［S-05］。そのためイヌワシ自身の欲する餌を、自ら捕食させることが理想の給餌方法

とされている。中世ヨーロッパの鷹匠のオオタカ飼養技術を参照すると、一度の食餌で2種類の異なる肉を混ぜることがすすめられた [Cox 1686: 80-81]。また若いタカには週2〜3回、新鮮な生卵を肉と一緒に給餌すると、強い羽根が育つと指南されている [Sebright 1826: 7; Freeman and Salvin 1859: 88]。体調を万全に整えるためには、4〜5日間に一度はタカを満腹にすることもすすめられた [Hamilton 1860: 287]。カザフの鷲使いは、イヌワシ給餌に比較的幅広い動物種を与えており、夏季にはふんだんに食餌をさせて換羽を促している。そのため、体系的で洗練された中世イギリスの猛禽飼育と比較しても、本質的な馴致プロセスとケアはかなり合致していると考えられる。

　他方、イヌワシへの給餌が忌避とされるものもあり、家畜動物の肝臓は一切与えられない。また調理した肉を与えると、死亡の原因になるとされる [S-15, Ts-01]。慎重なマスターは、知らない人からもらった肉も（鮮度や状態がわからないため）与えることはしない [S-12]。脂身は一切与えられないわけではないが、その摂取には時期、イヌワシの体調、コンディションなどを的確に把握する慎重さが求められる。新鮮な動物性タンパク質以外に、イヌワシに適する食べ物はない。そのためには、イヌワシの個性に応じた獣肉の種類や給餌適正が適格に見抜かれなければ、イヌワシの健全な保持と狩猟への従属は難しい。ただし給餌全般で重要なことは、イヌワシとの十分なラポール構築がなされ、人間界での暮らしにストレスがなければ、どんなエサも体に良いとされることである [S-08]。これは、イヌワシと共生するための鷲使いの哲学を端的に表しているといえる。

　加えて、イヌワシへの川魚の給餌をやや掘り下げておく必要がある。前述のとおり、S-16氏宅では2〜3日に一度、ホブド河で釣ったウグイ Dace; *leuciscus dzungaricus* "サル・バリク" やニジマス "カラ・バリク" などが与えられていた（図2-6参照）。ワシは小動物の捕食と同じように、魚の腹を割いて内臓を咀嚼し、その後丸のみにする。1回の食餌で小ぶりの魚5〜6匹を平らげる。しかし、飼育者によって魚食を習慣づけられていないイヌワシには、急に鮮魚を与えても食べることはない。また魚の給餌は地元でも知られている方法だが、実際の給餌頻度は高くない。サグサイで実見できたのはS-16

氏1人だけであった。イヌワシに川魚を与えることは、アルタイ全般では珍しい光景といえる。一般的には、イヌワシは魚を食べないと考えている研究者は多い。ただし、冬季のアリゾナ州コロラド川沿いでは、野生イヌワシのニジマス捕食活動が報告されている［Brown 1992: 36-37］。報告によると、ニジマスの捕食の七割以上は生きた状態での捕獲によるものであった。また同時に死肉の捕食活動も観察されている。アルタイの河には、マスやウグイが数多く生息している。マスとウグイは大きいものだと50 cmほどになり、地元の人も9月半ばにこれらを釣り上げて食用にしている。ただし9月終わりからは川の岸辺に薄氷がはり、10月には完全に凍結してしまう。そのため川魚の捕食が利用できる期間は、晩夏から秋にかけての産卵のために肥えた期間に限られている。ただし、アルタイのイヌワシが自発的に河で「漁猟」をすることはきわめてまれと思われる。コロラド河でも、イヌワシの魚の狩猟はその6割以上は成鳥によるもので、そのほとんどが浅瀬で行われた［Brown 1992: 36-37］。アルタイでは3月の雪解けから、川は徐々に水位を上げ、9月に入って夏が過ぎて再び川の上流や源泉で凍結が始まると、毎日視認できるほど水位は急激に下がり始める。そのため、「漁猟」ができたとしても、春先もしくは初秋（アルタイでは初冬だが）の一時期に限られていると思われる。

2　イヌワシ馴致の極意

多くの鷹狩文化の文脈と同じように、カザフ鷲使いによる「イヌワシの馴化／ラポール構築」"ウズゲ・ユレトゥ өзге уйрету" でも、①巣から捕えたヒナワシ "コルバラ колбала" の馴化、②罠などで捕えた成鳥 "ジュズ жүз" の馴化、の2つの系統が見いだされた。馴化のプロセスは日本やイギリスの鷹狩とくらべるとやや荒削りではあるが、少なくとも9段階のプロセス［#1〜#9］に序列化されている。実際にはコルバラもジュズも、馴らし方におおきな違いはないが、一般的にはコルバラからの馴化が容易と考えられている点は、世界の鷹匠の見解と一致する。また「疲労訓練」「目隠し帽馴致」の導入方法は、近年の欧米の鷹狩でも推奨されており［Hollinshead 1995: 33］、

猛禽飼育の文脈では共通した手法として互換性がある。イヌワシ（とくに成鳥）の飼育はほかのタカ類（オオタカ、ハイタカ、ハリスホーク）などの馴致プロセスに類似するといわれている。西欧ではイヌワシを用いた鷹狩でもっとも難しい点は、「イヌワシを獲物に向けて飛ばすときの角度と高度」とされている［Hollinshead 1993: 45-46］。捕食前に上空で十分な帆翔を行うイヌワシにとって、低地から飛翔させる西欧の鷹狩では本来の狩猟スタイルと合致しない。山岳での狩猟を基本とするカザフ人と、開けた平野での狩猟を行う西欧での鷹狩の本質的な相違は、こうした狩猟対象獣と狩場の選定に表れている。

　そして野生のイヌワシの馴化には当然危険がつきまとう。熟練や初修者に限らず、鷲使いたちの手や腕には、ワシにつつかれたり、引っかかれたりした生傷が後を絶たない。現地では馴化の初期段階では、目隠し（トモガ）を被せることがもっとも困難とされる。これも西欧の猛禽飼育と共通する。個人的な飼育経験でも、新しいトモガを被せる際には、手をつかまれたり、つつかれたりするなどの危険がいつもあった。中世ヨーロッパの鷹匠は、目隠し帽を被せたあとに小さな肉片を与えることで目隠し帽に慣れさせる手法がとられていた［Sebright 1826: 36］。ただしアルタイでは、トモガを被せた後の給餌は一切行われない。おとなしいワシなら手袋"ビアライ"なしでもトモガを被せられるが、強暴なワシなら両手に手袋をする必要もある［S-12］。そのほかにも「はじめて自分の腕に据えるとき」［S-15］、「適正量のエサを見きわめること」、「コヤで胃内を洗浄すること」［S-08］、「ウルガックに据えて眠らせないようにすること」［U-01］、「ウルガック、チュルガ、乗用馬に馴らせるのがとくに難しい。この過程に15日間ほどかかるが、マスターの方がくたくたになるほどだ」［Ts-01］、などが初期の馴化プロセスでもっとも注意と慎重さが求められる手順と指摘された。給餌のときには、とくに手をつかまれないように細心の注意が払われる［S-15］。万が一つかまれてしまったら、ゆっくりとワシの手を開いて離させる。人が動いたり、急に開こうとすると、もっと強くつかんでしまう恐れがある［S-12］。呼び戻し訓練のときの事故はより致命的損傷となる危険もある。例えば、呼び戻し訓練

のときはイヌワシを体の正面に呼ばず、必ず体の横に腕を伸ばし、体側に呼ばなければならない［S-02］。体の正面に呼び戻すと、イヌワシに顔や体をつかまれる危険がある。腕にイヌワシがきちんとした姿勢で留まらなくても、無理に手で直すことは避けるべきとされる［Hollinshead 1995: 42］。これはイヌワシにとって「妨害」と受け止められて脅威に感じる行為となるためである。もっとも完成度の高い狩猟用イヌワシは、疑似餌や獲物ではなく、手にした食餌を巧みに見せたり、与えたりすることで意のままにできるといわれている［Hollinshead 1995: 46］。

　馴化の過程でのイヌワシの取り扱いにも細心の注意が必要とされる。ワシを叩いたり、引っ張ったり、乱暴に扱ってはいけないとされる［U-02］。例えば「イヌワシを強く抱いたり、つかんだり、引っ張ったり、ぶったりしては絶対にダメだ。言うことを聞かないからといって、怒鳴ったり、叱ったり脅してもいけない」［S-08］。こうした圧迫的な態度でのぞむと、人間を信用しなくなり、まったく馴化できなくなることもある。「ワシとヒトはあくまでも友として接するべき」［S-02］、とのいましめはイヌワシの個性を称えての鋭い鑑識眼に根差している。そのほかにも、イヌワシの手脚が冷えすぎないように注意し［S-02, S-05］、尾や羽根を清潔に保つよう心掛ける［A-01］ケアが必要とされる。冬にはワシを冷えた場所には置かず、暖かい場所や室内に据え、室内温度に注意してマスターの家族とともに厳寒期を過ごす［U-01］。このときも、尾や羽根をかまどの火に近づけさせないように注意する［Ts-01］。

　イヌワシは一度馴化を始めたら、徹底して人間に従順にさせる必要がある。イヌワシを中途半端に馴化したり投げ出してしまうと、むしろ誰にもなつかなくなることもある。こうしたワシに周囲の家畜、動物、子ども、そのマスターですら襲われて怪我することになりかねない［Ts-01］。そのためまだ人間界に馴れていないイヌワシには、家畜、犬、子どもが近寄って襲われないように気を付けなければならない［A-01, S-15］。そして、人間の子どもには早い段階でワシの怖さを憶えさせて、自ら近寄らせないようにする必要もある［S-12］。一般的には成鳥（ジュズ）の馴化には、それほど危険をともな

うことはないとされている。自然界で過ごした成鳥"ジュズ"は人を恐れるため、人間に対する攻撃性が低く、家畜や人を襲うことはおおむね少ない。その反面、「人間界に見切りをつけてしまう」ことが、ジュズの特徴ともされている［U-01］。またエサの確保が難しく、給餌用食肉が足りないときは家畜を屠って与えなければならない［S-02］。一方、幼鳥"コルバラ"の飼育では、いつまでも人間やマスターに対して攻撃的な個体や、鳴き声をあげる癖が抜けない個体もいる。こうした幼鳥の傾向は、西欧のイヌワシ飼育でも同様の現象が確認されている［Hollinshead 1995: 22］。そのため、親ワシと十分な時間を過ごしていないヒナワシは、馴化と狩猟に不向きとの認識が熟練の鷲使いたちにはある。

　熟練の鷲使いたちは、「ブルクッチュ（鷲使い）は怠けてはいけない、イヌワシは食べすぎてはいけない」［S-02］との格言で若衆を諭すことがよくある。「腕の良いブルクッチュ」の模範とは「人から見て学び、自らも学ぶ人。眼が良く、勇敢で怠惰でなく、器用で活気のある性格で教わったことをすぐに身に付け、忘れない人物」［S-05］とされる。「適正量のエサを与え、朝早く狩りに行き、獲物がどこにいるのかよく心得ている」ことも模範とされている。狩場の地形や動物の出現場所の習熟には、「朝早く狩場に出猟する」ことがもっとも良く、狩猟認知力を拡張させるとされる［S-02］。良いマスターは多くの知識に富み、ワシを要領よく馴らせる技法をわきまえていることが求められる［U-01］。鷲使いたちがもっとも強調することは、イヌワシの個性や特徴を見抜き、それに応じた「適正量の給餌（バプ・ケルセ）」を実践できるかどうかが飼養の成果を左右する、ということである。とにかく「イヌワシのお腹を満腹にしすぎても、減らせすぎてもダメで、そんなときもバプ・ケルセを行う。どんなワシでも鷲使いの腕前次第で獲物が取れるようになる」［S-12］。イヌワシ馴致の極意とは、まさにこの洞察力に集約されているといっても過言ではない。

　イヌワシと鷲使いの関係とは、馬や犬とのラポール構築に通ずる側面が見られるが、「野生動物を人間の目的に合わせて馴化する」という意味で、前提となる関係構築の文脈がおおきく異なる。

「ワシは人間の子どもと同じように育てねばならない。鷲使い自身にも教育が必要だ。イヌワシは人に甘えるようになるが、馴らしたマスター本人にしかなつかない。たとえいなくなっても、主人の声を覚えているから、声を聞かせると戻ってくる」[Ts-01]。

カザフでは古来、イヌワシとマスターの関係は単なる主従関係とは考えられていない。

「イヌワシとは自分とのラポール構築（ウズゲ・ユレトゥ）を通じて友のように接するものだ。マスターの声を憶えさせると、呼んだときすぐに舞い戻るようになる。獲物にフライトして見つからなかったときや、失敗したときでも、すぐに戻って来るようになる。マスターが本当にワシを愛せば、イヌワシの心も穏やかになるものだ。そんな関係ならば、相棒はどんなときもマスターから逃げ出すことはない」[S-12]。

イヌワシとマスターの関係は、遊牧社会におけるヒトと馬の関係に近い。しかし日々の給餌とケアの必要から、それ以上の物理的コンタクトをともなう愛着心が育まれている。

「"ワシは厚恩の鳥"といわれている。家で育てて声を聴くのもとてもよいことだ。家にワシをつないでおけば、多くの子に恵まれる。子宝に恵まれない女性宅に連れて行き、その鳴き声を聞かせると、子宝に恵まれるとも伝えられる。」[N-02]。

日本でも鷹による「ぬくめどり」[*1]の逸話があり、鷹の気高さに人々は畏敬の念を払っていた。イヌワシはカザフ民族の象徴であり、騎馬鷹狩を通じたイヌワシとの接触とは、いわば自然からの「預かりもの」という自然崇拝観を反映している。

3　産地返還の掟に見るイヌワシとの共生観

カザフ鷲使いのならわしでは、バラパンや若鳥を捕獲し、4歳齢（満年齢3歳）になったときに捕まえた山へと放つ「産地返還」の習慣がある［相馬 2012a, 2016b, 2017］。この習慣は、上述した鷲使いとイヌワシおよび自然との共生観を端的に表している（終章参照）。「捕獲したイヌワシとは4〜5年間

だけ共にするようにしている。決して何年もつなぎとめてはいけない。人間界で死なせてしまわないため。自然へと放ち、ワシにも子どもを産ませ、育てさせるために、山へと返す掟がある」[U-01]。そのため4～5歳齢のワシは「母親」"アナ aна"と呼ばれる。イヌワシと鷲使いとの関係誌は、この「出会いと別れ」のならわしにより、お互いが数世紀にわたる共生関係を生み出してきたと仮定される。イヌワシを人間界に馴化することにより、イヌワシにとっても身体面・精神面で次のようなポジティブな影響［仮説 Hy_{01}～Hy_{05}］をもたらしたと推定できる［第6章に詳述］。

- Hy_{01}　ヒナワシを捕えることでの野生での個体数向上
- Hy_{02}　食餌嗜好性の拡張による生存能力の向上
- Hy_{03}　狩猟能力の開発による捕食生産性の向上
- Hy_{04}　人間への馴化による人間の活動範囲付近での営巣
- Hy_{05}　総合的に強化されたイヌワシをリリースすることによる自然界での繁殖数の向上

イヌワシの個体数維持が、良いワシの捕獲機会を高め、結果的にさらなる馴致機会をもたらす循環型の持続性に、古来の鷲使いたちは畏敬の念を込めて気づいていたように思われる。しかしこうした4～5歳齢のワシとの離別の習慣は、伝統的な知と技法の喪失とともに失われつつあるように思われる。

イヌワシと鷲使いの関係は、アルタイに根を下ろしたカザフ遊牧民が育んだ「自然守護観 nature guardianship」を具現しているといえる。「イヌワシは空の生き物だ。だから10年以上も人間の世界でつなぎとめてはいけない。ワシも飛ぶことを欲している。山に放ち、次の世代を育ませるべきだ」[Z-01]という畏怖の念は、かつて多くの鷲使いたちに共有されていた。T-02氏は「父が21年間ワシを飼っていて、2011年の春に山へ返したが戻ってきてしまった。それから2年間ずっとエサも与え続けている。父からも"イヌワシを長くつなぎとめてはいけない。かわいそうだから……"」と諭されたことがあった[T-02]。実際に、トルボ村在住の最古老の鷲使いT-01氏（95歳）宅で、このイヌワシを実見した（図2-17a～b）。おそらく自然界での狩猟方法と野性を失ったためと考えられる。騎馬鷹狩文化の評価の高まりと

a. 20年間飼育されているワシ　　　　　　b. アルタイ最古老 95 歳の T-01 氏（2014年 9 月撮影）

図 2-17　アルタイで最長老の鷲使い
Figure 2.17　The eldest eagle hunter across Altai region

ともに生じた急激な観光化とデモンストレーション目的の商用化により近年、鷲使いたちは古来の思想に多くの意味を見いだせなくなっている。

最後に紹介する S-12 氏の言葉は、一般的なイーグルハンターの認識とは相違があるものの、マスターとイヌワシとの共生観の本質を突く意見がまとめられている。

「イヌワシは巣に卵を 2 つ産む。（古い話では）性別に関係なく、先に生まれた方が"ブルクット"、後に生まれた方が"サルチャ"とされていた。もしも卵がひとつだけなら、サルチャでもとても良いワシに育つだろうね（兄弟間で餌を取り合う競争がないから）。そもそも"クラン"とは「優秀なワシ」そのものではなく、自身の手で育て上げた良質の狩猟用イヌワシを指す言葉だろう。よいワシの手脚は強く、手が大きく広がる。体が和合（適切な大きさ？）していて、狩りでは獲物をすくませて動けなくするようなワシが良いワシだ。良いブルクッチュに育てあげられたワシは、見ればたちどころにわかるものだよ。体や脚に余すところなく、良いワシの特徴が表れているからね」

第 2 章　イヌワシを馴らす

[2014 年 9 月 18 日訪問・実聞]

　近代化とデモンストレーター化の著しい昨今の騎馬鷹狩では、数世紀にわたって育んだ「伝統知」と「自然守護観」は解体され、忘却の彼方となりつつある。カザフ人たちが世界に誇ろうとする騎馬鷹狩文化の本質を喪失することは、自分たち民族の誇りの喪失に直結することを、いずれ現地の鷲使いだけではなく人々は気づく必要がある。

⟨Ⅸ⟩ まとめ——カザフ鷲使いとイヌワシの関係誌

　本章では、サグサイ村における鷲使いによるイヌワシ馴致・訓練の知と技法を中心に報告した。

　（C_1）イヌワシ飼育の現状として、食餌肉の確保の負担が「移牧生活者」よりも「定住生活者」にとっておおきいことが確認された。年間ヒツジ・ヤギ 9～12 頭分に相当する食餌肉を確保するためには、移牧による家畜の再生産が大きな役割を果たすと考えられる。いわば騎馬鷹狩猟は、牧畜社会に依存しながら継承発展を遂げてきた経緯が、その飼育誌から確認された。

　（C_2）イヌワシとマスターのあいだには、夏季には適度な距離が保たれ、取り立てて頻繁に世話をするということは見られなかった。とくに例年 8 月中は放牧や草刈でマスター本人が常時不在のことも多く、ワシへの給餌・水やり全般を、家の妻や子どもが請け負っていることもある。また、狩猟シーズンの終了から 8 月終わりまでの半年間は、訓練も行われない。イーグルハンターの夏季生活誌のなかで、イヌワシとの関係はいわば稀薄である。これは西欧の鷹狩文化の文脈、例えば 16 世紀の N. コックス［Cox 1686］や 19 世紀の J. S. セブライト［Sebright 1826］などの記したイギリス式の鷹狩と比較すると独自の手法に富むと感じられる。

　イーグルハンターの夏季生活誌に見られる「家畜再生産」と「イヌワシとの距離感」は、鷹狩文化が現在のアルタイに存続しているひとつの社会的要因と考えられる。イヌワシの世話に多くの手間をかけないことは、夏季の牧畜に専念できる条件でもあった。またイヌワシ保持に着手する敷居も自ずと

低くなり、むしろ文化継承が容易になったと推察される。マスターたちは大切にヒナを育て上げ、適度な距離感を保ちながら狩猟と生活を共にし、再び山へと返す。変化する現代社会のなかでもこの営みが守られているのは、伝統的な牧畜生産体系にもとづく遊牧生活が保持されているためでもある。

　本章で概観したカザフ鷲使いの初期馴化プロセスは、民族鳥類学に連なる独自の知的体系と定義することができる。さらに鷲使いたちは、特殊なボキャブラリーによって、個別具体の動作、馴致プロセス、給餌方法を明確化している。イヌワシとのラポール構築を可能とするそうした特殊技能から、鷲使いはいまでもコミュニティ内での伝統継承者としての地位が認められている。そしてその背後には、イヌワシとの共生観にともなう自然崇拝観の醸成など、民族文化と切り離しがたい分厚い文化的・思想的土壌が積層している。鷹狩は「狩猟」という複合化された特殊行為そのものを猛禽類に代替させる。それは騎馬による騎行や、牛による耕雲などの物理的な「畜力利用」とは、本質的に異なる、より複合化された身体機能の動物への「外部（動物）委託」でもある。そして鷹狩は①狩りをさせることでの「身体負荷の軽減」、②狩猟場で獲物を追い立てる「遊戯心の刺激」、③肉や毛皮などの捕獲物による「生活環境の向上」、④猛禽を育て上げて共に歩むことによる「愛玩心の充足」、を高次元で満たしてきた。猛禽類との複雑な関係構築（HAI）が、そうした複合化された利益を人類にもたらしたといえる。この意味で、鷹狩の技法とは人類の発明したきわめて特殊な知恵と技術の文化遺産といえる。

　「イヌワシとの出会いと別れの物語」をへて、カザフ鷲使いたちは現代科学とは異なる文脈で、アルタイの鳥類と自然地理を読み解く知の体系を築き上げてきた。イヌワシ《狩るもの》／キツネ《狩られるもの》双方に対する知覚・認知能力を拡張したことは、カザフの鷲使いの伝統知が人類史にもたらした特異な貢献でもある。今後カザフ鷲使い自身が、これらTEKが類まれな個性に根ざした知的源泉であることに目を向け、次の世代へと伝える内的努力を継続できるかどうかに、イヌワシと鷲使いとの真の共生観が問われているといえる。

＊1　冬の寒い晩など、鷹が小鳥を捕らえてつかみ、自分の足を温めること。翌朝、鷹はその鳥を放すが、飛び去った方向へその日は行かないようにして（狩りをしないようにして）その恩に報いるとされる逸話［『大辞林（第3版）』三省堂、2006年］。

第3章 イヌワシを駆る
騎馬鷹狩猟の実践と技法

騎馬鷹狩の狩猟と現状

1 騎馬鷹狩猟の脱狩猟化

　イヌワシを用いたキツネ狩りについては、19世紀中頃にキルギス人による騎馬鷹狩がヨーロッパの鷹匠のあいだでも漠然と知られていた［Atkinson 1858］。しかし1870年代に出版された『ブリタニカ大百科事典（第9版）』の「鷹狩 falconry」の項目で、執筆担当者のE. D. ラドクリフはイヌワシによるキツネ狩りについて否定的であった［Radcliffe 1890］。北米の専門家のあいだでも、1950年代頃までは、イヌワシがキツネを通常の捕獲対象にするとは考えられていなかった［Hock 1952］。騎馬鷹狩猟では、おもな捕獲対象獣"アン ан"はアカギツネ Vulpes vulpes、コサックギツネ Vulpes corsac の2種類にほぼ限定されている。騎馬鷹狩猟の目的は、キツネなどの毛皮材の取得にあり、いわば「キツネ狩り」と言い換えて差し支えない。毛皮は酷寒の冬を乗り越えるための防寒具、社会生活における伝統的な民族衣装の製作には不可欠である。毛皮による防寒装備と民族衣装による社会性の維持など、生活向上を意図した「生業補助」「冬の娯楽」として、鷹狩猟はアルタイ地域に根づいてきた経緯がある。キツネ狩りはアルタイ地域の育んだ極限環境への適応戦略の技法であると同時に、「生きた無形文化遺産」でもある。

　カザフ人の鷹狩文化は数世紀にわたり継承されてきたが、過去20年間で実猟に携わる鷲使いは激減し、著しい「脱狩猟化」のただなかにある。バヤン・ウルギー県内には、現在もおよそ80名程度の鷲使いがいると推定されるが、狩猟実践を日常化している鷲使いは現在、おそらく全体の1/3に満たないと推測される。本章の調査対象地サグサイ村のソム・センターと冬営地

図 3-1　出猟中の若き鷲使い S-16 氏と叔父の S-10 氏
Figure 3.1　A young eagle master S-16 and his uncle S-10 in hunting field

には、20 家族／24 名のイーグルハンターが暮らしている。日常的（週 1 度以上）に狩猟活動を行うハンターは現在、S-10 氏（45 歳）と S-16 氏（19 歳）の 2 名のみとなっている（図 3-1a～b）。両氏は叔父と甥の関係にあり、若い S-16 氏は S-10 氏からイヌワシ飼養方法や鷹狩猟の技法などを習得している。両氏に加えて、定住者の K 氏（50 歳）、S-07 氏（55 歳）、移牧生活者の S-15 氏（35 歳）が、狩猟シーズン中に数日間の出猟を行うのみである（年齢は 2012 年 1 月時点）。イヌワシ飼養の伝統はかろうじて継承されているものの、狩猟活動の実践はほぼ途絶えつつあり、近い将来その知と技法の消滅も危ぶまれる。

2　出猟頻度と狩猟稼動日数

サグサイでの S-10 氏と S-16 氏の狩猟活動は 2011 年 11 月～翌年 1 月末までの滞在期間中（約 60 日間）、10 日間行われた。筆者はそのすべてに同行し、騎馬鷹狩猟の技法について GPS 機器とハンティング・ログ（狩猟誌）を記録して観察・分析を行った（表 3-1）。ただし 12 月 10 日から翌 1 月 15 日の期間（36 日間）は、S-16 氏がバイク事故により左脚を痛めて療養を必要としたため、狩猟活動は行われなかった。

狩猟では活動に携わる乗用馬とイヌワシの疲労回復が必要なことから、馬とワシを複数所有しない限り鷲使いが毎日出猟することはない。イヌワシ一羽のみの所持では連続 3～4 日間の出猟が限度である。またほとんどの人が

第3章　イヌワシを駆る

表 3-1　アグジャル山地でのハンティング・ログ
Table 3.1　Hunting log of 10 hunting days at Agjal Mountain

狩猟稼働日 (n=10日間)	狩猟時間 開始	終了	合計 (min)	実働時間* (hour)	鷲使い	勢子	キツネ 目撃回数	地点	捕獲成果	放鳥回数	天候	平均速度 (km/h)	走行距離 (km)
2011年 11月26日（土）	10：11	13：52	144	2.5	S-22	なし	1**	HP-B		1	晴れ	1.5	5.9
11月27日（日）	11：01	16：48	328	4.0	S-11 S-22	S-21	1	HP-F		S-11：1回 S-22：1回	晴れ	2.0	14.3
11月28日（月）	10：35	17：26	391	6.5	S-22	S-11				2	晴れ	3.0	18.9
12月1日（木）	10：39	16：27	329	6.0	S-22	S-11	1	HP-E		1	晴れ	2.0	14.8
12月3日（土）	10：30	17：00	390	6.0	S-11 S-22	S-21					曇り	—	—
12月4日（日）	11：10	17：51	320	5.5	S-22	S-21	2	HP-I		3	晴れ	2.0	15.6
1月17日（月）	11：30	15：30	240	2.5	S-22	なし	3	HP-F		4	曇り	—	—
1月18日（火）	11：30	16：30	300	3.5	S-11 S-22	S-21					晴れ	—	—
1月20日（金）	12：00	15：30	210	3.0	S-11 S-22	S-21	1	HP-H		S-11：2回 S-22：1回	晴れ	—	—
2012年 1月21日（土）	10：00	13：00	180	2.5	なし						降雪	—	—

* 狩場までの往復時間を除いた、実質狩猟時間
** ウサギの目撃

イスラームであるアルタイ系カザフの人々は、金曜日（安息日）の狩猟活動をあまり好まない。さらに降雪日、曇天日、極度の低温日なども、獲物の出現率が低くなるため出猟を控える傾向がある。とくに強風日は、イヌワシにとって捕食前のソアリング（帆翔）が安定しないため避けられている。もっとも狩猟に適した日は、狩猟期最初の降雪直後の晴天日が選ばれ、この日は"カンソナル кансонар"という吉祥日として重宝される。雪原と化した狩場では、キツネの姿が山の頂上や上空から銀世界に映え、イヌワシと鷲使いの視認性が増すためである。また獲物の足跡を追跡して、巣穴から直接捕獲が期待できるため、降雪は鷹狩猟にはもっとも好都合な環境を提供する。出猟が盛んだった時代には、5〜10人程度の狩猟隊を編成して7〜10日間を野営しながら山々で狩猟する"サウブルン・クルプ・ケトゥ саыбырын курып кету"という狩猟隊遠征も編成された。

　鷲使いの出猟は朝10時30分〜11時30分にかけて開始される（表3-1参照）。また狩場に16時を過ぎて留まることはほとんどない。16時30分以降も狩場に滞在したのは、全狩猟稼働日のうち1日（2011年11月28日）のみであった。日の出が遅く、日の入りの早いアルタイの日照時間では、17時以降イヌワシが獲物を視認することが難しくなる。そのため一日の最長狩猟時間は7〜8時間程度が限界である。2011／12年の参与観察では、狩猟に6時間以上費やされることはほぼなかった。また冬季の鷹狩猟用イヌワシは早朝きわめて非活動的となる。室内飼育の安心感からか毎朝10時頃まで眠る長睡眠になる傾向がある。日中の気温が上がり、上昇気流が発生する昼近くにならないと、狩猟活動が活発化しないともいわれる。スペインの若いイヌワシの事例では、活動ピーク時間帯は13〜16時という結果が示されている［Scoutullo, Urios and Ferrer 2006: 69-72］。同観察からは単位時間あたりの飛翔範囲は、その64％が巣から1km圏内、95％が9km圏内、一日の平均活動範囲は14km（最少0.1km／最大53.2km）程度と算出されている。これはイギリスの鷹狩ではよく知られた、「イヌワシは自らあまり飛ばない」［Ford 1982: 119］という慣例的認識と合致するように思われる。早朝から狩猟活動をしない鷲使いたちの態度は、イヌワシの生態に部分的には適合していると

考えられる。

　狩猟活動は慣例的に、毎年2月末〜3月まで行われる。2月末には鷹狩猟を切り上げて牧畜に専念するマルチンも多い。天候や慶弔事を加味すると、鷹狩猟が盛んだった時代でも一冬の狩猟稼働日は20〜40日間程度、多くても50日間を超えることはなかったと思われる。現在では県内全域で、実際の出猟経験のないデモンストレーター化した鷲使いが大多数を占めるのが現状である。

サグサイ村アグジャル山地での狩猟実践

1　狩場アグジャル山地の概要

　イーグルハンターのあいだでは、狩猟と出猟は"サヤチュルク саятшылық"と呼ばれる。サグサイ村のブルクッチュが伝統的に用いてきた狩猟場は、南側のカラ・ユロック山地、西側のコグラ・トゥベ山地、北側のアグジャル山地の3ヵ所がある（図3-2）。とくに狩猟頻度が高かったのは、村の北側に位置する"アグジャル Ағжал"山地である（図3-3a〜d）。この場所は村の北側を流れるホブド河北岸に広がり、かつてもっとも頻繁に狩りが行われた狩猟場でもある。アグジャル山地は、地層が隆起してできた剣状の連峰をいくつももつ。立ち木は一切なく、山肌は大小の岩盤で覆われている。稜線部分は粒子の細かい砂に覆われ、歩行・騎行ともに困難な場所でもある。長年の風雪により麓に堆積した緩斜面から、急峻な1枚の壁が突き出しているような山並みをしている。この山地の最高地点は2,118 m（後述G地点）で、頂点部と南麓部との最大高低差は200 m以上、最大傾斜50度になる場所もある。そのため稜線上に登ると、南北斜面が麓まで一望できる。またサグサイ村中心部からもアクセスが良く、もっとも近い稜線上（後述 I 地点）まで20分程度の騎馬行で到達できる。立地の良さと獲物を視認しやすい地形特性から、良好な狩猟場として古くから利用されてきた。

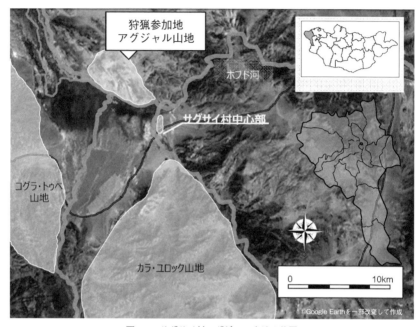

図 3-2 サグサイ村アグジャル山地の位置
Figure 3.2 A map of Agjal Mountain in Sagsai

2 狩猟ポイントと狩猟ルート

サグサイ村の狩場アグジャル山地では全域で狩猟活動が行われるが、鷲使いが必ず訪れる「狩猟ポイント hunting point：HP」がいくつかある（図 3-4a～f）。狩猟ポイントは小高い丘や稜線上にあり、鷲使いはこうした見晴らしの良い場所に留まり獲物を探す。同時にイヌワシに被せた目隠しを取り、イヌワシ自身にも獲物を探索させる。イヌワシは視力の良さに加え、中心窩の視細胞は人間の 7.5 倍に達し、またヒトにはない紫外線を感じる錐体細胞により 4 種類の光を感じているといわれる［参天製薬ウェブサイト 2013］。人間では洞察できない小動物の動きを、鷲使いはイヌワシ自身の視力の力を借りることで察知する。

同行した狩猟活動からは、9 地点（HP-A～HP-I：記号は著者任意）のポイントが確認された。これらA～I地点を結んだ行程が「狩猟ルート」とな

第3章　イヌワシを駆る

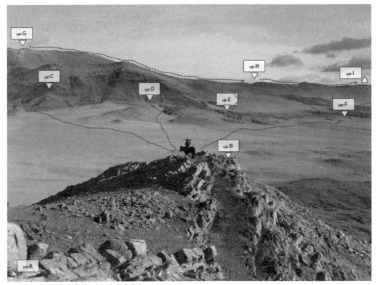

a. アグジャル山地全景（B地点より）

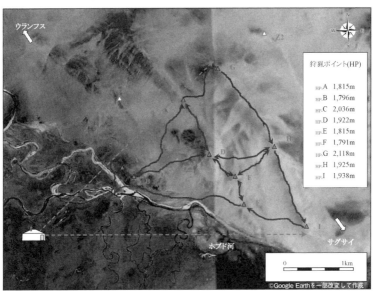

b. 狩猟ポイントと主要騎行路

図 3-3　アグジャル山地の狩猟ポイント

Figure 3.3　An overview of the Agjal Mountains

a. HP-A - HP-B
b. HP-B
c. HP-C
d. HP-D
e. HP-E
f. HP-F

図 3-4　アグジャル山地の狩猟ポイント（ⅰ）
Figure 3.4　An overview of the Agjal Mountains

る。これは標準ルートであり、キツネの出現、足跡の追跡、巣穴の発見、風向きなどにより、その順序や行程は一定ではない。標準ルート上の狩猟ポイント各所で、獲物が見つからず、成果が上がらないときは、ランダムに岩場や狩猟に適した見晴らしの良い稜線で獲物探索する。狩猟ポイントの条件として、まず見晴らしが良い稜線上であることがあげられる。稜線から山の南北の斜面が一度に見渡せる丘陵地はとくに好まれる。アグジャル山地では、

キツネやウサギは日当たりの良い南斜面よりも、気温が低く日当たりの悪い北斜面に営巣する。足跡の追跡猟も北斜面で行われることが多くなる。ただし同山地での鷹狩猟は、基本的には南面（南斜面向き）へ放鳥する。その理由のひとつに風上に向けてワシを放つことがある。イギリス式の放鷹術でも、タカを風上に飛ばすことが広く知られている。「タカを風下に飛ばすと、風に乗って遠くへ行ったまま鷹匠のもとへは戻って来ない」という言葉は、イギリスでは「今生の別れ」を意味する慣用句として用いられることもある [ハーティング 1993：68]。アグジャル山地では南斜面が北斜面よりも標高差がおおきく、アルタイ特有の西風を山肌に受けやすい地形となっている。また日当たりの良さから上昇気流が発生しやすい条件が整っている。体正面から風を受けたイヌワシは、自ら翼を広げて飛翔に意欲的となる習性がある。体重の重いイヌワシにとって、風上へ向けた飛翔は初速確保と帆翔に不可欠と考えられる。鷹狩の技法とイヌワシのハンティング・スタイルに応じて、狩猟活動はむやみやたらと山地を駆け巡るわけではなく、ある程度ルーティン化した狩猟ポイント間の順路騎行により行われる。

　基本的な騎行路として、まずアグジャル山地の西回りで登山してA地点を訪れる。次に、同稜線上に沿って東のB地点まで進む（図3-4a）。このとき、キツネのおびき出し役を担う"カグッシュ қaғyшы"（＝勢子）は、A地点下方の河川沿いで待機し、鷲使いと稜線を平行して進む。獲物の気配があればA地点とB地点を何度か行き来する（図3-4b）。A〜B両地点は独立した小高い岩山（東西約880ｍ／南北約310ｍ／高度約53ｍ）になっており、稜線上からは南北斜面の双方に目を配ることができる。

　成果が得られないときは、C地点／D地点／E地点のいずれかに移動する。A〜B地点からC／D／E地点間は、一度下って窪地を経由し、再び急斜面を登る。積雪があればキツネなどの足跡が多数あるため、移動途中にこれらを追跡することもある。とくにE〜F地点は隆起した地層が幾筋もの稜線を形作る複雑な地形で、キツネの遭遇率がもっとも高い場所であった（図3-4c）。C／D／E地点での狩猟が一通り済むと、標高2,118ｍのG地点まで一気に騎馬登山する（図3-5a〜b）。G地点はアグジャル山地の最高地点で、

a. HP-G
b. HP-G（HP-H 地点より）
c. HP-H
d. HP-I

図 3-5　アグジャル山地の狩猟ポイント（ⅱ）
Figure 3.5　An overview of the Agjal Mountains

南北斜面を一望できる好立地となっている。G 地点に到達後、稜線に沿って H 地点と稜線東端の I 地点まで進む（図 3-5c～d）。H 地点からそのまま下山して、F 地点経由で E 地点に行き再度獲物を探すことも多い。また反対側の北側斜面を斜行しながら獲物を探すこともある。一方、勢子は G／H／I 各地点の麓斜面を稜線と並行に横走（トラバース）する。勢子は各 HP 地点まで同行し、眺望して状況を見きわめてから麓に単騎で降りることもある。

　全狩猟日を通じて必ず訪れた高頻度地点は、「A～B 地点」「E～F 地点」「G～H 地点」の 3 地帯であった。標準ルート以外にも一度のみ訪れた 2 地点（Z1／Z2）があり、地形条件としてはいずれも見晴らしの良い丘陵状の場所になっている。A 地点⇒G 地点（もしくは H 地点）の狩猟ルートは走行距離で約 6.4～7.8 km となり、往路平均 5 時間前後は費やされる。「標準ルート」A 地点⇒I 地点間往復の最大走行距離は約 20 km であった。実際にはキツネの追跡や岩場の探索などにより、山岳地でのきわめて活動的な長距離騎

行を必要とする。A 地点⇒G 地点間往復の累積標高は約 390 m、また A 地点⇒I 地点すべてを回った場合は約 450 m となる。頻繁な登山・下山の必要から、騎馬鷹狩猟は迅速な移動や騎行を行うわけではない。そのため、最遠到達地点も自宅からそれほど離れてはいない。S-16 氏の自宅からもっとも遠い I 地点でも、走行距離で 5.7 km（直線距離 4.5 km）程度の位置にある。より北側の遠方へ行くこともまれにあるが、片道 1 時間程度の移動を要し、狩猟活動に費やす実質時間が自ずと短縮されてしまう。またアグジャル山地北方には冷温環境が広がるため、キツネとの遭遇率は低いといわれている。機動効率の制約、実質狩猟時間の確保、日照時間の短さ、イヌワシの視認能力の制約、などの理由により、日常行われるアグジャル山地での狩猟活動範囲はそれほど広範におよぶものではない。同行調査で特定した狩猟範囲は、自宅から直線距離換算で 4 〜 6 km 圏内であることが確認された。

3　狩猟同伴者（勢子）との連携

　騎馬鷹狩猟では鷲使いが単騎で狩猟活動を行うことはほとんどない。勢子との連携が狩りの成果を左右することから、狩場への出猟は必ず 2 騎以上で連れ添って行われる。この特有のスタイルは現在でも変わっていない。2011／12 年冬季の狩猟シーズン滞在中、単騎で狩猟に赴く鷲使いを実見することはなかった。かつて狩猟が盛んだった時代には、3 〜 5 騎、またそれ以上の同伴者が連れ立って出猟することも頻繁だった。これは獲物との遭遇時、筆頭鷲使いがワシを放って捕り逃しても、狩猟同伴者が第二、第三のイヌワシを放ち、複数の攻撃で 1 頭の獲物を確実に捕獲するためである。こうした協働猟法の伝統が騎馬鷹狩猟には根づいている。狩猟同伴者の多くは家族・親族・親戚などが務めるが、友人や隣人が同行することも多く、その構成者は流動的である。こうした狩猟同伴者のうち、1 人以上は必ず動物をおびき出すカグッシュ（勢子）の役割を担う。カグッシュは鷲使いである必要はない。ただし狩猟行為ではこのカグッシュ役の差配と戦略がきわめて重要な役割をもつことから、経験豊富な鷲使いが務めることが多い。

　一般的な狩猟方法では、鷲使いは山の頂点や見晴らしの良い稜線へと向か

い、カグッシュは麓で一時待機する。鷲使いの山頂到達を確認すると、カグッシュは馬の鞍敷を鞭の柄で叩くなどして、おおきな物音を立てながら大声を張り上げて斜面の麓付近をトラバースする。獲物の潜んでいそうな岩場を目ざとく回りながら、姿を潜めているキツネを驚かせて追い出す戦略である。カグッシュ役は自らの移動に合わせて、稜線に立つ鷲使いに向けて、「止まれ」「進め」「戻れ」などの合図を送り、移動のタイミングを指示する。鷲使いは上方から獲物の動きに目を配り、キツネが現れるとすかさずワシを獲物へ放つ。狩猟地点の手前で鷲使いとカグッシュが稜線部と麓部の二手に分かれ、獲物を「挟み撃ち」するような配置で山肌を横走する。

　S-10とS-16の両氏の狩猟活動では、カグッシュ役が見つからないときは必ず経験豊富なS-10氏がその役を務めた。同氏が山頂部に自分のワシを据え、自身は単騎で麓へ降りて稜線に立つS-16氏へ「右に行け、左に進め」などの合図を送ることもあった。カグッシュはいわば狩猟実践におけるブレーンである。騎馬鷹狩猟はカグッシュを中心に展開するといってもよく、その采配が狩猟の成功率に大きく影響している。そのため現地の慣例として、最初に捕えた獲物（キツネ）はカグッシュの取り分となる。このとき獲物を最初に捕えたブルクッチュには、前脚2本分の毛皮"プシュパク пушпак"のみを取得できる権利がある。2匹目以降、もしくは後日同じメンバーで狩猟へ行き、獲物があった際には鷲使いの取り分となる。つまり狩猟の成功はカグッシュ役の腕前によるところがおおきいとされ、第一成果物の取得優先権が与えられている。ただしキツネや獲物がカグッシュの思い通りに追い立てられることは、きわめてまれでもある。冬季の山並みに動物が頻繁に行き来する気配はほとんど感じられない。キツネや動物も人間の動きをよく感知しており、抜きさしならないほどの至近距離に来るまで、じっと物陰に身を潜めているためである。S-10とS-16の10日間の狩猟稼働日で、カグッシュによる獲物の追い立てに成功した事例は一度（2011年12月4日）だけであった。キツネやウサギなどは、狩猟ポイント間や稜線間を何気なく隊列騎行しているときに、驚いて不意に飛び出してくることが圧倒的に多い。しかしこうした突然の遭遇でも、鷲使いは機会を見逃さず、大声を出しながら全

力で馬を駆って獲物を追い立てながらワシを放つ。ときに-40℃を下回る酷寒の狩場で繰り広げられる神経戦を制するには、狩場の地形と獲物の営巣地点を熟知した経験と、成果をあきらめない集中力にかかっている。

騎馬鷹狩猟の持続性

1　初獲りの儀 "バウ・アシュト"

　狩猟に赴いた若鳥 "バラパン" がはじめての獲物を捕獲したときには、かつては "バウ・アシュト бау ашыт" という「初捕りの儀」が催された。狩猟参加者や近隣の人々を招いて祝いの席をもうけ、はじめての獲物をお披露目した。このとき、鷲使いの家族に獲物を捕ったことを告げる人物 "トゥインチュ тыншы(?)" が、まずはじめに鷲使いの家を訪れて吉報を知らせる。この役は親族以外が努めなければならないとされる。祝意が伝えられると、家の女性たちが鷲使いと若鳥の到着を外で出迎え、飴をまく祝いの儀式 "チェシュ чеш(?)" が行われる。捕えられたキツネが家内に持ち運ばれる前に、狩猟参加者は「3匹×3匹で9匹の獲物に恵まれますように！」と3回繰り返して唱えながら家の入口にぶつける。これはさらに多くの獲物に恵まれることを込めているといわれる。続けて据え木 "トゥグル" をひっくり返して、"ジョル・ボルスン жол болсын" と祝詞を述べることもある。一連の仕草は、キツネなどの獲物がひっくり返って捕まることの形容とされる。

　バウ・アシュトの参加者たちは「イヌワシは最高の鳥だ、そしてクランはカザフ人のタムガ（印）そのものだ！」や、「イヌワシが人の手から飛べば、災厄もともになくなろう！」［U-01］など、さらなる獲物の収穫に恵まれるようにと、思い思いに祈りの言葉が投げかけられる。さらに "クス・マイランスン қус майлансын（ワシよ、艶やかたれ！）" や "カンジガラルン・マイランスン қанжығаларың майлансын（馬の背に山の幸あれ！）" などと、若いイヌワシへの祝詞も口にされる。なかでも最高の狩猟能力を発揮するワシは、"シバル・ブラク・シンジル・トゥス・ケレゲンド・ケップルメス（此のワシがいれば天幕の壁に獲物の絶えることなし）" と称された。若鷲

には吉兆を示す白い布がかけられたり、フクロウの羽根で装飾されたりもした。長老から若年者には、「獣を見つけたくば獲物を人にもあげせしめ」ともいわれ、独占欲から毛皮を独り占めせず、人々にも贈呈すればさらに多くの恩恵に恵まれることが暗示とともに戒められた。

　この一例が示すように、カザフの騎馬鷹狩は狩猟参加者との連携や、キツネ毛皮の交換・贈呈を通じて、コミュニティ内における良好な対人・対社会関係の維持を、社会的・副次的効果として内在していると考えられる。

2　キツネ捕獲方法の多様化

　鷹狩には「ハヤブサやタカ自身が獲物を捕らえる」という漠然としたイメージがある。しかし、現在のアルタイの騎馬鷹狩猟による狩猟方法は多様であり、必ずしもイヌワシが直接獲物を捕獲するわけではない。むしろイヌワシ自身による直接捕獲の成功率は、実際にはそれほど高くない。

　その方法のひとつに、キツネを巣穴から直接捕える「巣穴捕獲」がある。キツネを視認してワシを放ったが逃げられてしまったとき、ブルクッチュとカグッシュはキツネの逃げた方向へ全速力で向かい、キツネの巣穴や隠れ場を探し出す。巣穴にキツネを発見すると、入口を石やフェルトなどで塞いで逃げられないようにする。そして先端を輪にした有刺鉄線などを巣穴に差し込み、キツネを巻きつけて引きずり出す（図3-6a～d）。逃げ場のない岩陰などに逃げ込んだ際も、同様の手法で捕獲を試みる。こうした巣穴捕獲は頻繁に行われている。イヌワシが探し出したキツネを追跡し、巣穴を特定することを目的とすることもある。

　積雪が始まる11月終わり頃からは、雪上に残された動物の足跡を追跡する「追跡猟 drag-hunt」も行われる。雪山でカグッシュと共に一通りの狩猟活動を行い、成果のない場合には、キツネやコサックギツネの足跡を見つけ出してこれを追跡する。巣穴が見つかり、キツネが潜んでいれば、ブルクッチュ自身が巣から獲物を捕獲する。

　またイヌワシを保持しながらも、ほとんどの獲物を「罠猟」で仕留めているブルクッチュも多い。罠は社会主義時代に生産された鉄製のトラバサミが

第3章　イヌワシを駆る

a. キツネを追立てて巣穴に追い込んだ S-10 と S-16

b. 有刺鉄線を差し込んでキツネを引きずり出す S-10

c. 捕えられたキツネ

d. 暴れないように袋詰めにされるキツネ

図 3-6　アグジャル山地の狩猟ポイント
Figure 3.6　An overview of the Agjal Mountains

用いられる。これらを獲物のいそうな狩場の巣穴の近くに仕掛け、その上に羊肉やヤギ肉を置いておく。そして 2 ～ 3 日後に罠を確認しに行く。サグサイでは定住者の KT 氏と S-13 氏が罠猟に長けており、山地に常時 5 個前後の罠を仕掛けている。罠猟は狩猟の季節を問わず、イヌワシでは捕獲が困難な動物、例えばオオカミ、イタチ、テン、ミンク、シカ、ウサギ、ときにはハヤブサ、イヌワシ、クロハゲワシなどの猛禽も捕獲できる。罠猟は現在の狩猟のなかでももっとも効率的な方法である。しかしあらゆる野生動物を無差別に捕獲できることから、生物資源の圧迫に直結する行為である。両氏は罠猟で毎年多くの獲物を効率的に仕留めており、こうした手法は定住化、デモンストレーター化したイーグルハンターの特徴ともいえる。イヌワシによる直接狩猟は現在、狩猟実践のなかのひとつの手段として相対的に用いられる傾向もうかがわれる。

3　キツネと捕獲対象獣

①アカギツネ　　キツネは"トゥルク тγлки"と総称される。狩場で捕獲されたキツネには猿ぐつわがされ、両脚を縛られてサドルバッグに押し込まれる。捕らえられたキツネはすぐには殺されず、首縄がつけられてワシの実践訓練用としてしばらく生かされることがある（図 3-7a〜d）。これには付近の鷲使いもワシを連れて参加することもある。鷲使いは自宅の屋根などに上り、キツネめがけてワシを放つ。これは、安全にキツネ狩りの臨場感をイヌワシに味わわせることができる貴重な機会となる。キツネを実際にわしづかみにすることで、狩猟用イヌワシの闘争本能を駆り立て、自信をもたせることもできる。こうした訓練を 1 〜 2 時間ほど繰り返したあと、キツネは心臓をナイフで突かれて絶命する。絶命直後の暖かい内臓は、最初にキツネを捕らえたワシに優先的に与えられる。とくに心臓はイヌワシに好んで食べられる。その後、胸、前脚の部位などを順に食べさせる。キツネ肉は、狩猟に参加したすべてのワシが口にするよう分配される。

　キツネの解体は絶命直後に、鷲使い自身の手によって行われる。はじめに前脚の裏側の腱に沿って切れ込みが入れられる。肉球部分は丸く切り取り、前脚を引っ張ると、比較的簡単に毛皮だけがするりとはがれる。両脚の毛皮を剥いだあと、尾の付け根に切込みを入れて尾を骨ごと体からはずし、後脚も前脚と同様の手法で剥ぐ。そして尾部から頭にかけて毛皮を裏返しながら肉体と分離する。切れ込みを入れる箇所は胸部、前脚・後脚の裏側、尻尾の付け根のみで、なるべく切れ込みの少ない毛皮材に仕上げられる。毛皮は裏返しのまま 10 日間ほどよく乾燥させる。塩揉みなどの行程はせず、水で洗浄することもしない。乾燥させた毛皮を再度裏返して完成となる。鷲使いによっては毛皮を柔軟にするため、ヨーグルト（アイラン）で裏揉みを施すこともある。アイランを塗布して乾燥させると、後日硬化したヨーグルトとともにポロポロと汚れがすべて落とされる。

　社会主義時代からアルタイ地域では、捕獲したキツネ毛皮が販売や取引されることは少ない。取引のための市場が確立されているわけでもない。現在は「イヌワシ祭」や「ナウルーズ新年祭」など、観光客が訪れるわずかな機

第3章　イヌワシを駆る

a. トレーニング前にさるぐつわをされるキツネ

b. 冬住居の上からキツネにイヌワシを放つ

c. キツネを捕えたワシ

d. 生餌への攻撃で闘争本能を呼び覚まさせる

図 3-7　キツネの生餌を用いた訓練
Figure 3.7　Training with a captured living fox

会に販売されるのみである。販売価格は毛皮の質、大きさによって異なるが、キツネ1尾約2万〜2万5,000 MNT（約1,400〜1,750円）、カルサックは1尾約1万〜2万 MNT（約700〜1400円）が相場である。キツネ毛皮はもっぱら防寒具、民族衣装、装束の毛皮素材として利用される。また贈答品や交換財としても重宝される。

②コサックギツネ（図3-8a）　現地では"カルサック корсак"と呼ばれる小型のキツネで、その毛皮がキツネ同様に衣装の製作に重用される。カルサックはキツネを二回りほど小さくした体格である。そのため帽子やその裏張りなどとして使用されることが多い。コサックギツネには毛色による分類はなく1種類のみとされている。

③モウコヤマネコ（図3-8b）　現地カザフ語で"マルン малын?"と呼ばれる野生のヤマネコで、イエネコを二回りほどおおきくした体格になる。マ

127

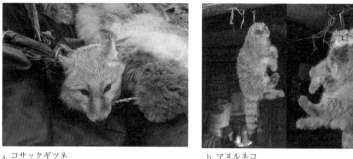

a. コサックギツネ　　　　　　b. マヌルネコ

c. ワシミミズク　　　　　　　d. ウサギ

図 3-8　キツネ以外の狩猟対象獣
Figure 3.8　An Other subject prey by hunting

　ルンの肉は脂分を大量に含むため、イヌワシの食餌には用いられない。また人間の食用となることもない。ただし、毛皮を剥いだあとの体からは良質な油が採取される。1 匹のマルンからはおよそ 50～100 g が採取できる。この脂は溶かして液状にすると、肌荒れや手のひび割れに良いとされ、女性にはとくに重宝されている。また肘や膝、腰の関節痛に効用があるとされる。子どもたちにも肘や膝に油を塗り、かまどの前に少し座って各所を暖めると良いとされている。マルンの毛皮は直接肌に触れるとかゆくなるため、帽子に用いられることは少ない。そのため、おもに外套の裏張りや表張りとして毛皮が利用される。

　④フクロウ（図 3-8c）　　フクロウ全般"ウク $_{YKi}$"はその肉をイヌワシに与え、羽根は民族衣装や帽子、また屋内各所に羽飾りとして用いられる。フクロウの羽根の縞模様は、クルアーン（コーラン）の教えにもとづく縁起の

良い模様とされている。そのためアルタイ地域では、車のルームミラーに安全祈願を込めて羽根を飾ったり、子どもの眠るベッドの上に吊るして魔除けとして重宝されている。また「フクロウは闇夜で視界の利かないイヌワシに襲いかかってこれを食べる」と現地では信じられている。そのためフクロウにはある種の畏敬の念がカザフの人々の伝統として根づいている。

⑤**ノウサギ**（図 3-8d）　ノウサギは夏季・冬季を通じて捕獲され、イヌワシの食餌として用いられる。イヌワシによるウサギ狩りの極意は綿密な計画が必要とされる［Hollinshead 1995: 84］。飛翔に適切な場所でウサギと遭遇する必要がある。鷲使いはキツネの毛皮を重宝しかつ愛着をもっているため、ウサギの毛皮が伝統的衣装の製作に用いられることはほとんどない。捕えられたウサギの後脚は切り取られ、イヌワシを呼び戻すときの振り肉"チャクル"として用いられる。切り取られた後脚は肉球部分を除き、毛皮がはがされる。剥き身の赤味肉のまま、かまどの脇で 3 ～ 4 日間乾燥させると、ちょうど手にもちやすい形状で干しあがる。

　ウサギはオオタカやハリスホークにとっての主要な獲物となるが、体格のおおきいイヌワシは、小回りの効くウサギなどの狩猟に向いているとは必ずしもいえない。これはホリンズヘッドの著書［Hollinshead 1995: 145］にも同じ記述がある。ウサギはイヌワシの攻撃から逃れるため、垂直に飛び上がってこれをかわす習性がある。この回避術はもっとも効果的なイヌワシ回避法でもある［Hollinshead 1995: 88］。また老練で賢いキツネは、イヌワシを自分の背後に限界までひきつけ、とっさに岩陰に身を隠すこともある。猛禽類は獲物の追跡により周囲が見えなくなることがあり、イヌワシが岩に激突して致命傷を追うこともある。いずれにしても狩猟という命の駆け引きにおいて捕食者／被捕食者のいずれもが必死の攻防を繰り広げることとなる。

　獲物がウサギなどの小動物ならば、ワシの眼に触れないようにバッグに素早くしまい込むのがコツとされる［Hollinshead 1995: 166］。これはカザフにも共通しているように思われる。

⑥**オオカミ**（図 3-9a）　鷲使いはイヌワシがオオカミも捕獲できる最強の鳥類だとしているが、実際にオオカミを捕獲することは調査を通じて実見

図 3-9　オオカミ捕獲と毛皮利用
Figure 3.9　Wolf hunting and fur utility

されなかった。オオカミの捕獲はある意味では美談化し、イヌワシを称える
ナラティヴとして流布している傾向がある。ただしイヌワシ祭などで、6月
齢頃までの仔オオカミを捕獲する実猟演武はたびたび行われている。このと
き、鷲使いは3〜4羽のイヌワシを次々とけしかけており、小型のオオカミ
ならば複数のイヌワシで捕獲することは可能と考えられる（図3-9b〜c）。
成獣のオオカミでも、複数のイヌワシによる連係攻撃によって捕獲できる可
能性はある。ただしオオカミの捕獲はイヌワシ自身にとってもおおきなリス
クとなるため、現在はほとんど狩猟対象獣となってはいない。オオカミは現
在、そのほとんどがトラバサミによる罠猟や銃猟で仕留められる。キツネと
同じように、オオカミの毛皮は鷲使いたちにとくに重宝されている。表張り
にオオカミ毛皮をあらわにした外套が製作されることもある（図3-9d）。と

くにアルタイ村出身の鷲使いたちは、オオカミの毛皮であつらえた外套を着る習慣が顕著にあり、イヌワシ祭などの盛装でひときわ目を引く出で立ちとなる。

4　騎馬鷹狩猟の生産効率

　騎馬鷹狩猟は他地域の鷹狩文化と比較して、比較的限定された手法・狩場・捕獲対象、そして目的のために運用されてきた。例えば日本やヨーロッパの鷹狩のように、平地、草原、森林地帯、川辺などで狩猟が展開されることはない。これはタカ、ハヤブサを使用した、小動物や猟鳥捕獲と異なり、捕獲対象がキツネにほぼ限定されているためでもある。そのため狩猟場はキツネの生息域である山地に限られるようになった。狩りのおもな目的はキツネ毛皮材の獲得にある。毛並の良い冬毛の獲物が獲得できるのも、必然的に冬季に限定されている。毛皮は交換・贈呈、民族衣装製作に不可欠であったため、その狩猟プラクシスは「キツネ狩り」として集約されることとなった。

　騎馬鷹狩猟の実践と技法に見られる特質を、イギリス式の鷹狩とを比較するとわかりやすい。イギリスでは、オオタカやハイタカなどの「短翼猛禽類（a short-winged）」よりもハヤブサなどの「長翼猛禽類（a long-winged）」が好まれた。これはハヤブサが狩猟場を選ばなかった狩猟適正の広さに由来する。オオタカが狭い囲い込み地や林地での狩猟を得意とするのに対し、ハヤブサは生垣や立ち木などの少ない開けた草原、丘陵地、耕作地での狩猟を得意とした。狩猟能力の適正により、ハヤブサ科所有者の社会的立場は、総じてタカ科よりも社会的ヒエラルキーの上位に位置づけられた。また捕獲対象がキジ、ヤマドリ、ライチョウ、サギ、カモなど季節ごとで多種におよんだため、鷹狩が可能な時期が厳密には限定されていなかった。

　近代ヨーロッパの鷹狩、とくにイギリスでは、通年で100羽以上の猟鳥や小動物が捕えられることも珍しくなかった。その一例に第9代リーズ公所有の8羽のハヤブサが1830年に、300羽以上のライチョウとヤマウズラを捕えた記録がある。さらに1832年には、わずか1羽の優秀なハヤブサが、129羽の獲物を仕留めたことが記録されている。またスコットランド南西部エア

シャーでは、ピーター・バランタインという腕の良い鷹匠が 1870 年に 269 匹の獲物を捕り、その翌年には 6 羽のタカを用いて 346 匹の獲物を捕らえたことが伝えられている（当時のイギリス鷹狩史上で最多捕獲高と伝えられる）。またパキスタンのバルチスタン南西の狩猟場では、1984〜85 年の冬季狩猟シーズン中、369 羽のハヤブサを用いて 4,512 羽のフサエリショウノガンが捕らえられたデータが示されている。単純な比較はできないが、大規模な運用次第で鷹狩には十分に食糧自給として成り立つ可能性が見いだせる。

　しかし食糧自給の観点から騎馬鷹狩猟を考察すると、その効率と生産性は低く、現状では食肉確保としての役割はほとんど見いだせない。アルタイ地域で効率的な生業活動（食肉確保）の手段として鷹狩猟の運用を目指すならば、実際には同地に生息するオオタカ、セーカーハヤブサ、ペリグリンなどを用いる方がよい。そのうえで、大量に飛来するアネハヅル、オオハクチョウ、アジサシ、ライチョウなどをはじめとする夏鳥を、4 月〜8 月末にかけて捕獲することがもっとも効果的な食糧自給率への貢献になる、と鷹狩経験者の多くが考察するように思われる。しかし実際には、イヌワシ以外の猛禽が訓育されることも、春夏期に狩猟が展開されることも、アルタイの騎馬鷹狩文化の長い歴史のなかでは確立されなかった。また同地域でもとくに牧畜を生業とする人々のあいだには、野鳥と鶏肉食の習慣がない。一方で大型のライチョウの一種アルタイセッケイ *Tetraogallus altaicus* の肉には薬効、とくに内臓疾患に効果があると信じられており、野鳥捕獲に対してある種の畏怖が存在した可能性も否定できない。

　しかしながら鷹狩猟はその実践において、獲物の減少による遭遇率・捕獲数の低さから達成感を感じにくく、娯楽性が低いと考えられるようになっている。厳冬の山地の気温は、日中でも −40℃ を下回る。酷寒の大気の下、岩場で集中力を途切れさせず 6〜7 時間と丹念に獲物を探り出すことは、現地生活者にとっても大きな精神疲労・身体的負荷となっている。

5　イヌワシへの食餌確保との関連

　毛皮材の入手と並ぶキツネ狩りの重要な目的は、イヌワシへ与える給餌用

の獣肉確保にある。冬季9月から翌3月までの7ヵ月間で、イヌワシ1羽への食肉給餌量はおよそ113.6 kg／ヒツジ・ヤギ4～5頭分に相当する（第2章参照）。捕獲されたキツネ1尾からは、個体の大きさにもよるが3～4 kg前後の肉が得られる。これはイヌワシの給餌用として8～10日間分程度の量に相当する。S-10とS-16は毎晩、300～500 g前後の肉を与えており、捕獲したキツネ肉は1週間程度でほとんど消費された。冬季は日々の食餌で、イヌワシに獲物の血液と脂身を一切与えないようにする。キツネ肉は血液量が少なく、体脂肪率がきわめて低い。いわゆる冬季の食餌制限の必要から考えると、狩猟期の食餌肉として最適と考えられる。こうした脂身の少ない肉は「黒い肉」"カラ・エト кара ет"と呼ばれ、鷲使いに重宝される。キツネ狩りが日常的だった時代には、捕獲したキツネなどの獣肉で、給餌用の餌食確保の負担は軽減されていた。しかし昨今の「脱狩猟化」は野生動物の肉で給餌をまかなえない状況を生み出し、イヌワシの維持にはおおきな負担が生じるようになっている。キツネ狩りの盛んではない現在は、手持ちの家畜群からすべての給餌用食肉を確保しなければならない。鷹狩文化の「脱狩猟化」はイヌワシ維持のコストを増大させ、イーグルハンター世帯の家計を圧迫する要因となっている。

6　狩猟馬の資質と特徴

　カザフ（およびキルギス）の騎馬鷹狩猟は、騎馬行以外で実践されることはない。イヌワシの体重は成鳥で5～7 kgの巨体に成長する。そのため腕に据えながら徒歩で長時間の山岳登山を行うことは、身体的負荷を考えると成立しない。現代キルギスで鷹狩が衰退した要因のひとつに、乗用馬所有率の減少が指摘される［Soma 2007；相馬 2008］。乗用馬の喪失により、出猟できなくなったことが鷹狩猟を衰退に追い込んだ一因と考えられる。そのため、アルタイ地域の騎馬習慣の存続は、騎馬鷹狩文化の存続にとってきわめて重大な意味をもっている。

　イーグルハンターの出猟は、全行程でけわしい岩山の騎馬登山が不可避となる。体験にもとづく分析を踏まえると、通常の乗用馬ではなく、山岳騎行

路を熟知した「狩猟馬」の育成が必要である。出猟すると一狩猟日の騎行距離は長い場合で 20 km 以上となり、累積高度差の合計は ± 900 m に達する。これは馬にとってもおおきな身体的負担となる。山地騎行の経験が少ない馬や、蹄鉄を装着していない馬、まだ若く経験の浅い 4 〜 5 歳馬の場合は、岩場を恐れて登攀しなくなる傾向がある。さらにイーグルハンターは狩猟場の移動中、なるべく一列の隊列を維持することを意識しており、隊列騎行に不慣れな馬も鷹狩猟には向いていない。現地の慣例では、馬を乗用に用いるのは 5 歳馬からである。山岳騎行の経験の浅い四歳馬を鷹狩猟にはじめて同伴させたシーズンでは、岩場で脚を取られて必ず日に一度は転倒した。それも一日の疲労が蓄積する 15 〜 17 時頃と決まっていた。とくに登攀途中よりも下山の際に前脚を取られることが多く、降馬して徒歩で手綱を引きながらともに歩かなければならないことが、急斜面では頻繁にあった。

　狩猟馬に向く特性として、まず体格のおおきい大柄な馬が重宝されている。サグサイの冬営地は平地でも地形の起伏がきわめて激しい。とくに河川沿いの扇状地や三角地帯では、凍結融解作用を繰り返した結果、直径 30 〜 50 cm の半円状の隆起に覆われた「ギルガイ状」の地表となる。狩場でも大小のけわしい岩場を騎行する必要から、小さい馬のストライドでは騎乗時に脚を取られやすいためである。さらにイーグルハンターはワシの呼び戻しの際に、体高のある馬を好んでいる。ワシは騎乗時のマスターへ舞い戻るとき、地面すれすれの低空飛行を行い、馬の尻先 3 〜 4 m ほど手前で再び上昇して腕に舞い戻る性質がある。そのため馬の体高が低いと座点が低くなり、ワシの上昇タイミングと合わないことがある。ワシを据えることがはじめての馬の場合、恐れて首を左右に振ったり、頻繁に振り向いたりして、まともに直進できないことも多い。これは 5 歳頃までの若馬に多く見られる。

　狩猟馬の育成には出猟に先立ち、普段用いる狩場への山地騎行を繰り返して、狩猟ポイントと騎行路をあらかじめ馬に熟知させておく必要がある。また、出猟にあたり、背上のイヌワシの存在に十分に慣らしておく必要もある（第 2 章参照）。

Ⅳ　まとめ——狩猟実践の今後と展望

　本章ではサグサイ村とアルタン・ツォグツ村における冬季の騎馬鷹狩猟の実践と技法について、以下 C_1〜C_3 の結果が明らかとなった。

　（C_1）アルタイ地域における鷹狩猟実践者と出猟の減少が明らかとなった。その近因として「狩猟の身体的負荷」「キツネ生息数の低下」「限定された経済生産性」「罠猟・銃猟の普及」、などが確認された。これは鷹狩猟による生産効率とイヌワシ飼養に係るコストのアンバランスが遠因にあると推測される。

　（C_2）アグジャル山地における狩猟地点と狩猟ルート、狩猟同伴者との協働、勢子"カグッシュ"の役割と重要性など、狩猟実践の技法が限定的ではあるが明らかになった。狩場ではむやみやたらと獲物を求めて騎行するのではなく、ある程度ルーティン化した狩猟ポイント間の移動により展開されていることが明らかとなった。

　（C_3）現在の鷹狩猟では多様な狩猟技法の導入・展開が観察された。まず獲物を巣穴から直接捕獲する「巣穴捕獲」、足跡追跡による「追跡猟」、罠（トラバサミ）を用いた「罠猟」など、鷹狩も狩猟技法のひとつとして相対化されている傾向が見いだされた。

　現在の騎馬鷹狩猟は効率性が高いとはいえず、動物捕獲にともなう毛皮や食餌の自給的役割よりも、象徴的な民族文化の形成と、その存続に意義が見いだされている。鷹狩に通ずる共通点として、「実猟はトレーニングの延長線上であり、特別区別するものではない」［Hollinshead 1995: 55］ことである。利益を優先しようとする現在のカザフ遊牧民の利己的側面が、出猟にも見え隠れすることもある。また定住化と脱狩猟化は、給餌肉確保の面でイヌワシの飼養にかかる負担を増大させ、鷲使いの出猟離れを加速させている。「脱狩猟化」のただなかにある「イヌワシ保持」は、イーグルハンターの「狩猟実践者」としての社会的地位はむしろ「民族文化の表現者」とに変容し、その象徴化の度合いが強まっている。しかしイヌワシの持続的保有を現地コミ

ュニティが続けるためには、「キツネ狩りを続けること」は不可欠である。カザフ騎馬鷹狩文化は、キツネ狩りの成果を高め、狩場で最高のパフォーマンスを発揮するハンターの養成とともに、イヌワシ飼育と訓練の情熱が注がれたことにより、伝統の知と技法が完成された。地域性豊かな「キツネ狩り」の知恵と技術の忘却は、飼養に関する物理面とともに精神文化面にも悪影響を与え、騎馬鷹狩文化の文脈を喪失させかねない。キツネ狩りへの不参加や、単純なデモンストレーター化は、イヌワシを保持する騎馬鷹狩の本質とはそぐわない行いである。それは言い換えれば、「イヌワシを駆る」ということは、「イヌワシによって狩らされている」という皮肉な逆説が成立することをも意味している。出猟の継続は、無形文化遺産としての持続可能性にとってもすべてのイーグルハンターに課せられた義務であるといえる。

第4章 │ イヌワシを飾り、魅せる
鷹具と鷹匠装束の民族鳥類学

Ⅰ 動物を着飾る／魅せる修辞術

　騎馬鷹狩文化では、イヌワシの飼養術・訓練法や、狩猟の特性に対応した豊富な鷹匠道具（以下、鷹具）が考案された。鷹狩と鷹匠の世界でも、アルタイ地域にしか存在しない伝承道具も多数存在する。そのため鷹具を体系的に研究することは、ローカルな鷹狩文化の知と技法についての理解を深化させ、その特性を浮き彫りにすることになる。しかし鷹具そのものについての研究例、文献、調査・報告などは、（著者の習得言語で収集できる資料についていえば）ほとんど参照することができない。そのため本章では、騎馬鷹狩文化における鷹具の全般を網羅する基礎調査の必要から、鷹具の種類、名称、使用方法、製作法などについて詳述する。

　本章は、物質資料の実体験の言語化を言説とすることで民族考古学でもあり、イヌワシ飼育を通じた体感的解釈を提示する意味で実践人類学でもある。以上の視点により、①冗長な描画的記述を避け、鷹具そのものの個性と特性について言及した。個々の鷹具の詳述については、製作物としてとくに注目される特徴を有する場合に限り本文中で指摘した。また、②日本・欧米の鷹具との対応が示せるものについては、カザフ語名の初出とともに日本語名・英語名を併記した。民具論や考古学資料の研究に特有の叙述・陳述的、かつ記述的な性質を避け、体験的所見によって解釈に臨場感をもたせ、鷹具についての広範な文化的文脈を示した。

　本章で参照した鷹具・鷹匠装束は、サグサイ村で実際に利用されている実具を中心に観察した［2012年12月時点］。これらの一部は学術利用としてのコンセントに承諾いただき、イーグルハンターから譲り受けた。

〈Ⅱ〉 騎馬鷹狩に必須の4つの鷹具

1　目隠し帽"トモガ"

　イヌワシを従える馴化プロセスにおいて、ワシに被せる目隠し帽"トモガ томаra"はもっとも重要な鷹具と思われる（図4-1）。イヌワシは視覚が機能していると、不用意に近づいた家畜、子ども、他のイヌワシなどを襲うことがある。また獲物の血液を連想させる赤色などに敏感に反応する習性がある。そのため安全の面からもイヌワシの視覚を奪い、従順にさせるトモガは馴化のプロセスでは不可欠となる。マスターはワシを自宅に据え置く際や、騎馬による狩猟時の移動中は必ずトモガを被せておく。専用のイヌワシ小屋の内に据え置くとき以外は、一日中トモガを被せている鷲使いも多い。トモガは視覚を奪い、従順にさせるという物理的役割の一方で、鷲使い各々が個人の特徴や好みを表現できる特別な道具でもある。人前や祭事でワシをお披露目するときにもっとも目立ち、ワシとマスターの関係を表す象徴的な役割を果たしている。

　猛禽類全般にいえることだが、イヌワシは夕暮れ時から夜明けまで視覚機能が著しく低下する。冬季のアルタイ山脈の日照時間は短く、冬至には16時頃には暗くなる。冬季の日照時間の最短時には、一日12時間程度しか視覚を用いることができない。イヌワシにとって目隠しをされることは、慣れてしまうとそれほど身体的な負担になっている様子はない。給餌や訓練の度にトモガを被せることで、むしろ興奮状態にあるワシを冷静にする効果がある。ただしワシによっては、被り慣れたトモガから新しいものに交換するときには、装用感の違いから足で脱ごうとしたり、首を振って嫌がったりすること（＝food-shy）がある。こうした仕草が見られたときは、マスターはくちばしの孔縁を削って調整したり、首環部分に布を巻いて装用感の改善を施したりする。なるべく一日中トモガを被せたままの状態で過ごさせて、新たなトモガに慣れさせるようにする。

　①製作方法　トモガの形状には大きく分けて「幼鳥用」と「成鳥用」の2

第4章　イヌワシを飾り、魅せる

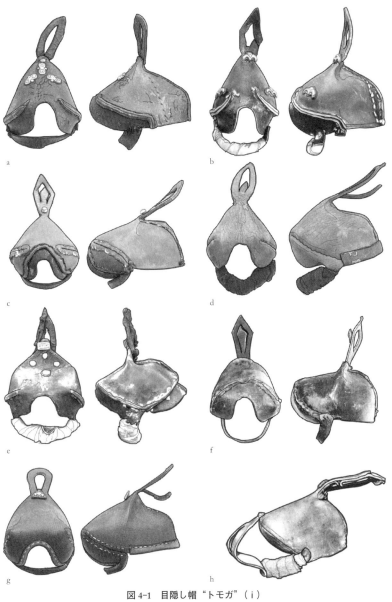

図 4-1　目隠し帽 "トモガ"（i）
Figure 4.1　Eagle's hood "Tomoga"（i）

i. 若鳥用のトモガ　　　　　　　　j. 若鳥用のトモガ

k. トモガ製作用の型紙

図 4-1　目隠し帽 "トモガ"（ⅱ）
Figure 4.1　Eagle's hood "Tomoga"（ⅱ）

種類がある。ただし時期による明確な区分ではく、ワシの成長や体格変化とともに使用するトモガのサイズを変更している。例えばS-16氏は2012年1月に、5歳となるワシが肥りだしたため首回りがきつくなり、ややおおきなサイズのトモガに交換した。

　成鳥用のサイズの平均的な大きさは高さ7〜8 cm（頭頂突起含まない）、全長10〜11 cm、幅8 cm前後で製作される。高さと全長はイヌワシの体型・個体差に応じて、1〜2 cm前後の差がある。幅はほとんどのトモガは8 cm前後でつくられる。バラパン用は高さ6.5〜7 cm、全長9〜10 cm、幅7.5 cm前後で製作される。成鳥用に比べて高さと全長は1 cm程度小さくつくられるが、その全幅はほとんど変わらない（図4-1i〜j）。狩猟時や訓練時にトモガを脱がした際、鷲使いが頭頂部の突起をくわえて両手がふさがらないよう

にする。長さや形状はさまざまだが、多くは 5 〜 6 cm 前後でくわえやすさや装飾性を兼ね備えて楕円形や菱形につくられる。首周りのバンドはイヌワシの体格にもよるが、7 〜 8 cm 程度で、首を圧迫しないように布を巻くなどして調整される。ワシ各々の頭部サイズに応じてフィットするように、伝統的には鷲使い自身が製作した。現在は深く被るトモガが主流となりつつあるが、浅く被るトモガも同様に用いられている。モンゴル国立歴史民俗博物館（ウランバートル）の所蔵するトモガは、20 世紀はじめ頃の製作物と推定され、現在ではあまり見られない浅く被るタイプのトモガである。カザフのトモガは欧米では、「アングロ・インディアン型（Anglo-Indian hood）」と呼ばれる部類に入り、おおきくくちばし穴を確保できることが特徴とされている［Ford 1982: 47］。

　トモガは形状の維持のため、素材の多くは厚手の牛革でつくられる。後頭部の縁部分はよれやすいため、革でパイピングを施し補強することもある。しかし 30 年以上前の古い様式のトモガにはあまり一般的ではなく、現在の鷲使いによる創意工夫といえる。内側は頭部に突起が当たらないよう注意しながら、頭頂部には銀やガラス細工などがあしらわれ、お披露目の際のアクセントとされる。瞳の部分の内側は突起がないような「合わせ縫い」でていねいに仕上げられる。接合線に対して直角の縫合糸が露出しないように、革の内部に糸を通して縫合する。縫合が甘いと隙間から光が差し込み、ワシの瞳を傷めてしまう。そのため隙間なくしっかりと密着させて縫い合わされる。型崩れを防ぐため、内側をロウなどでコーティングし、形状を硬化する現代的な製作も行われている。製作に用いられるトモガの型紙は、イヌワシが羽根を広げたような形状をしているため、鷲使いたちにとって特別な意味合いをもつ（図 4-1k）。型紙は父から子へと受け継がれることもある。また家に伝来するトモガの糸を解いて型紙代わりとし、その形状を踏襲することもされる。

　ただし、トモガの頭頂部はぴったりと縫い合わせず、少し空気の通る隙間を空けておくほうが、ワシの頭部が蒸れずに良いように思われる。夏季などはトモガを脱いだイヌワシの頭部が、汗でびっしょりと濡れていることもあ

る。アルタイのイヌワシは標高 3,000 m 付近の冷涼な高所での飛翔と営巣を行う。夏場の高温による頭部の温度上昇は、身体への負荷となるため、夏季にはトモガにも工夫が必要のように思われる。

《飼育経験からの所見①》　通常トモガは、ワシを右腕に据えた状態でマスターが左手で被せる。ワシは首を後方にそらすことがあまりできないため、くちばしのやや下からワシの後頭部へ向けて、円を描くようにすばやく被せるのがコツである。その際、親指をトモガの額部分、中指を後部縁でつまみ、ワシの後頭部に薬指か小指を添えておくとスムースに被せることができる。

飼育担当したイヌワシに DS-02 氏から譲り受けたトモガを試したところ、ワシが被ることを激しく拒んだため成功しなった。何度か左手をくちばしでつつかれ、脚で押し戻されたりもした。4 日目になってようやく成功したが、ワシの頭部のサイズにフィットせず、首紐の部分がくちばしを下から圧迫して適合しなかった。このときワシは口を大きく開き、頭を左右に振り、唾液をまき散らしてあからさまに苦しそうなそぶりで脱ごうとしたため、やや首紐にゆとりのあるトモガを装着するようにした。後日 S-07 氏から譲り受けたトモガ（図 4-1d）を試したところ、くちばし開孔部の形状がやや小さく、上嘴が蝋膜の手前で引っ掛かってしまい、トモガが前後にずれてしまった。ワシが頭を振るとあっけなく脱げてしまった。結局、もとの鷲使いが普段から被らせていたトモガ以外に適合するものがなかった。

飼育から得た知見として、トモガは「視覚を奪う」という物理的役割を果たす一方で、毎回の食餌、据置、訓練、移動の後に必ず主人自らがトモガを被せることで、ワシを「服従させる」ための道具でもある。飼養の初期段階において、ワシはトモガを被ることを当然嫌っており、馴らされていないワシは激しく抵抗する。トモガを被せることは、イヌワシの馴化プロセスにおける最初の困難のひとつでもある。くちばしでトモガをもった左手をつつかれることも頻繁にある。ワシが本気で嫌がるときは、脚で左手をわしづかみにされ、重傷になることもある。トモガは視覚を奪う物理的役割、装飾としての象徴的役割、そして飼育者としてのマスターの立場をワシ自身に認識させる拘束的役割も担う必須の鷹具と考えられる。

第4章　イヌワシを飾り、魅せる

2　足緒"アヤク・バゥ"

　腕に据えたイヌワシが飛び上がったり、暴れたりしないために、狩猟用イヌワシの脚部（趾蹠）には脚環付の革紐（＝足緒、足革、大緒）"アヤク・バゥ аяк бау"が必ず付けられる。腕に据えているあいだ、マスターはつねにこのアヤク・バゥをつかんでおく（図 4-2a～c）。訓練や出猟はもちろん、慎重な鷲使いは自宅で据えているあいだずっと装着させることも珍しくない。イヌワシの強烈な飛翔力を抑えるため、堅牢に編み上げた革紐と厚手の脚環でつくられる。

　①製作方法　アヤク・バゥに用いられる一般的な脚環部分のおおきさは、高さ 50～70 mm、内径は最小で約 20 mm、環を開いて伸ばした全幅は 100 mm 前後でつくられる。内側を厚手のフェルトで成形し、外側を牛革などで覆う。伝統的な脚環は、横から見ると前方を広く、後方を細くつくることもある。これは据えられたイヌワシが飛翔で脚を蹴り上げた際、ふ蹠前方に食い込まないようにする工夫である。革紐部分は先端金具まで入れておよそ 400 mm 前後、幅は 10 mm 前後でつくられる。革紐は脚の周囲を廻るように脚環に連結される。紐の中間点には手の中で紐が滑らないように、結び目が付けられる。革紐を編む段階で結び目を付ける場合や、編み上がってから別途紐を巻くなどする。脚に装着する際に左右の別や、右回り／左回りの別はあまりない。ただし脚環に装飾が施されている場合の左右は決められている。

　革紐の編み方には「3 本編み」「5 本編み」「10 本編み」などの種類がある。素材にはおもに細く紐状に裁断した牛革や山羊革が使われる。なかには 12 本の革紐を丹念に編んだ紐もある。しっかりとした太目の紐には、革棒などが心材として内部に編み込まれる。革紐の編みこみ方法は、騎乗で使用する鞭の編み方と同一である。革紐の伸縮性はほとんどなく、握った際にしっかりとしたグリップ感が得られるように編み上げられる。編み上げ後は、ヒツジの脂などを塗りつけしなやかにさせる。革紐の先端にはリベットで環金具が打ち付けられる。幅 10 mm、長さ 70～80 mm 程度の針金を折り返して環状にし、環の内側には環金が入れられる。手近にある鉄屑や、草原に落ちている銅板や鉄板を細く切るなどしてアヤク・バゥの紐環にする。アヤ

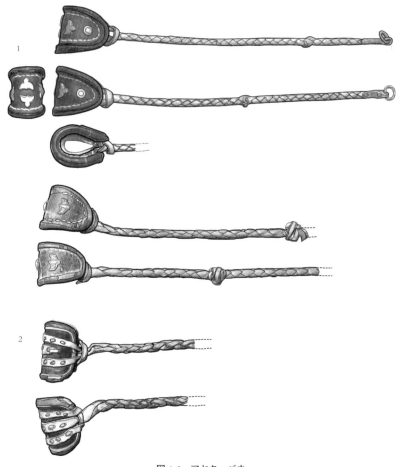

図4-2 アヤク・バウ
Figure 4.2 Jess（Ayak bau）

ク・バゥの革紐の長さにはおおきな違いは見られない。脚環部分にはトモガ同様に銀細工などが施され、盛装時にはワシを飾る重要な道具のひとつでもある。アヤク・バゥは耐用年数が長く5〜10年近く使用できる。しかし使用年数が長くなると、内側のフェルトが摩耗で薄くなり、リベットの裏打ちがむき出しになる。そうした場合はイヌワシの脚を傷つけてしまうので修繕・交換が必要となる。ただしこれらのほとんどは伝世品であり、現在の鷲

使いには製作技術はほとんど残されていない。日々の使用ではそれほど損傷しないため、複数所有をしている鷲使いは少ない。そのためサグサイ村での鷹具調査では、譲り受けることがもっとも困難だった印象がある。

　アヤク・バゥには狩猟時に脚部保護する役割もある。実猟にのぞんで、キツネに脚や趾を食いちぎられてしまうイヌワシは多く、サグサイでも DS-01 氏所有の 11 歳ワシは左中指のツメを失っていた。また熟練の鷲使いでもある S-05 氏所有の 5 歳ワシも 2011 年冬に、キツネとの格闘で右脚第四趾の爪を失った。ツメを失ったワシには、かつては"ジェズ・トゥヤク жез түяк"という木製や金属製の「義爪」を装着させて、狩猟への従事を継続させることもあった。T-08 氏の捕えたメスの成鳥も右の第二趾のツメを失っていた。野生界でも、ツメの喪失は珍しくはない。しかし脚部から失うとより深刻で、狩猟はおろか野生に返しても生存の可能性は低いといわざるをえない。そのため普段の訓練などは薄手の軽い脚環でも差し支えないが、実戦にのぞむ際は高さと厚みがあるしっかりとした脚環を装着した方が良い。できれば銀装飾などをあしらったアヤク・バゥの方が、キツネの攻撃にもプロテクターとして脚部の損傷を守ることができる。

　《飼育経験からの所見②》　訓練でも狩猟でも、イヌワシはアヤク・バゥを装着したまま飛翔する。観察する限り、アヤク・バウがワシの飛翔や据え留まりの負担になっている様子は見られない。日本やイギリスの鷹狩で使用される鈴の方が、タカやハヤブサなどの身体的負荷になっているように思われる。ワシを預かった初日、ワシが何度も飛び立って逃げ出そうとしたため、細い紐が脚にくいこみ脚部から血をにじませてしまったことがある。ワシの馴化が十分でない段階では、頻繁に飛び立とうとする癖のあるワシも多い。こうしたワシには、脚部への負担が軽減される高さと厚みのあるしっかりしたアヤク・バゥの使用を普段からする方が良い。またイヌワシの飛翔時の揚力を考えると、編みこみ本数の多い革紐は伸縮性が少ないためより実用的と感じられる。西欧では足緒の材質には生皮（rawhide）や、最良の素材としてカンガルー革がすすめられている［Beebe 1984: 97］。アヤク・バゥは使い込まれていないと革が硬く、革紐が左右どちらかに傾いてしまう。使い込ん

でしなやかになるまではワシの右側に革紐が来るようにして手でつかみやすい向きでアヤク・バゥを装着する必要を感じた。

3　餌掛手袋"ビアライ"

　イヌワシの巨体を支えるため、イーグルハンターは厚手の手袋（＝餌掛）"ビアライ биалай"を使用する（図 4-3a～f）。ビアライの形状には、おおきく分けてグローブの親指が独立した「手袋型」と、親指が縦の位置にある「平手型」がある。ビアライは通常、山羊革や牛革で製作される。しかし伝統的にはシカやエルクの首の革が、厚くしなやかで最良の素材とされている。キルギスの伝統的なイーグルハンターもシカの首の革を用い、耳の部分に親指を差し込めるように工夫するのが良いとされた。現在シカの革は高価で入手困難のため、ビアライの素材には食料として日常的に屠られるヤギの革が多く利用されている。山羊革は厚手で丈夫ではあるが、2～3年間の使用で革が硬化してしまい、しなやかさが失われる。そのため牛革や鹿革よりも手に入りやすい反面、耐用年数が短いのが難点といえる。またヤギの毛皮部分（表面）をビアライの裏側として使用するため、内部は山羊毛で覆われていてあまり装用感が良くない。そのため、厚手のインナーグローブなどを用意する必要がある。

　ビアライの耐用年数は、狩猟頻度や訓練の仕方にもよるがおそらく5年間程度が素材としての限度である。イーグルハンターはワシの右脚を、ビアライの親指付け根辺りに据える。そのため掌と親指周りの損傷はとくに激しい。ビアライは鷹具のなかではもっとも消耗率が高く、かつ製作・交換頻度が高いため、イーグルハンターは複数所有していることがほとんどである。普段訓練などに使用するビアライは粗製でも、お披露目用はビアライの腕部に刺繍や紋様を施すなどの美麗なものを用いる（図 4-3e）。

　牛革素材で製作されたビアライには凝ったものも多く、好んで使用されている。例えば DS-03 氏製作のビアライは装備として完成度が高く、4～5年の使用に耐えている（図 4-3f）。しかし典型的な貧村でもあるサグサイの牧畜社会では、高価なウシが食肉として消費される機会は多くはない。その

第 4 章　イヌワシを飾り、魅せる

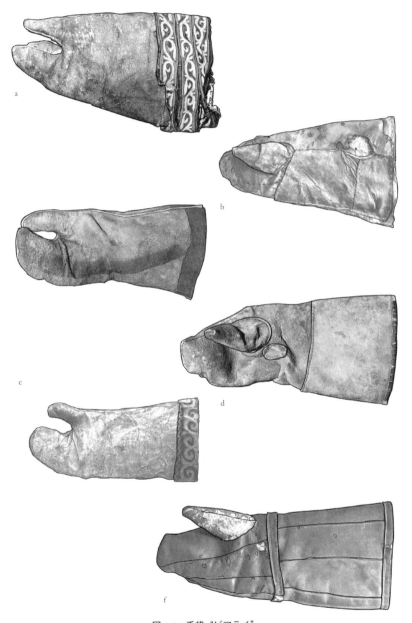

図 4-3　手袋 "ビアライ"
Figure 4.3　Gantlet "Bialai"

ため地域における食肉消費にともなう牛革生産量は少なく、市場や裕福なマルチンから購入するのが一般的となっている。ただし鷹具に限らず、馬具、衣料、防寒具、日用品など、牧畜社会全般で牛革需要は高く、生活のさまざまな道具類に使用される。そのため使用しなくなった皮革製のブーツ、革のジャケットやコートの端切れが、ビアライやトモガなどの製作素材として再利用されることもある。欧米ではイヌワシを腕に据える際には、できうる限り厚手のホースハイドが推奨されている［Beebe 1984: 107］。

《飼育経験からの所見③》　飼育の初期段階では、ビアライはしなやかさよりも、ワシの強烈な握力に対応できる厚手のものを選んで使用した。素材は硬い山羊革よりは、しなやかさのある牛革の方が装用感は良く、使用しやすい印象がある。鹿革製のビアライはしなやかで手首の自由が利く反面、ツメをかけられるとワシの握力が腕に直に伝わり緊張感があった。DS-02 氏から譲り受けたビアライは、外側を山羊革でつくり、インナーグローブには使わなくなったブーツの脚部を利用し、つま先部分のみを牛革のグローブにつくり替えて製作された再利用品だった（図 4-3d）。山羊革の硬さと、インナーの牛革の厚みで、イヌワシの鋭いツメが掛けられた際も安心感があった。一方合わせづくりの「平手型」は親指の位置が縦にある形状のため、ワシが右脚を掛けるスペースが狭くなり、やや安定感に欠けた。腕が細いとワシがつねに後傾気味になってしまい、腕を時折外側に回して据え位置を調整しなければならなった。そのため、ワシの左脚を右肘関節付近まで寄せ据えるようにしなければならなかった。また親指が独立して動かせないため、親指を使うときは腕を内側にやや回転させねばらず、アヤク・バゥを握りにくい印象があった。初心者にとっては、親指を独立して取り付けた「手袋型」のビアライのほうが、使い勝手と実用性があるように感じられた。

ただし S-15 氏が鹿革で製作した平手型のビアライ（図 4-3e）は、鹿革特有の柔軟性があり、親指の自由度がおおきく使いやすかった。また S-10 氏などのような熟練の鷲使いも平手型のビアライを使用している（図 4-3c）。「手袋型」「平手型」両方のタイプを併用しているイーグルハンターも多数いるため、個人の好みや装用感によるところがおおきいと思われる。

4　騎乗用腕部固定具 "バルダック"

　騎乗時にワシを据えた右腕を乗せるY字型の騎乗用腕固定具 "バルダック бардак" は、カザフ（およびキルギス）の騎馬鷹狩に独特の鷹具といえる（図4-4a～e）。バルダック中央に取り付けられた環と鞍の前輪中央部とを紐で結びつけ、右側の小あおり前部に下端部（鞍当て）を立てて使用する。イヌワシは1歳（満年齢0歳）でも体重6 kgに達し、騎乗してワシを据えた右腕を常時持ち上げているのは困難である。しかし騎馬で鷹狩が行われたペルシア、インド、トルコ、ロシア、アジア諸国などでは、体重の軽いタカやハヤブサが用いられたため、バルダックに相当する固定具が用いられることはなかった。バルダックはカザフ人（およびキルギス人）の騎馬鷹狩文化で考案された特殊な装備品である。E. フォード氏の著書では、イヌワシを使用した鷹狩でもっとも重要な鷹具はグローブとこの腕部固定具であると位置づけられている［Ford 1982: 114］。これはイヌワシの巨体を腕に据えることが、どれほど困難かを暗喩している。

　バルダックの長さは、鷲使い本人の体格に合わせて、450～550 mm前後でつくられる。通常は木製で、材質は天幕の木材としても使用されるポプラ材 "タール тар"（*Populus spp.*）、松材 "サマルスン самырсын"（*Pinus spp.*）、鞍の枠組みに用いられる白樺材 "カイン қайың"（*Betula spp.*）などで製作される。木材資源に乏しいサグサイ村では、比較的手に入りやすいタールの木が多く用いられている。木材には、立ち木のY字状に枝分かれした部位などが直接切り取られる（図4-4a）。基礎となる木材は、完全に乾燥する前の柔らかい状態で樹皮を剥がして整形する。その後1～2週間ほどかまどの近くに置いて乾燥させたあと、穿穴や塗装、加工調整が施される。伝統的には軸木部分にねじったような装飾が施されることが多い（図4-4b）。枝分かれの左右に皮革のバンドを渡して、腕を据える部分とする。祭典や盛装の際には、絵画を描いたもの、彫刻のあるもの、アイベックスの角製などの美麗なバルダックを使用することもある（図4-4e）。例えばS-05氏使用の鹿角製バルダックは2本の鹿角材を曲線に加工し、鞍当て部分も鹿角製の凝ったつくりをしている（図4-4d）。祖父から受け継いだとされ、おそらくサグサイ村で現存す

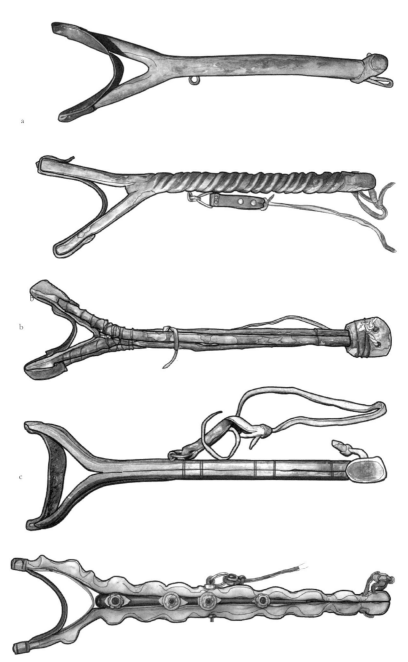

図 4-4 腕部固定具 "バルダック"
Figure 4.4 Arm brace "Baldak"

第4章　イヌワシを飾り、魅せる

る最古のバルダックと推定される。また鞭の柄の材料として使用される"トブルゴ тобргы？"の細木を束ねたバルダックも見られる（図4-4c）。

《飼育経験からの所見④》　バルダックは馬で出猟するカザフの狩猟スタイルにはなくてはならない装備品である。飼育した3歳ワシの体重は約5kgに達しており、手に据えて徒歩で進むには300mと続かなかった。出猟時は狩場で頻繁に馬から降りて、岩山や崖を直登することもある。イヌワシを据えて（ある程度の距離を）徒歩で移動しなければならないときは、ズボンの右ポケットに短めのバルダックを差し込み、右腕を固定するようにした。これは見た目こそ不恰好だが、腰を支点にしてワシの体重を支えられるため安定感があり、腕の疲労が格段に軽減された。事実、まれにイヌワシを使用するイギリスのファルコナーには、歩行時のバルダックに相当する固定具が用いられることもある［Ford 1982: 40-41］。

　騎乗時にバルダックを使用した際、慣れないときには安定せずに難しく感じた。しかしワシを据えた右手でバルダックを鞍に押さえつけるようにすると安定感が増した。通常手首よりやや前の掌の部分、ちょうどワシの右脚がかけられた親指付け根の直下辺りを乗せると安定感が増す。しかしバルダックを使用しても、イヌワシの重さのために手首と腕部の疲労感につねに悩まされた。また騎馬登山では細い隘路を進むことや、獲物を追って岩山を駆け下りることも頻繁にあった。右腕がふさがってしまう恐怖感もあり、左手で手綱と一緒に鞍の前輪にしがみつかなければならないことも多々あった。騎馬習慣のない人物には、イヌワシを腕に据えて騎乗するだけでも至難の業であり、騎馬の日常化とともにバランス感覚の訓練が必要に感じられた。イヌワシの巨体を支えるために、バルダックは必須の道具であり、その考案は騎馬鷹狩猟ならではの発想といえる。

 イヌワシをつなぐ──据え置きに使われる道具

1　据え木"トゥグル"

　イヌワシを据えるための据え木"トゥグル түғыр"は、伝統的には三本脚

の木製の形状をしている。一般的には S-07 氏が製作したような三脚型の木製トゥグルが用いられている（図 4-5a）。イヌワシの足の開き幅を考えると台座は 100～150 mm 程度の幅が適当と考えられる。ただし現代では据え場所の素材に対してこだわらないイーグルハンターも多く、流木、岩、古タイヤ、日干し煉瓦などさまざまなものが転用されている（図 4-5b）。S-06 氏のように、川から流れてきた流木の根を三本脚に加工することも広く行われている（図 4-5c）。お披露目用には、アイベックスの角を 3 本用いた壮麗なトゥグルも製作されている（図 4-5d）。鷲使いたちのあいだには"トゥグルガ・カザフアダム・オットゥルガ・ボルマイドゥ Tүғырға Қазақ адаме оты руға болмаиды（カザフ人たちよ、トゥグルに座ることなかれ）"という諺が伝わっている。これはイヌワシを敬って、人間とは同等ではないことを暗示し、人々が自身をへりくだらせた教訓を示した言葉と思われる。

　サグサイ村周辺は現在、木材資源のとくに乏しい場所といわれている。村の周辺にはイヌワシの留まれるような大木はなく、ほとんどが岩山である。秋冬期にマルチンが利用する河川沿いの冬営地には、ヤナギやタマリスクが一部に群生しているのみである。イヌワシは営巣材としてこれら木材を利用するが、留まれるほどのおおきさに成長することはない。そのためサグサイ村周辺では、イヌワシは野生の状態でも岩や石の上に留まることがほとんどと思われる。コルバラから育てた個体では、木を好むか石の上を好むかは、幼鳥のときの据え場所で決まる。狩猟用イヌワシには鋭いツメを確保する必要はない。動物の毛皮を傷つけてしまうため、狩猟前にはツメの先端が削り落とされることもある。そのため、据え場所にとくに多くの制約は見られない。熟練の鷲使い S-02 氏、S-05 氏、S-12 氏などは、みな木製のトゥグルの上に留まらせていた。また S-10 氏は古タイヤを据場に利用している。

　《飼育経験からの所見⑤》　イヌワシの据え場所と据木は、つねに一定の場所と素材に習慣づけることが望ましいと思われる。据え場所を習慣づけたいときには、つねに据木や台座などに留まらせ、給餌も必ずこれら同じ場所で行う方がよい。実際の飼育では、イヌワシを預かり受けた初日から、直径 12～15 cm、長さ 200 cm ほどの、絶好のサイズの枝木を用意した。枝木の両

第 4 章　イヌワシを飾り、魅せる

a. 伝統的な三本脚のトゥグル（S-07）

b. 古タイヤの留まり場

c. 流木を用いたトゥグル（S-06）

d. キツネをかたどったトゥグル（ウルギー県立博物館所蔵）

図 4-5　留まり木"トゥグル"
Figure 4-5　A type of perches "tugur"

端は石などで固定し、地面から 5 cm 程度浮いているように工夫して設置した。さらに枝木の周りには巣に似せて干草を敷き、快適に過ごせるような休み場もつくってみた。しかし預かり受けたワシは用意した枝木の上に留まることは一切なかった。むしろ、あえて枝木部分を避けるように、両端に固定用として置いた石の上に必ず留まった。また石畳や地面の上に直接留まる習性が見られた。これは飼い主が石やブロック状の土塊を据え場にしていた習慣のためと考えられる。飼育期間中、結局用意した枝木に自ら留まることはなかった。

2　つなぎ紐"アルカンシャ"と留金具"アイランソク"

イヌワシをトゥグルなどに据えておくには、脚に結び付けておくつなぎ紐

図 4-6　つなぎ紐と留金具
Figure 4.6　leash "arkansha" and swivel "ailansok"

"アルカンシャ арқанша" と留金具 "アイランソク айлансоқ" が必要となる（図 4-6）。つなぎ紐には馬を結ぶときや、天幕を組み立てるときに使用される丈夫な紐が用いられる。イヌワシの揚力に耐えるために、トゥグルなどに結ぶ際はかなりきつく結ばなければならない。固く結びすぎて紐の結び目がほどけなくなったときは、かつては "カトゥル қатыр" とよばれる動物の角が用いられた（図 4-7）。これは結び目の隙間に差し込んでほどくために使う、いわば「ほどき角」である。カトゥルにはモウコガゼル *Procapra gutturosa* "ツァガーン・ゼール зеер" の角がそのまま用いられることが多い。カトゥルは馬留めの連結やヤギの搾乳場のつなぎ紐など、イヌワシの連結に限らず使用された。また −40℃ にもなる冬季のアルタイでは、屋外で素手にならずに紐をほどくためにも使用された。しかし現在は留金具や金属製環があるため、ほとんど使用されていない。サグサイ村のブルクッチュ宅では長老の S-02 氏と S-05 氏の自宅のみで実見したが、実際に使用されてはいなかった。

《飼育経験からの所見⑥》　飼育を担当した 4 日目、紐がよれているために据え木に結び直したところ、結び方が緩かったらしく、ほどけてイヌワシが脱走（脱翔）したことがあった。重さ 5 kg はあった枝木を石を載せて固定していたにもかかわらず、元の位置から 2 m 以上も動かされていた。このときは幸い付近の人が気づいて捕まえてくれたが、それ以来かなりきつくイヌワシを結び付けるように注意した。しかしワシはわずかな時間ながら脱走の自由を味わったようで、以降しばらく据え場所で頻繁に力強く羽ばたく「逃避癖 bating」が付いてしまった。そのためアヤク・バゥを日常的に装着させ、留金具を使用するようにした。イヌワシの飛翔揚力を甘くみていたために起きた失敗だった。事実、飼育中の不注意や据え木への結びつけの甘さからイヌワシは頻繁に逃走しており、その数は全使用個体の 19.8% に達して

第4章 イヌワシを飾り、魅せる

いる［第1章参照］。また留金具のアイランソクを使用しないと、動き回る癖や飛翔癖のあるワシではつなぎ紐がよじれてしまうため、頻繁にほどいて結び直す必要があった。イギリス式の鷹狩でも1820〜30年代頃から、この紐のよじれを解消するために固定具（いわゆる swivel）が使用されるようになったといわれている［Durman-Walters 1994: 19］。

図4-7 ガゼルの角 "カトゥル"
Figure 4.7 Gazelle horn "katur"

Ⅳ イヌワシを養う──給餌に使われる道具

1 給餌容器 "サプトゥ・アヤク"

冬季の食餌制限期には、ワシに給餌するために取っ手付きの木製「給餌容器」"サプトゥ・アヤク／ジェム・アヤク жем аяк" が用いられる（図4-8a〜d）。9月に入り訓練が始まると、食餌肉はこの容器内で数時間水に浸され、すっかり血抜きされてからワシに与えられる（第2章図2-9参照）。この時期の鷲使い宅では、水を張ったサプトゥ・アヤクに浸された肉が天幕や家の玄関口に置かれているのをよく目にするようになる。形状は器内の水を素早く捨てられるように、三角形や楕円形の形につくられる。サプトゥ・アヤクは春夏期の給餌には用いられない。夏季の給餌の際には、イヌワシの足元に肉や内臓の塊が置かれるだけで済まされる。

容器の大きさは縦25cm前後、横15cm前後、高さ8cm前後のおおきさが一般的である。器内の容積は約400〜500ccほどのサイズで製作される。取手は給餌の際にイヌワシに手をつつかれないために必須である。材質は"カイン（シラカバ）"、"カラガイ（クロマツ）"、"テレク（シベリアスギ）"など、とくに材質に制限はなく、手ごろなおおきさの無垢材が用いられる。内側をくり抜いて製作するため、比較的やわらかい木材での製作が好まれる。サプトゥ・アヤクはあまり人目に付く鷹具ではないが、サグサイでは家具職人のE氏の製作した美麗なものがS-16に用いられている（図4-8d）。これは

155

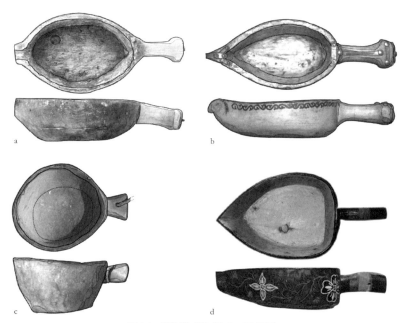

図 4-8　給餌器"サプトゥ・アヤク"
Figure 4.8　Feeding bowl "saptu ayak"

同デザインの壮麗なバルダックとともに、同氏が 2010 年にヒツジ 1 頭と交換したものである。

《飼育経験からの所見⑦》　実際の飼育では S-15 氏から譲り受けたサプトゥ・アヤク（図 4-8a）を用いたところ、先端に水を捨てる口が設けられ、内側底部には残った水分の水きり穴が穿ってあり、実用性に富んでいた。本体はクロマツの木材をくりぬいてつくられ、おおきさも使いやすかった。秋の飼育では 2 日間に一度、サグサイ川で釣った 30 cm ほどのニジマス"カラ・バリク"をぶつ切りで五等分にして与えてみたが、ちょうどよく器に納まってくれた。サプトゥ・アヤクからの摂取を早く習慣づけるように、水を与える際もサプトゥ・アヤクから与えた。ただしやや深さが足りず、イヌワシが水分摂取の時にくちばしが底部に当たってしまった。そのため 500 cc ペットボトルの底部を高さ 7 〜 8 cm くらいに切って水を満たし、サプトゥ・アヤクのなかに置くようにした。これでイヌワシの給水についてはとくに問

題はなかった。

2　口餌袋 "ジェム・カルタ"

鷲使いは狩猟や訓練に必要な道具類を口餌袋"ジェム・カルタ жем қалта"に入れて携帯し、腰ベルトの左側に下げるようにしている（図4-9a〜d）。狩猟や訓練のときに、食餌の肉片、呼び戻し用のウサギの脚"チャクル"、強制給水具"トゥトゥク"などを入れておく（図4-9）。伝統的に底辺に半円を2つ並べたような形状をしており、片方に肉、もう一方にチャクルやトゥトゥクなどを分けて入れられるようになっている。中央のくぼみには、紐を通してベルトに留めるつくりとなっている。厚手のフェルトで成形し、外側は家族の女性たちの手仕事で、刺繍や編み物などで美しく彩られる。周囲には毛糸の垂装飾を施すことも多い。「袋」ではなく、厚手の「カバン」に近い丈夫なポーチに仕上げられる。なかにはドブネズミ（*Ondatora zibethicus*）の毛皮を縦に並べて製作したジェム・カルタもある（図4-9c）。現地滞在中にS-05氏から譲り受けたジェム・カルタは、厚手のフェルトでつくられたしっかりとしたものだった（図4-9d）。肉や道具を多数入れてもよれたりせず、実用具としては秀逸なものであった。生地だけの「袋」タイプは試していないが、よじれて肉が多少取り出しにくくなるように思われる。

　カザフ人の伝統的な外套"チャパン шапан"にはポケットがないため、ジェム・カルタが使用されるようになったと思われる。ワシを右手に据えることから、左に下げる習慣が定着したと推測される。普段の狩猟や訓練などでは現在、ジャケットやジャンパーのポケットに肉を入れるため日常的な使用頻度はそれほど高くない。そのためジェム・カルタは、チャパンを羽織る盛装時、とくに人目に付くことを意識して製作される。表面は美麗な刺繍紋様などで彩られたものが多く、黒っぽい装束・鷹具の多いイーグルハンターの装備品のなかで、ひときわ目を引く道具のひとつでもある。イヌワシ祭などでは、勝ち取ったメダルやバッジをあてがい、思い思いの装飾で晴れ舞台にのぞむ者も多い。

図 4-9 ジェム・カルタ
Figure 4.9 Feeding Poach (Jem Karta)

第4章 イヌワシを飾り、魅せる

3 強制給水具 "トゥトゥク"

訓練や給餌を終えたイヌワシには、強制的に水を飲ませるため「強制給水具」"トゥトゥク тутік" が用いられる（図 4-10）。マスターは訓練終了後、トゥトゥクをワシの口から「そのう（嗉嚢）」の辺りまで挿入し、自分の口に水を含んでワシに「口移し」で無理やり飲み込ませる［第 2 章図 2-9 参照］。

図 4-10　クロハゲワシの上腕骨製の"トゥトゥク"
Figure 4.10　Bone tube "Tutuk"

マスターはこれを 4 〜 5 回ほど繰り返し、およそ 200〜300 mℓ ほど給水させる。エサを食べた直後に給水させることで代謝率を上げ、消化や未消化物（ペレット）の嘔吐を促進させることができる。こうした方法は、タカやハヤブサの飼育など、多くの鷹狩文化とも共通している。

サグサイでは DS-03 氏と DS-02 氏の 2 名が、クロハゲワシの羽根の骨で製作したトゥトゥクを使用していた。DS-03 氏製作のトゥトゥクは、長さ 28.7 cm、直径は注水口 2.3 cm、出水口 1.5 cm で、理想的な形状でおおきさも最適であった。DS-02 氏使用のトゥトゥクは、長さ 25 cm、直径は注水口 2 cm、出水口 1.5 cm で、やや小ぶりのため給水に回数を要すると感じた。バラパンなどには最適な大きさと考えられる。トゥトゥクはかつてツルの羽根の骨でつくられることもあった。細長く中空で、長さも 30 cm 程度でちょうど良くイヌワシのそのうまで到達する大きさであった。最近ではゴム製ホースが用いられ、使用頻度の高い鷹具ではなくなっている。

4 胃内洗浄用タブレット "コヤ"

給餌後の強制給水と同じように、消化不良時や出猟の前にはコヤ［第 2 章図 2-9 参照］という木製の円柱状の道具をイヌワシに飲み込ませる。胃袋の肉や骨、食べた動物の毛などを吐き出させて清浄（＝casting）するために用いられる。イヌワシはウサギなどの小動物は肉と一緒に骨ごと丸呑みにし、後日骨やペレットだけを吐き出す習性がある（図 4-11）。そのためワシの嘔

図4-11 吐き戻されたペレット
Figure 4.11 A pellet cast off at S-16

吐を促すようにコヤは動物の骨に似せてつくっていると思われる。コヤは円柱状で直径は約 1.5 cm、長さは 6〜7 cm ほどでつくられる。コヤは新しく捕えられた若鳥や成鳥にも用いられ、訓練に先立って胃の内部は空になるよう清浄される。コヤを与える方法は、イギリスの古式鷹狩では「ラングル *rangle*」として知られており、餌と一緒に小石を与えることで消化を助ける働きがあるとされた。

　S-16 氏の方法を参照すると、近所に生えているポプラの生木から小枝を直接切り落とし、乾燥しないうちに樹皮を剥き、表面を平滑にナイフで削る。円柱状に形を整えると、上下の端に深さ 5 mm ほどくり抜くように丸くくぼみをつける。コヤは夜の給餌が済んだ直後の 22 時頃、喉の奥に押し込まれた。コヤを与えたあとは朝までトモガは被せない。トモガを装着しているとコヤを吐き戻さないことがあるためである。このときは 3 時間弱たった 24 時過ぎ頃に、ワシはコヤを吐きだした。コヤの上下のくぼみには獣毛がこびりついており、胃袋の清浄はうまく完了された。コヤを吐きだす前兆として、ペレットを吐き出すときと同様に、何度か口を大きく開けて吐きだそうとする仕草を繰り返す。そして普段は聞かれないか細い声でワシはクゥクゥと鳴き声を上げ、朝になっても鳴き声を上げていた。胃袋内に毛や骨などの未消化物があると、イヌワシに満腹感を与えてしまい狩猟をしなくなる。狩猟の前には、これら未消化物を完全に除去しておく必要がある。ワシが獲物に襲いかからないとき、狩りをしないときにも、コヤを飲みこせて胃袋に獣毛や骨がないように清浄に保つ。冬の狩猟期に出猟の間隔が空いてしまった際にも用いられる。

　調子の上がらないワシには、木製のコヤの代わりにさまざまなものが用いられる。狩猟の最中に普段のパフォーマンスを発揮できないワシには、S-11

第 4 章　イヌワシを飾り、魅せる

氏は雪を玉状にしてワシに飲み込ませることもあった。ときには氷の塊を飲み込ませることも知られている［Bodio 2001］。これは糞と一緒に、胃袋内の不純物の排泄を促進させる目的がある。他にも S-15 氏は呼び戻し競技に前もって、角を落とした角砂糖をいくつか与えていた。ただしこの効果は不明である。イギリスの鷹狩では、砂糖は猛禽類の消化を遅らせる効果があることが知られている［Lloyd 2010: 19］。S-09 氏宅では水の代わりに紅茶を強制給水させる事例も見られた。一般的に健康状態の良いタカ、ハヤブサはしっかりと巻き付いた丈夫なペレットを吐き出すとされる［Freeman 1869: 16］。タカによっては、ペレットを吐き出さなければ落ち着かず、飛ぶのを拒む個体もいるほどである［Cooper 1968: 561］。かつてペリグリンにとっては、ネズミの肉がもっともペレットの吐瀉に良いとされたが、ときには胃袋もいっしょに口元まで吐き出すほど効果的とされた［Freeman and Salvin 1859: 86］。

イヌワシを鍛える──狩猟訓練に使われる道具

1　呼び戻し肉"チャクル"

　イヌワシの狩猟馴致に用いられるもっとも基本的な道具は、呼び戻し用の肉"チャクル шақыру"である［第 2 章図 2-14 参照］。獲物を捕獲したときや、狩猟に失敗して着地したイヌワシを呼び戻すために、チャクルを振って鷲使いの腕に速やかに舞い戻るように訓練される。チャクルにはウサギの後脚部が好んで用いられる。先端の毛皮を一部残して皮を剥ぎ、かまどの近くで乾燥させる。イヌワシはあまりウサギの捕獲を得意としないため、なぜウサギの脚が伝統的に用いられるようになったのかは定かではない。またサグサイでもなぜウサギの脚が用いられるのか、知っている鷲使いはいなかった。しかしウサギはイヌワシの大好物でもあり、給餌適正でももっとも上位の最適な餌と考えられている。サグサイではほぼすべての鷲使いが、ウサギの脚のチャクルを用いている。まれにキツネの後脚でチャクルをつくることも行われる。訓練が進めば、ウサギの脚ではなくても、肉片等を振りかざせばイヌワシを呼び戻すことは十分に可能となる。

2　疑似餌"チュルガ"

　イヌワシに狩猟訓練を仕込む際に用いられる「疑似餌（＝lure）」"チュルガ шыpга"は、一般的にはキツネの毛皮でつくられる［第2章図2-14参照］。キツネの他にも、ウサギやモウコヤマネコの毛皮でつくられることもある。サグサイではチュルガはほぼすべてキツネの毛皮で製作される。キツネの全身を用いることや、背中や尻尾の毛皮を用いることもある。対象とする動物自身の毛皮で疑似餌をつくることで捕獲対象をより明確化し、ワシに臨場感を与えることもできる。ただし騎馬鷹狩猟ではキツネに主眼を置いて狩猟をするため、ウサギはあくまでも副産物としての位置づけにある。なかには小回りの利くウサギの捕獲があまり得意ではないワシもいる。チュルガには内側に肉を仕込むポケットがあり、訓練の初期段階ではイヌワシがチュルガに向かって襲いかかるように細工されている。とくに若いイヌワシや、捕えて間もない成鳥のトレーニングには、チュルガに肉を仕込んで飛翔を促すように工夫される。

3　嘴部拘束具"タンダイ・アガシュ"

　イヌワシが鳴き声を立てないように矯正するための「くちばし拘束具」"タンダイ・アガシュ тандай агаш"がかつては用いられた。これはワシのくちばしの下に木片をあて、革紐などで縛ることで、物理的に鳴き声を抑制する矯正具である。しかしサグサイ村では現在、使用者はおらず、現物も実見することはできなかった。イヌワシが狩猟中に鳴き声を立てると獲物が逃げてしまうため、かつて矯正は頻繁に行われた。これは、とくに巣から捕えた幼鳥"コルバラ"に見られる特徴である。自然界で生存しなければならなった成鳥には、捕食者に存在を知らせてしまう鳴き声を上げる癖はほとんど見られない。イヌワシ特有の甲高い鳴き声は、とくに岩山や山地では反響してこだましてしまうため、1 km以上離れていても聞こえることがある。キルギスで目にしたイヌワシには、見慣れぬ人間の接近に対して必ず鳴き声を立てる癖があった。アルタイで飼養されるイヌワシの多くは、ヒトの接近にも落ち着き払った態度でたたずむ姿が印象的である。これはワシの捕えられ

第4章　イヌワシを飾り、魅せる

た来歴に第一の要因がある。さらに馴致の過程での徹底した訓練と、人間とのラ・ポール構築の完成度に由来するところもおおきい。

サグサイ村で唯一実見できたくちばし拘束の事例は、S-10氏宅のみであった。同氏の飼養するイヌワシ（11歳齢）はサグサイ村ではほぼ唯一、人間の接近の有無にかかわらず頻繁に鳴き声を上げる癖が見られた。

図4-12　イヌワシ用靴下"アヤク・カップ"
Figure 4.12 An eagle's socks "ayak kap"
（ウルギー県立博物館所蔵）

そのためトモガに嘴部を拘束する工夫を施していたが（図4-1h参照）、11歳になっても鳴き声を立てる癖は結局直らなかった。アルタイのイーグルハンターのあいだでは、コルバラを捕獲することも多く、タンダイ・アガシュはおもに巣鷹に用いられたと考えられる。近年は出猟習慣の減少により、鳴き声をあまり気にしない鷲使いも多くなっている。

4　イヌワシ用靴下"アヤク・カップ"

極限の冷温環境下では、イヌワシの脚に被せる皮革製もしくは布製の「靴下」"アヤク・カップ aяк кап"が用いられた（図4-12）。冷温環境に耐性のあるイヌワシでも、酷寒の山岳地帯で脚部が冷えると狩りをしなくなる。そのためイヌワシ脚部の凍傷を防ぐために使用される。アルタン・ツォグツでの狩猟中に天候が一変し、風が吹きすさぶ厳しい冷温環境となったことがある。そのとき携えていたイヌワシは、両脚からダラリと力が抜けて無気力になってしまい、飛翔はおろか腕に据えていることもままならなくなった［2014年11月28日に実見］。その後、イヌワシは外套に包まれて車に乗せられ、自宅まで搬送されることとなった。イヌワシの脚部と跗蹠は羽毛がなく無防備であることから、極限の寒さに対してデリケートな部位と考えられる。狩猟頻度の減少する現在、アヤク・カップはほとんど用いられなくなった鷹具のうちのひとつであり、フィールドワークを通じて実見することはで

きなかった。

Ⅵ 鷹具から見たカザフ騎馬鷹狩文化の独自性

　アルタイのイーグルハンターたちは、鷹狩文化の文脈に照らして、独自の鷹匠道具を考案してきた。例えば騎乗時に腕を支える支柱「バルダック」は騎馬鷹狩文化のみに見られる鷹具といえる。また強制給水させるための"トゥトゥク"も、食餌後にペレットを吐き出させるための現地の飼養方法をよく反映している。

　その一方で、カザフ騎馬鷹狩文化には西欧の鷹狩では必須とされる、「テザリング（つなぎとめ）」の装備がほとんど見られない。その一例に、アルタイ山脈やキルギスの騎馬鷹狩猟でも「脚鈴 bells/bewit」は一切装着されていない。また個体識別のための ID に相当する金属製のネームタグ"ヴァーベル vervel"が用いられることもない。また訓練では逃避防止用の長い紐"クリアンス creance"をつないでの逃避防止も行われない。肯定的な解釈をするならば、かつての鷲使いたちはイヌワシを徹底して馴化する伝統知を駆使したために、逃鳥がそれほど多くなかった可能性もある。しかし現在、逃鳥はイヌワシの全離別個体数の 19.8％を占めており、5 羽に 1 羽は人間界から逃避する現状がある。これらは日常生活での据え置きや、餌やり、訓練の際に生じることが多い。また、外科的施術もアルタイ地域の騎馬鷹狩文化には一般的ではない。鷹狩でもっとも一般的な外科的手法は、折れた羽根の「つぎ羽根」いわゆる"インピング imping"が行われる。かつてアラブ世界では、猛禽類のまぶたを糸で縫い合わせて眼を閉じさせる"シーリング sealing"が行われていた。この手法は中国唐代の鷹狩文化でも行われていた記述が見られる［Shafer 1958: 315］。シーリングは現在、動物福祉面から西欧では一切見られず、アルタイでも行われていない。

　鷹具の素材に関しては、西欧で鷹狩に用いる道具には、犬の毛皮をミョウバンでなめした素材が、何物にも代えがたい最良の素材とされた［Campbell 1773: 130］。19 世紀に入っても、足緒や革紐の素材には第一にハウンド犬の

革での製作が推奨され、第二にはカーフスキンかキップスキン（幼獣皮革）、第三にはイルカかベルーガのハイドスキンが推奨された［Freeman and Salvin 1859: 56; Cox 1899: 246］。アルタイ系カザフでは、鷹具製作の素材はもっぱら日々消費される牛、ヤギ、ヒツジなどの皮革素材でまかなわれる。ただし牛は1年間を通じて11月半ばの一斉屠殺ソグムでのみ屠殺される。かつては冬支度とともに屠った牛の革を用いて、厳冬期に鷲使い自らが鷹具の製作に携わった。牧畜社会の営みを基盤とすることから、素材となる皮革の入手は比較的容易であったといえる。一方、木材資源はつねにアルタイ地域に欠乏する天然資源でもある。少なくともサグサイ、ウランフス、アルタン・ツォグツなど、鷹狩の盛んな場所では木材はほとんど手に入らない。これら木材は中国やロシアとの国境沿いの遠隔地で伐木される。そのため、木材製品は高価であり、木が用いられる給餌器、バルダック、などは馬の鞍と同様に長い年月愛用される。

　遊牧社会では、愛玩する動物との心理的・物理的一体感への探究心は古く、古代では動物装飾や馬、ヒツジなどの殉葬体を通じて体現された。古代遊牧社会でもっとも盛んに飾られた動物のひとつは馬である。例えば凍結墳墓で有名なパジリク古墳（ロシア、アルタイ共和国）では、馬に鹿角状の赤い頭飾りを付け、全身は黄金のリベットをあしらった着衣で埋葬されていた。そして動物装飾を家畜文化のひとつとして見ると、所有動物を飾ることは「自らを飾ること」と同意義であり、愛着の深さの自己規律が家畜と共に生きるコミュニティではゆるぎない肯定感をもって人々に受け止められた。いわばヒトの動物への依存関係には、家畜化による食料生産や畜力利用による身体機能の依存と同じように、心理的側面での依存（一体化）が古代から存在し、動物装飾に反映された。動物の「着飾り」とは動物を擬人化する表現方法のひとつでもあり、重ねあわせた自己を動物に投影させた擬獣化を通じた特殊な愛情表現のモードでもある。だからこそヒトと動物の境界をあいまいにし、かつ同化させる「種の越境」のくわだてが古代から繰り返された。それは現代とは異なり、生活のなかで動物と共に生き、摂取し、畏敬を感じる始原的な日々のなかでヒトと動物の生存能や住環境の明確な違いが意識されるから

こそ、その境界線を越境したり、ぼやけさせたりする儀礼上のモードがとくに必要とされたのだと思われる。イヌワシ装飾には、こうした人間の動物に対する思慕の発想が色濃く反映されているように思われる。

Ⅶ まとめ

　鷲使いたちにとっての鷹具は実用具であると同時に、お披露目や盛装の際に自らとイヌワシの着飾りや個性の打ち出しを意識した、「カザフ男児」の象徴的な工芸品でもある。その意味において、伝統的な食糧生産活動に用いられる農具や民具などの物質文化とは異なり、時の流れとともに捨て去られるものではない。そのため、現地での実際のイヌワシ飼育経験と、馴化にともなう鷹具の使用の実践は、鷹具に対する理解を深める体感値をその奥行きとともに与えてくれる。物質文化研究やいわゆる民具研究には、「実際に従来の文化的文脈のなかで使用してみる」視点がやや不十分であることが多い。例えば日本の鎌、鋤、鍬などの詳細な収集報告はあっても、実際に播種、耕雲、刈取りなどの「農耕活動のコンテクスト」のなかで使用した際の体験の言語化、数値化、役割・文化的意義についての報告は少ない。いわば機械や現代的工具に取って代わった伝統的実用具とは、「民具」として扱われることで、博物館内の展示物と同様に本来のコンテクストから単離された扱いをされることとなる。いわば「民具」としての認定とは、実用具としてもはや用いられる余地のない「遺物」に置き換えられてしまうことと同義でもある。そのため本章では「民具」という用語の使用をあえて避け、現在進行の実用品としての鷹具を描き出した。また繰り返して強調するが、本書ではサグサイ村という限定された地域で調査・収集を行った鷹具を対象としたため、アルタイ系カザフにおける鷹具のすべてを網羅するものではない。

　そして、鷹具はおもに男性に用いられるが、その装飾や製作は女性たちの手仕事と切り離しがたく結びついている。例えばビアライやジェム・カルタの装飾には、天幕壁面タペストリーの"トゥス・キウズ тұс кииз"や天井装飾"テルメ"など、天幕内部の居住環境を彩る装飾具"Soft-furnishing"

が転用されることも多い。いわば鷹具には、鷹狩に必要とされる道具の粋を超えて、男と女の手仕事を融合し、かつ美術装飾のセンスを表現するアートの現場としての役割がある。現地の鷹狩文化を存続させなければならない背景には、こうした派生的文化を将来に継承する必要ということもあるのである。

第5章 イヌワシを受け継ぐ
騎馬鷹狩の伝統と文化変容

◇Ⅰ◇ 騎馬鷹狩文化の復興・再生・変容の21世紀

　鷹狩とは人間の伝統技法と自然環境の健全さが調和することではじめて維持・存続が可能となる、環境と文化に依存した特殊な無形文化遺産である。本章では現存する鷲使い"ブルクッチュ"から、インフォーマント67名（鷲使い51名、デモンストレーター16名）を特定した。イヌワシ飼育者は現在、同県全域で80名に満たなくなり、文化継承者の不足が深刻な影を落とすようになっている。

　カザフの鷹狩文化に初期の関心が見いだされたのは1990年代からで、その先駆者は研究者ではなく旅行家による旅行記［Bodio 2003］や、NHKが制作したドキュメンタリー番組［日本放送協会（NHK）2003, 2010, 2015］が先行した。文化研究者や人類学者の関心がおよばなかった背景には、騎馬鷹狩文化が90年代までに社会主義下における伝統文化の抑圧的風潮のなかで下火となり、天山山脈（キルギス共和国、中国新疆ウイグル自治区）でもアルタイ山脈（モンゴル西部）でも、事実上はほとんど消滅の危機に瀕していたこともある。また、地元のカザフ人も騎馬鷹狩を日常の何気ない生活技法として細々と実践してきたため、90年代後半まで人々と現地社会が「文化資源」としての価値を見いだせずにいたためでもある。こうした文化抑圧主義への反動として隆起する現在の騎馬鷹狩文化は、ポスト社会主義時代の伝統文化復興の潮流に符合した、再評価／再解釈により復活した無形文化遺産でもある。そのためイヌワシと鷲使いはその表象として高められ、同県の県章をはじめ、公園のモニュメント、鉄扉装飾、地酒のラベル、その他数多くの広告に表現されている。モンゴル最大のマイノリティ集団でもあるカザフ人社会

にとって、騎馬鷹狩は伝統技芸にとどまらず、民族を象徴するアイデンティティとしてその地位が確立されている［Soma 2012b, 2012c; バトトルガ 2007; Баттулга 2011］。

　21世紀を迎えたアルタイ山脈地域（モンゴル西部バヤン・ウルギー県、ロシア連邦アルタイ共和国、中国新疆ウイグル自治区アルタイ地区）は、周辺地域に拡散するカザフ伝統文化の発生地として再発見されることとなった。モンゴル西部バヤン・ウルギー県では2000年10月より、カザフ鷹狩文化の祭典「イヌワシ祭 The Golden Eagle Festival」"Бүргэдийн наадам/ Бүркіт той"が設立され、地域カザフ・コミュニティのアイデンティティを統合・表象する動きが加速した［Soma 2012b; Soma and Battulga 2014］。同じ頃カザフスタンでも、文化振興プログラム "Historical and Ethnological Study of the Kazakhs of Mongolia" が立ち上げられた。とくにモンゴル西部アルタイ地域に「遺された」カザフ伝統文化の再評価が進み、カザフスタンとその自国民自身の文化振興に向けた再導入が国家主導で始まった［Molodin et al. 2008］。UNESCOでは2003年10月に、「UNESCO無形文化遺産の保護に関する条約（The Convention for Safeguarding Intangible Cultural Heritage）」が採択され、これには「アルタイの手工芸文化」も含まれた。アルタイ地域の文化資源としての価値は飛躍的に高まり、アルタイ共和国（ロシア連邦）でも2005年より、地域文化の保護振興活動5ヵ年計画 "Revival, Preservation and Development of Folk Art and Traditional Crafts in the Altai Republic (2005-2010)" によって国家主導の文化保護が端を発した［Oktyabrskaya et al. 2009: 130］。こうしたカザフ民族文化の高揚は、統合された全球的広まりのなかでカザフ人自身の「居場所」を確立しようとする、いわば「防衛型アイデンティティ（defense identity）」の典型例といえる［González 2008: 807］。なぜならカザフ人の伝統文化の多くは、カザフスタン「本国」ではすでにほぼ失われ、中央アジアに散在するカザフ人の形成した「ディアスポラ型エスノ・コミュニティ diasporic ethno-community」でのみ、その文化継承の痕跡がたどれるためである。こうしたカザフ文化を取り巻く21世紀の変動のただなかで、モンゴル西部の騎馬鷹狩文化にも多くの関心が内外で喚起されている。しかし、学術的な研究と

検討が未発展のまま、近年の急激な観光化と文化変容をへて、その本来の文脈を失いつつある [Soma 2012c, 2012d, 2013b；相馬 2012b, 2013b]。

こうした文化振興と保存にもっとも大きな影響と効果をもったイベントが、2000年と2002年に相次いで設立された2つの「イヌワシ祭 Golden Eagle Festival」だと考えられる。この祭りは例年9〜10月に開催され、毎年50名を超えるイーグルハンターが各地から集結し、呼び寄せや疑似餌使いなどの腕前を競い合う。見応えのある鷲使いの盛装姿や鷹匠装束の迫力に加え、伝統的な馬技競技なども多数実施されることから、現在では例年300名を超える外国人旅行客を集客するまでに成長している（図5-1a〜d）。イヌワシ祭はアルタイ系カザフ人のみならず、モンゴル西部地域を代表する随一の祭典となっている。

しかしこの祭典は現地における伝統意識やアイデンティティの確立を飛躍的に前進させた一方で、多くの無形文化遺産と同様に、近代化体験を通じた著しい「脱文脈化」の傾向をもたらしている。その顕著な変容には、伝統的なイヌワシ飼養技術の喪失や、出猟・狩猟実践の不活発化があり、実際には狩猟経験をもたない「イヌワシ保持者」「デモンストレーター」がその大多数を占めるのが現状である。「鷹匠装束に身を包んだカザフ男児がイヌワシを腕に据えて馬を駆る……」という、いわば意図的な創出を含む民族表象が育まれる一方で、鷹狩文化は観光用に形骸化しつつあり、実猟行為とは程遠いデモンストレーションとなっている。カザフ騎馬鷹狩文化とは、いままさに民族文化の理想化された模型として変性し、その本来の文脈（in situ）からは遠ざかりつつあるという印象は否めない。

Ⅱ　イヌワシ祭と地域社会

1　社会主義時代のカザフ鷹狩文化

急進的な伝統復興や文化振興が求められた背景には、モンゴル社会主義国時代（1920年代〜90年代）における地域文化・伝統の著しい喪失経験がある。カザフ人社会を含むモンゴル全土で、さまざまな儀礼、慣習、伝統が失

a. イヌワシ祭で盛装した鷲使いたち

b. イヌワシ祭 2012 のオープニングセレモニー

c. イヌワシ呼び戻しコンテスト

d. イヌワシ呼び戻しコンテスト

e. 伝統的な馬上相撲"コクボル"

f. 伝統工芸品の販売

図 5-1　イヌワシ祭（ウルギー祭 2012 年）
Figure 5.1　The Golden Eagle Festival（The Ulgii Festival 2012）

われ、鷹狩もそのひとつであった。

　バヤン・ウルギー県では 1954 年、現存するイーグルハンターおよそ 60 名で会合が開かれ、鷹狩文化の現状とその未来についての話し合いがもたれた。同県設立 20 周年を迎えた 1960 年にも、県内ではさまざまな文化的記念行事

第5章　イヌワシを受け継ぐ

が開催され、そのひとつに全村の鷲使いが集結して、鷹狩の腕前を披露し競いあう行事も単発で開かれたことがあった。これはアルタイ地域のカザフ・コミュニティにおいて、鷹狩文化を自画像形成の過程における不分離な「伝統」として再認識したもっとも早期の出来事でもあった。これと同時期にウランバートル市においても、「バヤン・ウルギー県の文化の日」というイベントが開催されることになり、カザフの鷲使い2名が首都に呼ばれてイヌワシを用いた鷹狩デモンストレーションが行われたこともあった。70年代に入るとイヌワシ個体数の減少が危惧されたことから、騎馬鷹狩は1978年に一時全県で禁止されることとなった［T-02］。トルボ村在住の長老T-02氏も「1978年にイヌワシの捕獲や飼育を禁ずる法律ができた。そのときはじめて自ら育てたイヌワシを山へ返した」［T-02］と振り返る。さらに1986年にはキツネの捕獲を禁止する法案が成立した。しかしウランフス在住の長老U-01氏が当時「私がブルクッチュだけはキツネを捕ってもよいことにすべきと進言した」［U-01］という。こうして伝統に対する抑圧的風潮の時代にありながら、アルタイ村、トルボ村、サグサイ村などでは小規模ながらもイヌワシ保持と出猟の伝統が継続され、鷹狩の実践が完全に寸断されることは免れた。

2　「イヌワシ祭」設立の経緯と背景

　ポスト社会主義体制となった1990年代のカザフ人コミュニティでは、社会的混乱期のなかでイスラーム信仰やイスラーム暦新年を祝う「ナウルーズ」など、独自のカザフ・イスラームに根ざした宗教色の色濃い伝統が復権するようになった。こうした自文化・自民族復興に目覚めた社会的うねりを受けて、鷹狩文化の伝統に根ざす「イヌワシ祭」が2000年に設立され、2000年10月より開催されるにいたった。バヤン・ウルギー県には現在、ウルギー市とサグサイ村の2ヵ所で別々の「イヌワシ祭」が開催され、それぞれが独自に鷹狩文化の保護継承と地域振興を目的に発展を遂げている。例えば設立者のひとりアルタイ・ツアー社長Z.カズベク氏は「はじめての祭りでイヌワシと鷹匠男児たちの姿を見ていたく感動し、鷹狩とブルクッチュに

対する文化的遺伝子のようなものがあることに気づいた」ことがイヌワシ祭設立の原動力になったという［カズベク氏談、2012年12月3日］。

　この祭りは1998年頃から、ウランバートル市とウルギー市の旅行会社アルタイ・ツアー観光会社（Altai Tour co, ltd）とノマディック・エクスペディション観光会社（Nomadic Expedition co, ltd）の2社が中心となって企画された。加えて観光業に携わる地元カザフ人青年が集い、同地域の観光産業と地域振興の目的で、鷹狩とイーグルハンターを首座に取り上げて企画したことがきっかけとなった。実質的な発起人となったカザフ青年たちにより、このイヌワシ祭は「民族文化の祭典」として県議会に提案された。地元カザフ社会では文化資源の活用を模索していた時期でもあり、結果2000年1月24日「バヤン・ウルギー県民代表議会委員会第四四決議」によって採択され、以後例年10月に同県の正式行事として開催されるようになった。実施に当たってアルタイ・ツアー観光会社とノマディック・エクスペディション観光会社の両社がスポンサーとなり、バヤン・ウルギー県知事と行政、のちにモンゴル観光協会（Монголын аялал жуулчлалын холбоо）が全面的にバックアップをすることとなった。第1回目の「イヌワシ祭（ウルギー祭）」は2000年10月6日、バヤン・ウルギー県ボゴット村ハル・トルゴイ（「黒い頭」の意）のサヤト山で行われ、例年この場所が開催会場と決められた。この第1回大会では各村から鷲使い5名ずつ、総勢60名の鷲使いの参加があったとされる。

　この第1回大会の開催に合わせて、Z. カズベク氏（当時アルタイ・ツアー社長）、H. アデルハン氏（当時同社マネージャー）、S. メデオハン氏（当時オルマン・アン社長）を代表とする「モンゴル・イヌワシ協会 Монголын Бүргэдчдийн холбоо」および「鷹匠基金 Бүргэдчин сан」が設立された。同協会は、「モンゴル国の少数民族カザフ人の鷹狩の伝統と文化・習慣を復活させて次世代に継続し、モンゴル国民および国外に宣伝し、全イーグルハンターの協力により鷲使いたちの権益を守る」ことを趣意に設立された［モンゴル・イヌワシ協会規則より］。また「名誉鷹匠賞」を設置し、その選抜規則にもとづいて毎年のイヌワシ祭で最優秀者1名を表彰することとした。

同協会は、イヌワシ文化の伝承や適正な飼育のための講習会も定期的に開催するなど、カザフ鷹狩文化の存続を目指している［カズベク氏談、2013年1月2日］。当初の会員には第1回イヌワシ祭に参加した60名の鷲使いたちが登録され、2006年時点で正式に登録されている会員数は384名に上った［Баян-Өлгий Аймаг 2003: 3］。

一方、2002年9月からは、ウルギー市から40kmほど西方に離れたサグサイ村でも、地元実業家カナット氏によるブルーウルフ観光会社（Кок жал co, ltd）によって独自に「イヌワシ祭（サグサイ祭）」が創出された。同時に、サグサイ村には独自の鷹匠組織「イヌワシ協会（アルタン・ブルゲッド・クラブ）」が設立され、設立趣意時には120名の地元民の参加があった。2007年にはウランバートル市で鷲使い20名を招聘して「カザフ鷹狩祭 Бүргэдийн наадам」が開催され（カナット氏およびOpor caapaл観光会社の企画）、2008年には情報誌「アルタン・ブルゲッド」も発行して精力的な鷹狩文化の普及が企画された。サグサイ祭でもウルギー祭と同様に、鷲使いの参加者には一律5000 MNT（約300円）が支払われている。

「ウルギー祭」は調査時点の2011年10月には12度目の「イヌワシ祭」を迎え、鷲使い51名、各国からの外国人観光客100名余りが訪れた（入場券発行数にもとづく）。同年「サグサイ祭」でも、各国の観光者132名が訪れており、双方の規模はほぼ同じとなっている。県観光局によると、2011年度、イヌワシ祭に合わせておよそ300名の外国人観光客の集客があった［県観光局職員マンダット氏談、2012年8月10日］。両イベントとも例年およそ40〜50名の鷲使いの参加があり、観光客・地元参加者合わせて総勢300名規模の祭りとなっている。近年とくにアメリカ、フランスなど欧米各国から、現地文化に関心の高い団体客が目立つようになった。名実ともにイヌワシ祭は「カザフ民族文化の祭典」「ヘリテージ・ツーリズム」として、バヤン・ウルギー県のみならず、モンゴル西部を代表する秋の一大イベントとして定着するようになった。さらにカザフ騎馬鷹狩文化は、アルタイ地域の文化振興として対外的な広まりを見せ、2008年2月には当時のエンフバヤル大統領によってカザフ人鷲使い21名が首都に招かれ、その匠の伝統技術がはじ

図 5-2　ウランバートルの表彰式に招集された鷲使いたち
Figure 5.2　Eagle masters summoned in Ulaanbaatar (in 2008)

めて国家によって表彰された（図 5-2）。2010 年 2 月からはモンゴル観光協会主催の「遊牧文化 Нүүдэлчдийн соёл」行事がウランバートルで行われ、これにも鷲使い 20 名が参加している。

　「イヌワシ祭」は騎馬鷹狩文化を民族固有の伝統文化として再定義し、地域における保存意識を飛躍的に高めた具体的な事例といえる。実際に多くの鷲使いとイヌワシ飼育への参加を促し、伝統を継承する新たな世代を育むこととなった。ポスト社会主義時代の 20 年間において、「イヌワシ祭」の設立・開催は、アルタイ系カザフ人社会が経験した文化事業のなかでもっともおおきな成果であったと考えられる。事実、モンゴルでは 2010 年 11 月にカザフ騎馬鷹狩文化を UNESCO「世界無形文化遺産」への登録申請に踏み切り、翌 2011 年 3 月には正式に登録（11 ヵ国の連名登記）されることとなった ［UNESCO 2010］。同年「イヌワシ祭」も 10 周年の節目を迎え、「無形文化遺産の祭典」として内外にその存在を敷衍し、固有文化として長久的な継承・保存へ向けたひとつの局面を迎えたといえる。

3　イヌワシ祭の展望と問題点（アンケートの回答結果より）

　イヌワシ祭は開催当初から、「カザフ鷹狩文化の振興」と「伝統文化の保護継承」にそのすべてのベクトルが向けられていたわけではない。本来は旅行会社による地域おこしを意図した商用目的で開始された意味合いが強い。

第5章　イヌワシを受け継ぐ

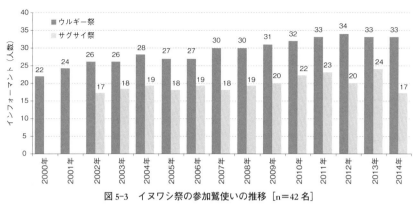

図5-3　イヌワシ祭の参加鷲使いの推移［n＝42名］
Figure 5.3　Transition of eagle master participants to the festivals

後年、盛況となったイベントに対して、「伝統文化の復興・保存」としての役割を後付けで見いだすようになったというのが実際のところである。イヌワシ祭に参加する鷲使いと観光客参加数は年々増加傾向にあり、この意味で祭典としては安定期を迎えているといえる。しかしその一方で、開催方針と運営の面では多く問題点が指摘されている。以下に、鷲使い42名を対象に行ったアンケート調査の回答結果を踏まえて、その問題点や展望を述べる。

①イヌワシ祭への参加状況　まず例年の鷲使いの参加者が固定化している点が挙げられる。イヌワシ祭に参加する鷲使いの推移を図5-3に示した［全回答者数n＝42名］。ウルギー祭では2000年度の第1回開催では22名だった参加者は、2011年度には33名に増加した。このときの全参加イーグルハンターは55名で、そのうち20名がサグサイ村からの定期参加者であった。またアルタイ村からの故コマルカン一家参加者6名を加えると、サグサイ村とアルタイ村からの参加者が半数近くを占めた。またその他の多数が、出猟経験のないイヌワシ保持者でもある。サグサイ祭では、2002年の第1回開催で17名が参加し、若干の変動をへて2013年にピークに達したものの、2014年には再び減少に転じている。ウルギーとサグサイの双方の祭で、2011年頃から鷲使いと観光客の参加者も横ばいにある。また印象としては、他地域からの新規参加者は2010年以降わずかしか増加していない。またそ

177

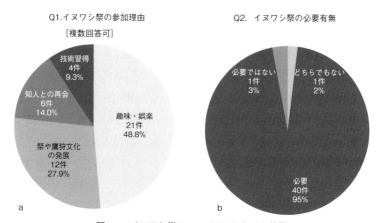

図 5-4　イヌワシ祭についてのアンケート結果
Figure 5.4　Results of questionnaire about the Festivals

うした新規参加者の定着が、定常化していない傾向が見られるようになっている。

②イヌワシ祭の参加理由　「イヌワシ祭の参加理由」を尋ねると、全体の 48.8％（n＝21）から「R_1. 趣味・娯楽」との回答を得た（図 5-4a）。伝統文化の保存を意図した回答「R_2. 祭りや文化の発展」は 27.9％（n＝12）にとどまっている。その他には「R_3. 知人との再会」14.0％（n＝6）、「R_4. 技術習得」9.3％（n＝4）との回答が若干数聞かれた。鷲使いは形式的な回答として、対外的には「R_2. 祭りや文化の発展」を挙げる人物が多い。事実「Q. イヌワシ祭りは必要か？」との問いには、42 名中 40 名から「A_1. 必要」との回答が得られている（図 5-4b）。「年に一度の鷲使い同士の情報交換のため不可欠」[S-08] という声も聞かれる。しかし長老級の鷲使いからは、祭りそのものに価値を見いだし難いとの意見も聞かれている。実際には単なるお祭騒ぎの享受と、競技への参加や賞金を目的にしている側面もある。イヌワシ祭への参加に、「民族文化の継承」を真剣に考えて参加している鷲使いは、印象としてはきわめて少ない。長老 S-05 の「祭りには最高のイヌワシ"クラン"と真の鷲使いだけを参加させるべきだ」[S05] との意見は、祭りへの参加とデモンストレーション目当ての鷲使いが増えていることの危惧

の表れでもある。

　③イヌワシ祭に寄せられる不正と問題点　　イヌワシ祭には他にも多数の問題点が指摘されている。一例に「競技での採点に不正がある」との意見が9名［A-01, A-02, A-03, A-05, A-06, Ts-02, Ts-05, S-11, U-03］から聞かれた。「審査委員の知人や親しい間柄の人物のみに良い評点が与えられる」との意見がもっとも多く聞かれた。個人的なつながりが社会的地位の達成に直結するカザフ人社会では、こうした不正はいたるところで発生するという印象を禁じえない。とくにアルタイ村からの参加者からはほとんどネガティヴな意見が聞かれた。また「参加者への謝礼が少ない」など体制への不満も複数聞かれた［A-05, U-01, U-03, T-01］。その他にも、「鷲使いの技術や装備も含めて総合的に判断すべきだ」［S11］、「祭りは必要だが、もっと組織的に開催すべきだ」［S-15, U-01, U-03］などの要望もある。こうしたことから、祭りは必ずしもすべての鷲使いを満足させているわけではない。

　さらにウルギー祭1ヵ所だけだったイヌワシ祭りが、2002年以降はサグサイ村でも開催されるようになり、両イベント日程のオーバーラップや観光客の分散などを問題視する声もある。「ウルギーとサグサイの祭りを一緒にして大規模にした方が良い」［S03］との意見も聞かれた。こうした事態には、利益と特権をめぐる観光会社と村同士の競争がその背景にある［カナット氏談、2013年1月3日］。サグサイ祭の創設の背景にも、村長たちが祭りの開催を独占しようとして特権をめぐる紛争が起きたためでもある。イヌワシ祭の当初のスポンサーは、地元アルタイ・ツアー観光会社とノマディック・エクスペディション観光会社であった。現在もこの2社はウルギー市の祭りを支援しており、本祭りの提案者でもあり、投資者でもあることから県行政との関わりもおおきい。ウルギー祭では、海外旅行客からの参加費徴収を徹底するため、会場とすべての演目はウルギー市から約12km離れたボゴット村ハル・トルゴイで行われ、完結している。道中には検問を設置し、外国人観光客からは参加費の徴収を徹底するようになった（会期2日間で1人30USD／2万4,000MNT）。観光会社による利益追求の傾向がきわめて色濃く表れているのが現在のイヌワシ祭りの姿といえる。

そして開催当初は鷹狩文化に関連した鷹匠協会などが複数設立されたが、その実態や活動は法人格として積極的な存在であるとは言い難い。協会組織は名目だけで実態をともなわずほとんど形骸化している傾向が否めない。一方、イヌワシ祭に当初から全面的サポートを行ってきたモンゴル観光協会は、分裂したイヌワシ祭には反対の立場をとっており、ひとつにまとめてより大規模化を図りたい思惑がある［モンゴル観光協会、E氏談 2012年12月29日］。ただし、それぞれの祭りが発展して、全体として地域観光客業の底上げとなれば、こうした分裂も容認できるとしている。一方サグサイ祭側には、「開催には競争原理が必要であり、村おこしとして良い。また地元の鷲使いの現存数がもっとも多い村だからこそサグサイでの祭りは重要であり、今後ともいろいろな事業を計画していきたい」との考えがある［カナット氏談、2013年1月3日］。この意味で、サグサイ祭の方が地域住民の参加も多く、地域社会への定着度は高いといえなくもない。

　しかし、イヌワシ祭の最大の問題点は、地元カザフ住民の意志をほとんど反映していない点にある。ウルギーでもサグサイでも、地元居住者には「祭りの主催者」という当事者意識はほとんど育まれていない。特例として2006年度開催時には、ウルギー市の中心広場で開会式が行われ、県行政関係者・鷲使い、全県13校の公立学校ごとに盛装した子どもたちのパレード、カザフ伝統楽器のコンサートなどが併催され、地域と住民を巻き込んだもっとも盛り上がった大会となった。しかしこれ以降、中心広場や施設利用の制約から、こうした開催形式は採られていない。そのためイベントはウルギー市、サグサイ村、また地域の人々を一切巻き込んでおらず、地域社会におけるイヌワシ祭への関心は近年むしろ低下しているという印象を受ける。実際にウルギー市内での聞き取り調査から「あえて行こうと思わない」という回答も多数得ている。地域の宗教指導者などへの聞き取りでも、「観光用に特化したイベントで、あえて見に行くまでもない」［ウスルカン氏談、2012年12月30日］との回答があり、地域住民・有力者かつ長老クラスの人々に祭りの訴求度はむしろ低い。いわば「イヌワシ祭」は協会組織と行政による自文化の喧伝と対外的な商用目的として、その性質は民族アイデンティティの調

和とはかけ離れている現状にある。

次節では、鷹狩の伝統技術や知識の近年の変容とイヌワシ祭の具体的な影響を、サグサイ、アルタイ、トルボの各村の事例をもとに詳説する。

Ⅲ　イヌワシ祭をめぐる騎馬鷹狩文化の変容

1　サグサイ村の事例──イヌワシ祭と観光への固執

サグサイ村にはアルタイ地域でもっとも多くの鷲使いが居住している。これは古くからこの地域に鷹匠家系が多く存在したことと、その継承の伝統にもとづいている。しかしサグサイ村の鷹狩文化は、イヌワシ祭りの開催とウルギー市からのアクセスの良さから、伝統文化の観光化と本来の文脈喪失という変容の過程をもっとも顕著に示す地域でもある。

サグサイ村中心部とそれに隣接する冬営地には、およそ30名の鷲使いが居住している。そのうち23名の鷲使いを対象に調査を行った。このなかで鷹匠家系に属しておらず、父や祖父に学ばずに独自にイヌワシの保有・飼養を始めた鷲使いは5名［S-10, 11, 17, 21, 22］のみであった。一方で2012年8月には、父は鷲使ではないが、従弟に鷲使いがいる20代の青年［S-21］が、祭りに参加する従弟や同年代に感化されイヌワシの保持を新たに始めた。同村では例年、15名程度の鷲使いがウルギーとサグサイ双方のイヌワシ祭にほぼ毎年参加している。これは一部の年長者や、観光用にイヌワシを保持したデモンストレーターを除くと大部分にあたる。とくに地元サグサイ祭へは、その開催当初の2002年から参加している鷲使いも多い。なかには祭でのデモンストレーション用に特化したオスのイヌワシ（狩猟には決して使用しない"サルチャ"）を同行させ始めた鷲使い［S-11］もいる。

サグサイ村ではイヌワシ保持の伝統が継続する一方で、観光客へのデモンストレーションと祭りへの参加目的にその継承目的が変容しつつある。これはサグサイ村のウルギー市からのアクセスの良さと、鷲使い・保持者の人口の多さに由来する。一例を挙げると、イヌワシ飼養や狩猟技術についての伝統的な知と技法は、多くの鷲使いに共有されているわけではない。とくに出

猟の習慣はほぼ途絶えており、狩猟経験をまったくもたない鷲使いが多数を占める。出猟経験者のうち5名は60歳以上の古老［S-01～S-05］である。現在、50歳代以下の若い世代で出猟経験のある鷲使いは5名程度に限られ、定期的に（週1回から月2～3回）出猟する鷲使いはほぼ3名［S-07, S-11, S-22］のみである（実見・同行による）。また2名［S-10, S-15］はイヌワシではなく銃猟・罠猟による狩猟を頻繁に行っている。しかし奇妙なことに、出猟の頻度を訪ねられると、ほぼすべての鷲使いたちが「冬はイヌワシとともに毎日出猟する」と必ず返答する。こうした返答が、訪れる観光客におおきな誤解を与える事態を生んでいる。イヌワシ保持者たちは、日々の出猟が鷲使いにとっての義務であり、理想であることを文化継承者の一部として十分に理解しながらも、サグサイ村では出猟の伝統はほぼ途絶えている。

　同様のことが飼育するイヌワシの来歴についても見られる。イヌワシのヒナ "コルバラ" の取得方法を訪ねる際にも、「正統なる本来のカザフ鷲使い」を意識した発言と配慮がうかがえる。イヌワシのヒナは巣から直接捕えたヒナは "コルバラ"、それ以外の成鳥の罠による捕獲や、幼鳥や若鳥でも贈答・購入により取得したヒナは "ジュズ" とみなされる。カザフ鷹狩文化では、とくにアルタイ北部地域で「巣から捕えたヒナが狩猟には理想的であり、唯一オオカミを捕えられるように生長する」と信じられている。こうした「コルバラ信奉」により、サグサイの鷲使いは自らのイヌワシを "コルバラ" だと平然と称している。しかし、実際に現地でコルバラの飼養を実見できたのは2名のマスター［S-10, 11］だけであった。ヒナの取得・購入・販売先は必ず地域の人々の話題に上るため、小さなコミュニティ内では容易に追跡することができた。

　サグサイ村では、夏季を通じて10月頃まで訪れる観光客へのデモンストレーションを目的として、アルタイのカザフ騎馬鷹狩文化のエッセンスを体感できるいわば「観光空間」として独自の継承性と脱文脈化を展開するにいたった。そのため、「ステレオタイプの表象どおりのイーグルハンター像」「正統なカザフ鷲使い」を演出するための、いわば理想的回答がテンプレート化されるようになっている。こうした背景には、近年の外国人観光客の増

第 5 章　イヌワシを受け継ぐ

加と急速な近代化が影響しているのは明らかである。全村で唯一ゲルキャンプが設営され、地元旅行会社ブルーウルフと提携して自宅を観光客用の宿泊先に開放している鷹匠家族も少なくとも 5 世帯［S-05, S-08, S-11, S-14］ある。こうした観光客の積極的な誘致と対応は、後述するアルタイ村とトルボ各村では寡少である。サグサイ村は観光客の来訪とイヌワシ祭によって現代的変容と脱文脈化の典型的過程が加速され、「観光用の脱文脈遺産」への一連のプロセスが端的に示されている地域といえる。

2　アルタイ村の事例──鷹匠家系による継承

　アルタイ村はサグサイ村同様に、祭りへの参加がイーグルハンターにとっておおきなモチベーションとして定着している。アルタイ村はウルギーから約 130 km 南の距離にあり、県内ではもっとも遠隔地村にあたる。しかし中国国境付近にあるため小規模ながらも軍隊が駐屯していることから、人的・物的交流は他村と変わらず多い。

　アルタイでは村部と隣接冬営地でおよそ 12 名の鷲使いが居住しており、そのうち 8 名の鷲使いに訪問・インタビューを行った。アルタイ村の特徴として、イヌワシ飼養の文化は鷹匠家系による継承にほぼ限られ、鷹匠家系以外の人が独自にイヌワシ飼養を始めることは一般的にはほとんど見られなかった。鷹匠家系に属さずに開始した鷲使いは 1 名のみ［A-3］が確認できた。対象の鷲使い 8 名のうち 7 名が、高名な鷲使い故コマルカン氏（享年 95 歳）（図 5-5a〜b）の直系親族である。このうち 5 名が、ウルギーもしくはサグサイのイヌワシ祭に定期的に参加している。このコマルカン親族一家は、鷹狩文化の保存にもきわめて熱心であり、国から数多くの表彰も受けている。またオオカミの毛皮による鷹匠装束や、多数のリベットを打ち付けたイヌワシの目隠し帽の製作など、一見してアルタイ村の鷲使いとわかる独自の特徴が確立されている。コマルカン氏宅には観光客や写真家などが取材に多数訪れ、生前は連れ添って狩猟活動を行うことも頻繁にあった。しかし同氏亡きあとは、後継者らによる定期的な出猟は近年ほとんど行われていない。アルタイ村には他地域で見られないクロギツネ、シロギツネなどの動物も生息してお

183

a. 故コマルカン氏（享年95歳）　　　　　　b. コマルカン一家

図 5-5　アルタイの鷹匠家系コマルカン一家
Figure 5.5　The Master Komarkhan family of Altai

り、かつては希少動物の捕獲の伝統があった。

　加えて同村では、後述のトルボ村と同じく、騎馬鷹狩文化やイヌワシ祭への新規参入者が現れず、新しい世代の育成がまったく行われていない。また人口規模が他村よりも少なく、牧畜民同士の冬営地が離れていることから交流が制限され、かつ情報が共有しにくいことも鷲使い人口の少なさの一因と推察される。それでもイヌワシ祭への参加がアルタイ村の鷲使いをおおいに奮い立たせている現状があり、祭りは文化継承にとって不可欠な原動力になっている。

3　トルボ村の事例――出猟の継続と発展型

　トルボ村の隣接冬営地には15名の鷲使いが居住しており、調査期間中そのうち8名に訪問インタビューを行った。トルボ村はウルギーから南へ約75 km離れたトルボ湖の南方に位置する。サグサイ村と比べてウルギーからはやや遠隔地に位置し、主要観光地への幹線上に位置しないため、観光客の来訪は多くはない。この地域ではウルギー祭とサグサイ祭双方ともに、参加経験者は1人もいなかった。また「今後も参加するつもりがない」との回答を対象者8名全員から得た。その理由として、「狩猟用に育て上げているためデモンストレーションには危険だ」「祭への参加期間中にイヌワシが肥ってしまう」「体調を崩してしまう」「他のイヌワシを襲う」などの理由が挙げ

第5章　イヌワシを受け継ぐ

a. トルボ村の開けた狩猟場

b. T-02氏と愛鷲

c. T-03氏の出猟

d. オートバイでの獲物探しが定着している

図5-6　トルボ村での狩猟風景
Figure 5.6　Hunting scenes at Tolbo winter pasture

られた。トルボ村の鷲使いにとって、イヌワシ祭への関心はかなり低く、地域の騎馬鷹狩文化の継承にとって特段の影響をおよぼしていないと考えられる。

　しかしトルボ地域では、アルタイ全域で廃れてしまった出猟の伝統がいまだに継続されており、サグサイ村、アルタイ村とは異なった様相を見せる。イーグルハンターたちは冬営地へと戻った9月末頃から狩猟を開始する。訪問した10月半ばは、イーグルハンター宅へ日中赴くとそのほとんどが出猟中であった。また訪問中、携帯電話に狩猟への誘いが入ることも頻繁にあり、出猟が冬季の楽しみとして広く定着していることが実見された。調査対象8名の鷲使いすべてが狩猟実践者であり、そのうち6名の出猟を実見することができた。トルボ村の狩猟方法は、伝統的な騎馬猟とはかなり異なっている。狩場となる山地へのアクセスの良さから、オートバイや自動車で移動しつつ

獲物を探し出す（図 5-6a～d）。獲物が見つかれば鷲使いが徒歩で山頂まで登り、勢子は猟銃を構えて麓からキツネに迫る。勢子が狙撃し失敗した場合は、鷲使いがイヌワシを放ってキツネを追わせる。騎馬で隊列を組んで狩猟に赴くこともあり、この際にも勢子役は猟銃を携えていることがほとんどである。つまり鷲使いとイヌワシの放鳥は、獲物を仕留めるためのひとつの「手段」として相対化されている。いわば「総力戦」でキツネを仕留めようとするのが、現在のトルボ村の狩猟戦略といえる。

　このような出猟が継続された要因は、トルボ村の山地へのアクセスの良さなどの地理的に有利な点に見いだされる。サグサイ村やアルタイ村のおもな狩猟場へは河川・沼地を通らねばならず、騎馬以外でのアクセスは困難である。またトルボ村では、鷹匠世帯のいずれも家畜を 300～400 頭以上所有する比較的裕福な世帯であることも注目される。キツネ狩りを冬の娯楽として楽しめる、心理的、経済的かつ時間的なゆとりが確保できることは、出猟継続の重要な動機づけになったと考えられる。

　ただしトルボ村ではこの十数年来、40 歳代よりも若い世代の騎馬鷹狩文化への参入と継承が途絶えている。トルボ村の鷲使いの現存数は 15 名程度と比較的多いが、鷹狩を開始する若者はこの十数年間現れていない。トルボ村ソム・センターに定住する鷲使いはおらず、そのすべてが季節移動と牧畜活動に従事するマルチンでもある。サグサイ村のソム・センターのように、軒先に無造作にイヌワシがとまっている風景を目にすることはない。そのため、トルボ村の騎馬鷹狩文化は、サグサイ村のように一般の人々まで広く普及・浸透している日常的景観とは異なり、鷹匠家系や牧畜活動従事者に限定された文化行為として、いわば「正統に」継続されてきた背景がうかがわれる。　新規参入者や継承者が寡少な一方で、トルボ村の騎馬鷹狩の文脈には、アルタイ地域における狩猟実践やイヌワシ飼養のオリジナルな文脈を、もっとも濃厚に残している一面がある。

イヌワシとヒナの捕獲と取引の常態化

　急激な観光化は、鷲使いのみならず地域の人々やマルチンの、イヌワシに対する気持ちや変化にも正負両方の影響をもたらしている。その一例に、イヌワシ祭への参加や自宅での鷹狩デモンストレーションによる観光客誘致をもくろみ、イヌワシ（ヒナと成鳥）の金銭的取引が近年、アルタイ各村の鷲使いやマルチンのあいだで常態化してきていることが挙げられる。サグサイ村を事例とすると、2011年8月～2012年10月までの滞在期間中、S-10氏（51歳）が6月に2羽の雌ヒナを巣より捕獲し、9月まで自らの自宅で飼養した。その後、成長した幼鳥1羽をU-07（35歳）氏へ、さらに1羽をKY（38歳）氏（S-22の叔父）へ10万MNT（約6,000円）で売却した。またS-11氏（46歳）宅でも12歳ワシが春先に死んだため、5月末に自らヒナを巣から捕獲した。S-06氏（61歳）宅でも5月頃にヒナを購入し、高齢になった13歳ワシとの世代交代を行っている。新たなイヌワシ保有はER氏が成鳥（推定3～4歳）を罠で捕え、S-21氏親子が6歳ワシを購入した。飼養の負担から、イヌワシを手放したS-19氏（25歳）も1名確認された。

　頻繁なイヌワシ購入の背景には、伝統的な飼養方法が実践されておらず、飼養中の死亡喪失が頻発するようになったことも一因にある。前述のS-11氏宅で12歳ワシが、S-8氏（54歳）宅では5歳ワシ、U-7氏宅でも2歳ワシが死にいたった。S-8氏は親戚のS-16（34歳）氏から3歳ワシを譲りうけ、S-16氏は成鳥を再び手に入れた。イヌワシ保有羽数の変更点を2011年8月～2012年10月までの期間で表5-2にまとめると、新規取得2羽、交代5羽、死亡による喪失3羽、売却3羽であった。

　かつてカザフ社会では、ワシが人間界で死亡することは凶兆とされた。万が一死なせてしまった際には、捕獲した山までその遺体を連れ帰り、山頂付近に手厚く葬る習慣があった。しかし現代では、死んだイヌワシの四肢を解体して、観光客への土産として販売する鷹狩デモンストレーターもいるほどである。かつては、巣からのヒナ捕獲・養育と満5歳での山への返還という

表 5-2　サグサイ村などで実見したイヌワシの交換・売買履歴
Figure 5.2　Exchange and tansaction by actual observationaround Sagsai and others

地域	鷲使い	年齢	所有数	所有ワシの年齢	過去の飼養数	死亡	捕獲	購入	売却
サグサイ	S-06	61	2	13/1	5			1*	
	S-07	55	1	5	4				
	S-08	54	1	5	3	1		1**	
	S-10	51	1	6	5		2*		2
	S-11	47	1	1	5	1	1*		
	S-16	34	1	4	3			1**	1
	S-19	27	1	6	2				1
	S-21	22	1	7	5			1**	
トルボ	T-08	45	2	5	3		1**		
ウランフス	U-07	35	1	1	3	1		1*	
合計（羽数）:						3	4	5	4

*　ヒナ／若鳥　　**　成鳥

伝統によって、イヌワシの幼鳥死亡率を低下させ、繁殖率に貢献する共存関係が築かれたと推察される［終章参照］。しかし現状では、鷹狩用に捕獲されたイヌワシの16.2%はその飼養中に死にいたり、また転売などによって再び自然へ返されることは43.7%程度となっている。こうした「産地返還の掟」の停滞は、将来のイヌワシ個体数と繁殖に悪影響をおよぼすと考えられる。ガイドラインや鳥獣保護法の施行、野生動物管理の必要性は、騎馬鷹狩の持続性とは表裏一体である。イヌワシ祭りと急激な観光化のもたらした最大の負の側面が、頻発するイヌワシ死亡事故や取引に見え隠れしていると思われる。

Ⅴ　まとめ──騎馬鷹狩文化の持続性

　鷹狩の伝統は、90年代を通じたアルタイ系カザフ人コミュニティにおける自文化の省察に始まり、内外における関心向上とその敷衍にある程度成功しているといえる。カザフ鷹狩文化の国家的な表彰、ウランバートルでの鷹

狩デモンストレーションの開催、UNESCOの「世界無形文化遺産」への登録や、300名以上の外国人観光客を集客する2つのイヌワシ祭り（ウルギー祭とサグサイ祭）の例年の盛況は、少数民族の文化振興におけるひとつの成功事例といってよい。しかしその反面、イヌワシ祭や急激な観光化によって鷲使いと騎馬鷹狩文化に培われた伝統知と出猟実践は廃れ、いわば観光用のデモンストレーションにその目的が特化しつつある。そして鷲使いやデモンストレーターたちの「冬は毎日出猟する……」、「巣から捕えたイヌワシ"コルバラ"だ……」という観光客への悪意のない虚言となって現れる理想が、騎馬鷹狩文化の形骸化を自他共に認めざるをえない現状を物語っている。

　現在のアルタイでは、各村によって独自の文化継承の動機づけが派生するようになっている。サグサイ村ではイヌワシ祭の参加や観光客へのデモンストレーションを目的に、アルタイ村では祭りへの参加は高名な鷹匠家系コマルカン一家による継承によって、そしてトルボ村では出猟の継続が、鷹狩文化の主な存続理由となっている。とくにサグサイ村とアルタイ村にとって、イヌワシ祭はその存続にもっともおおきな影響力を誇っているといえる。しかしトルボ村の鷲使いは祭りへの参加には否定的であり、出猟の伝統が鷹狩継続の推進力としていまに存続する現状が見られる。アルタイ地域では現在、各村で騎馬鷹狩文化の継承のモチベーションが多様化しているといえる。

　そして、祭りの開催によって活発化したイヌワシの捕獲と取引の常態化は、とくに祭りの影響と観光化の著しいサグサイ村で顕著となっている。こうした負の側面は、近い将来その繁殖数や個体数に悪影響をおよぼしかねない懸念がある。いわばアルタイ系カザフ人の騎馬鷹狩文化は、観光化と近代的変容による存続と引き換えに、その伝統と文脈は徐々に解体されつつあるといえる。現代的局面に対応して再構築された現代のカザフ騎馬鷹狩文化に求められていることは、皮肉なことに伝統的なイヌワシ飼養と出猟の継続への回帰にある。イヌワシ祭は文化面における保護意識を高め、実際にイヌワシ所有に向けたモチベーションとしての社会的役割を十分に果たしているといってよい。ただし社会面、さらに環境面での文化保全インフラ（伝統知の継承、出猟の継続、古老の知識のドキュメンテーションなど）が整わない限り、騎

馬鷹狩文化が今後も未来に継承され続けることはおそらくないと結論づけられる。

終　章 ｜ イヌワシと鷲使いの環境共生観
カザフ騎馬鷹狩文化の脆弱性とレジリエンス

騎馬鷹狩猟の成立を支えるもの

　古代の遊牧民が生活のなかで編み出した鷹狩技法とは本来、家畜を育て、季節移動を行い、騎馬習慣と出猟の途絶えなかった季節移動型牧畜活動（いわゆる、遊牧活動）の暮らしと生産体制に依存することで成立した［相馬 2015a；Soma 2015a］。カザフ人がアルタイ山脈という過酷な環境で育んだ騎馬鷹狩の伝統は、地域固有の生活技法にとどまらず、「ヒトと自然環境・動物との対話／共生」という今日の世界が直面するグローバルな課題に挑むための、重要な示唆と参照すべき価値をもつ。そのため本章では、第1章～第5章で示したアルタイ系カザフ騎馬鷹狩文化の民族誌・生態人類学・民族鳥類学の調査結果を統合し、この文化を未来に向けて保護・継承してゆくためのひとつの回答を世界に先駆けて提示する。

　自然環境の消失がもたらす文化の変容という不可逆性に警鐘を鳴らし、地域内外の啓発に献ずることを本研究は最終目標としている。長期的な持続性と文化継承は、現地でもきわめて要請度の高い課題であるにもかかわらず、これらを意図した学術研究はこれまで皆無といってよい。そのため本研究は、カザフ騎馬鷹狩文化を継承・存続させるための脆弱性とレジリエンスについて論じ、無形文化保護の立場から文化継承の方法と施策を提唱する。

　イヌワシと鷲使いとの関係誌は、いわば産地返還による「出会いと別れ」をへることで、両者が数世紀にわたる正相関の共生関係を生み出してきたことが仮定される。例えばイヌワシを人間界に馴化することには、①ヒナワシを捕えることでの生存率、②食餌嗜好性の拡張による生存能力、③狩猟能力の開発による捕食生産性、などの向上が仮定される。さらに④ヒトへの馴化

による人間の活動範囲付近での営巣、⑤総合的に強化されたイヌワシをリリースすることによる自然界での繁殖数の向上、に貢献した可能性を仮定し、以下で論証する。

Ⅱ イヌワシ飼養と出猟にみる鷹狩の生態条件

1　騎馬鷹狩猟と牧畜生産の相互作用

騎馬鷹狩と遊牧活動は、春夏期／秋冬期の生産活動を補完し合う「互恵的生業」の関係にある（図6-1）。鷹狩の活動は例年、（Ⅰ）春夏期（猟閑期：3月〜8月末）／（Ⅱ）秋冬期（猟繁期：9〜翌2月）の2シーズンに大別される。

(Ⅰ) 春夏期（3月〜8月末）――「牧畜繁忙期≒猟閑期」

　牧畜活動　　幼畜の出生、日帰り放牧の実践、乳製品生産、季節移動、草刈り、オトル（分離放牧）、羊毛の刈り取り、家財や天幕の補修など遊牧生活の生産活動が最大となる。

　騎馬鷹狩　　「トゥレク期（換羽期）」と呼ばれる換羽期に入る。この時期は、血や脂肪分の豊富な肉 "クズル・ジェム қызыл жем"（＝赤い肉）を与えて体重を増加させる。キツネの出産（繁殖数の確保）・夏毛への生え替りによる毛皮の品質低下、イヌワシの換羽と体重増加、イヌワシの夏牧場・高原での体調管理、など、生物界の特徴も相互に連関しあう季節となる。

(Ⅱ) 秋冬期（9月〜翌2月末）――「牧畜閑散期≒猟繁期」

　牧畜活動　　集乳量の低下と乳製品生産の停止、家畜販売・解体の停止、日帰り放牧の短距離化、厳寒期の自宅内での長期滞在など、生産活動に停滞の生じる季節である。

　騎馬鷹狩　　「カイルー期」と呼ばれる食餌制限期を迎える。水で洗い、血抜きした肉 "アクジェム ақ жем"（＝白い肉）を与える。イヌワシの体重制限、日々の出猟、毛皮確保による民族衣装の製作、など、鷹狩がさかんと

季節	活動	遊牧活動		騎馬鷹狩
(I)春夏期 (4月～8月末) 牧繁期⇔猟閑期	生産活動	牧畜活動への集中(幼畜の出生、日帰り放牧の実践、乳製品生産、季節移動、草刈り、オトル(分離放牧)、羊毛の刈り取り、家財や天幕の補修)	⇔	イヌワシの換羽による飛行の不安定化、激しい狩猟への使役不能
	キツネ捕獲	出猟停止によるキツネの繁殖率・個体数回復に貢献	⇔	キツネや野獣の夏毛への生え替わりによる毛皮価値の低下
	給餌	幼畜再生産による給餌食肉の確保	⇔	イヌワシへの豊富な給餌と増量による良質な換羽の促進
	健康管理	夏牧場でのタルバガン、ジリス、川魚の捕獲	⇔	冷涼な環境下でのイヌワシの健康管理が可能
	乗用馬所有	出猟に欠かせない乗用馬／狩猟場の管理	⇔	乗用馬所有コストの軽減
(II)秋冬期 (9月～2月末) 牧閑期⇔猟繁期	生産活動	冬牧場での集乳量、乳製品生産の減少、家畜の体重減少	⇔	冬牧場に移動以降の10月半ばころから出猟
	収入源	食糧・給餌欠乏の不安、現金収入機会の減少	⇔	キツネの捕獲による毛皮の獲得・販売、民族衣装の製作(販売)
	社会関係	屋内での引きこもりがちの生活	⇔	周囲の鷹匠・勢子とのコミュニケーションによる社会関係の広まり、娯楽活動としての狩猟

春夏期／秋冬期で生業を補完する相互互恵性
(騎馬鷹狩文化の社会的成立基盤)

図 6-1 騎馬鷹狩と遊牧活動の相関関係
Figure 6.1 Interaction between horseriding falconry and nomadic animal herding

なる。

騎馬鷹狩の「猟閑期(春夏)／猟繁期(秋冬)」は、遊牧民の「牧畜繁忙期(春夏)／牧畜閑散期(秋冬)」の季節とは真逆となる。マルチンは春夏期に牧畜活動を行うことで、酪農・乳製品、自己消費用の食肉生産や、販売による現金化の機会を得る。秋冬期に入ると、酪農・乳製品の生産量は激減し(生乳収量は1/4程度)、家畜の体重も2/3程度に減少するため家畜売買は行われず、冬の本格期(12月～2月末)は屠殺もほとんど行われない。この「牧畜閑散期」⇔「猟繁期」の入れ替わる時期に、マルチンはイヌワシと共に狩猟活動を行い、キツネなどを捕らえて毛皮を得る。毛皮は厳寒期を乗り越える外套の裏張り、民族衣装の製作、冠婚祭時の贈呈・交換など、おもにコミュニティ内の人間関係と良好な社会性の維持のために使用される。またキルギスでは狩猟者組合を通じて販売され、現金収入の断たれた冬の経済活動とされてきた［相馬 2008］。

出猟は2月末～3月半ばをもって終えられる。毎年3月はじめ頃からは幼

畜の出生、日帰り放牧、季節移動、毛刈り、酪農製品生産などが始まり、「牧畜繁忙期」⇔「猟閑期」が再び入れ替わる。例年の安定した家畜再生産が見込まれれば、「利子」としての家畜増産分をワシに与えることができる。

2　イヌワシへの給餌と家畜再生産の必要性

①参与観察の結果　イヌワシの馴化・飼養では、給餌用食肉の確保がもっとも重要かつ困難な問題となる。サグサイ村で生活を共にした若い鷲使いS-16の給餌頻度と分量（1回の給餌量300～500g）の観察結果から、年間食肉給餌量は136～181.5kgのあいだと見積もられた（第2章図2-12参照）。この分量は、現地の在来ヒツジ換算（1頭の枝肉歩留り20～25kg）で7～8頭分と推定される。給餌必要日数から、年間最低必要量は54.5～90.5kgと推定されたが、この分量でイヌワシを健全な状態に保てるとは考えにくい。とくに春夏期にイヌワシは毎日～2日間に一度、300～500gの新鮮な肉を大量に食べて体重を増やし、換羽を促進させる必要がある。夏季は秋冬期の2倍程度の給餌分量が必要とされる（次項で詳述）。鷲使いによってはさらに多くの肉を日々与えていることもある。

②構成的インタビューによる結果　夏季のトゥレク期は、対象鷲使いの61.5％（n＝24）が毎日給餌しており、1回の平均給餌量（Mean±S.E.）は1137.5±130.5gであった（第2章図2-12参照）。全体の28.2％（n＝11）が2～3日毎（2日毎n＝4／2～3日毎n＝5／3日毎n＝2）の給餌をしており、毎回の平均給餌分量はそれぞれ1437.5±223.2g／1150.0±176.8g／1750.0±230.2gと算出された。冬季のカイルー期は、89.7％（n＝35）が毎日給餌を行っていた。平均給餌量は夏季の半分以下の541.4±70.8gとなった。毎日の平均給餌量を比較すると、冬季（541.4±70.8g）は夏季（1137.5±130.5g）に比べて1回当たりの分量は半分以下（47.6％）となっている。通年では、夏期平均144.5±15.2kg、冬期平均111.5±13.5kgとなり、冬期は夏期にくらべて、給餌分量が22.9％ほど減少していることがわかる。イヌワシ1羽分の年間平均食肉消費数（Mean±S.E.）は平均241.3±18.3kgと算出された。この食肉消費数は、現地の在来ヒツジ換算（枝肉歩留り20～25kgで推算）で約

終　章　イヌワシと鷲使いの環境共生観

9.6〜12.0 頭分に相当する。

　観察とインタビューいずれの結果からも、鷲使い世帯では毎年大量の給餌用食肉を確保する必要があり、平均すると通年でヒツジ・ヤギ 9.6〜12.0 頭分相当の食肉給餌負担となることを第 2 章で明らかとした。イヌワシへのこうした大量の給餌用食肉を確保するには、牧畜活動における幼畜の再生産が不可欠である。イヌワシ 1 羽を健全に保持し、かつ平均的な社会生活を営むための家畜所有頭数（total livestock possession: TLP）を、牧畜社会での調査結果から以下に推算した。データの出所はバヤン・ウルギー県南端のボルガン村の夏牧場での調査結果［Soma, Buerkert, and Schlecht 2014］にもとづく。

　調査対象コミュニティの牧畜世帯（HHs）は、成畜の家畜所有数に応じて次の三階層に分類することができる（Lg＞201 頭、Mg＝101〜200 頭、Sg＜100 頭）。ヒツジ・ヤギの 10 頭ごとの出生率は Lg：4.72 頭／Mg：4.49 頭／Sg：4.93 頭と算出された。階層ごとの年間平均出生数（実数）は Lg：78.3 頭／Mg：47.5 頭／Sg：15.2 頭となった（図 6-2）。現地では家畜所有数（成畜）100〜200 頭に対し、約 40〜45 頭の幼畜出生数が見込まれると考えられる（幼畜の死亡率を差し引いて）。牧畜コミュニティでは一般的に、毎月 2 頭程度のヒツジ・ヤギの消費が望ましいとされる。世帯毎の年間家畜消費頭数（annual livestock consumption: ALC）は Lg：21.7 頭／Mg：18.0 頭／Sg：13.0 頭、全体では平均 15.6 頭と算出された。そのため実際の家畜消費数は 1.08〜1.80 頭／月となり、希望からはかなり遠い生活水準と考えられる。とくに Sg 世帯は年間出生数の 86.0％が消費に回されている。

　上記データをもとに、マルチン一世帯で年間消費する望ましい家畜頭数を 24.0 頭とし、イヌワシの消費数 9.6〜12.0 頭分を加算すると、鷲使い世帯での ALC は 33.0〜36.0 頭／月前後が望ましいと仮定される。この消費頭数に見合う幼畜の再生産が期待されるヒツジ・ヤギ（成畜）の TLP は、少なくとも約 150 頭以上／HHs が必要と推計される。

　ボルガン村の生活水準を参照すると、イヌワシ 1 羽には平均的な世帯（Mg）の約半年相当が、また貧困世帯（Sg）の年間消費分に迫る生肉量が必要とされることとなる。これだけの食肉分量の確保は、牧畜社会以外でイヌ

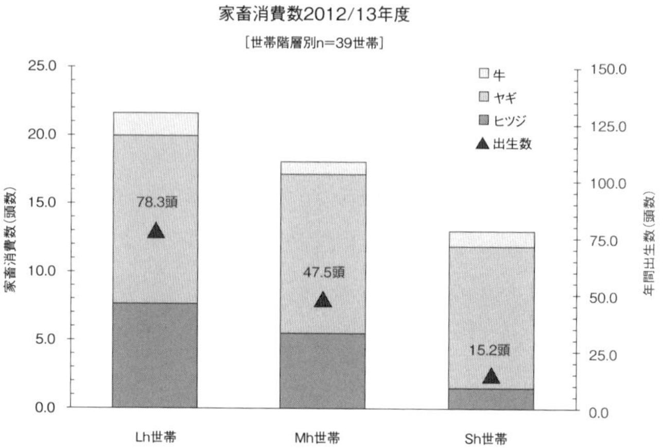

家畜消費数2012/13年度
[世帯階層別n=39世帯]

図中凡例: 牛、ヤギ、ヒツジ、▲出生数

Lh世帯: 78.3頭
Mh世帯: 47.5頭
Sh世帯: 15.2頭

家畜消費頭数　2012/13[世帯階層別(Mean±S.E.)]

世帯階層	所有数(2012)	消費2012/13年（n=39世帯）						合計
		ヒツジ	ヤギ	牛	ヤク	ウマ	ラクダ	
Lh世帯	326.4±31.2	7.6±2.0	12.2±1.0	1.9±0.4			1.0±0.0	21.9±1.8
Mh世帯	133.1±13.4	10.8±2.3	12.8±1.4	1.3±0.2		1.0±0.0	1.0±0.0	18.4±1.0
Sh世帯	50.9±4.3	4.3±1.6	10.3±1.0	1.3±0.2		1.0±0.0		13.1±1.2

$P=0.50>0.05, F_{(2,17)}=0.72<4.10$ S.
$P=0.005<0.05, F_{(5,17)}=6.85>3.32$ N.S.

図6-2　各世帯毎の年間家畜消費数と年間家畜出生数（階層別）
Figure 6.2　Total Annual Consumption and New Born Livestock at each HHs (by Stratum)

ワシを保持しようとする際に、きわめておおきな経済的負担となる。比較までにサグサイ村の滞在先イーグルハンターS-16を例に挙げると、TLP 42頭でサグサイではほぼ最貧層であった。滞在当時、世帯主夫妻と23歳から8歳までの四男一女があったが、1ヵ月の平均的な食肉消費量はヤギ（もしくはヒツジ）1頭程度（年間15頭前後）であった［相馬 2014］。サグサイの鷲使いでは、ブテウ在住の9 HHsがSgに属していた。とくに定住している4 HHsはほとんど家畜の再生産が期待できない生活状況にある。その他は9 HHsがMg、5 HHsがLgに属する。つまり1/3程度の鷲使い世帯では、イヌワシの保持が相応の負担になっていると考えられる。事実、イヌワシの維持は鷲使い世帯の経済的逼迫につながっており、家畜群を所有していないソム・センターの定住型の鷲使いは、春夏期には頻繁に猟銃・罠猟で給餌用の

終　章　イヌワシと鷲使いの環境共生観

野生動物を捕獲する姿も見られた。

　さらにイヌワシには単純に家畜肉のみを与えれば良いというわけではない。栄養面と狩猟へのモチベーション維持のためにも、野生動物の獣肉（キツネ、ウサギ、マーモットなど）を定期的に与える必要がある。そのため冬季の出猟は、キツネをはじめとした「捕獲獣肉の確保」の意味合いも強い。家畜再生産による給餌必要量の確保が見込めない鷲使いにとって、イヌワシを所有することには恒常的な出猟習慣の実践と継続がともなわなければならない。現代の文脈では、「イヌワシを駆る」ことは、「イヌワシによって狩らされている」という皮肉な逆説も成立する。つまり、家畜を飼養する遊牧社会／牧畜コミュニティでの牧畜生産性の向上が、騎馬鷹狩文化の成立には不可欠な社会的・生態的条件となっている。

3　騎馬習慣と出猟の継続

　アルタイ地域では牧畜活動にともない、乗用馬の保有と騎馬の習慣が絶えなかったことも、騎馬鷹狩猟の維持存続の重要な点といえる。繰り返しになるが、騎行以外でカザフ騎馬鷹狩猟は実践されず、身体的負荷を考えるとおそらく成立することはない。

　騎馬習慣と乗用馬の必要性を示す一例として、第3章で示したサグサイ村アグジャル山地での狩猟活動が挙げられる（第3章図3-3参照）。同狩場では、獲物を探索するための狩猟ポイントが9地点確認された（HP-A〜HP-I）。自宅からHP-A⇒HP-G（もしくはHP-H）の狩猟ルートは、走行距離で約6.4〜7.8 kmとなり、片道平均4〜5時間前後が費やされた。普段使用される「標準ルート」（HP-A⇒HP-I間往復）の最大走行距離は約20 kmとなる。HP-A⇒HP-G間往復の累積標高は約±390 m、またHP-A⇒HP-Iのすべてを回ると約±450 mに達する。滞在先の鷲使いS-16宅からもっとも遠いHP-Iは、走行距離で5.7 km（直線距離4.5 km）程度の位置にある。狩場でのキツネとの遭遇率は低く、頻繁な探索騎行が成果を左右するため欠かせない。岩山の傾斜は30度を超える急斜面もある。イヌワシを腕に据えてこうした長距離登山は難しく、身体的負荷を考えると騎行以外で出猟が成立することは

ない。また騎馬鷹狩猟はキツネの生息数が少ない草原や平原で行われることはほとんどなく、岩山の騎馬登山が騎行主要路とされる。これは峰の尾根線などの見晴らしの良いところから眺望し、キツネや獲物を探すためである。こうしたことから騎馬行以外での鷹狩猟はほぼ不可能と思われる。アルタン・ツォグツ村では、低木の茂った場所で視界を確保するため、ラクダに騎乗しての狩りが行われることもあった［TS-01］。

　キルギス共和国（イシク・クル湖周辺）の騎馬鷹狩猟が衰退した背景には、伝統的牧畜活動の変容とともに乗用馬所有率の急激な低下にも一因がある［相馬 2008］。牧畜コミュニティでは乗用馬／狩猟馬の維持が比較的容易であり、都市部・定住地で維持するための干草、濃厚飼料の供給が最小限で済む。

　乗用馬維持と騎馬習慣の必要は、生活圏内における特有の地形にも理由がある。冬営地は牧草生育の良好な河川沿いの低湿地で営まれることも多い。サグサイではソム・センターからブテウ冬営地までは、少なくとも 2 回の渡河を行う必要がある。さらに同地の北側は深い沼地になっており、大人の腰丈まで地中に埋まる場所もある。そのため自動車やバイクではアクセスが困難な場所が生活圏内に多数ある。ブテウ冬営地在住者の乗用馬の所有率は、現在でも 72.7％（n＝44）であり、サグサイでの騎馬習慣はいわば「自転車」の感覚に近い。ブテウの自宅から学校まで 10 km 程度の道のりを騎馬で通学している小学生も 4 世帯で確認された。高コストな乗用馬の所有・維持管理への負担が少ないことに加え、日常生活に騎馬習慣が継続されたことが、アルタイ地域で騎馬鷹狩猟が生活技法としての役割を失わなかった理由と考えられる。

4　イヌワシとヒトの生活圏の重なり

　鷹狩文化の初期的な様相には、遊牧社会で継承された騎馬鷹狩特有の特徴がすでに見いだされ、その初現が定住社会に先行したことも推測される［Soma 2012a］。例えば「イヌワシのみの馴致」「騎馬による出猟」「右手据え置き」など、アルタイ系カザフ人やキルギス人に伝わる鷹狩と、直接的な関連を示唆させる。事実、鷹狩に用いられる猛禽類、オオタカ *Accipitrie gentlis*、

終　章　イヌワシと鷲使いの環境共生観

ハイタカ *Accipiter nisus*、ハヤブサ *Falco spp.*、イヌワシ *Aquila chrysaetos daphanea* の棲息範囲と営巣地域が、北アジア、内陸アジアの牧畜社会の地理的空間とおおむね一致することからも推察される。アルタイで騎馬鷹狩文化が現在に続くもっとも本質的な理由は、アルタイ山脈一帯に多くのイヌワシが生息していたためでもある。イヌワシは個体数が減少しており、日本では天然記念物に指定されている。日本全国の生息数は現在、およそ650羽と推定されている。一方ヨーロッパアルプスのイヌワシは19世紀末から減少し続けていたが、保護活動の展開によって2000年にはアルプス全域でおよそ2,200羽（1100つがい）の生息数が維持されている［Brendel, Eberhardt, and Wiesmann 2002］。

　イヌワシ個体数の豊富さは、サグサイ村周辺で見つかるイヌワシの営巣地点の分布状況からも推測される。サグサイ村周辺では3ヵ所の営巣地点で合計4つの巣（N_1〜N_4）が見つかった（第1章参照）。N_1とN_2はソム・センターから南に約6,400 mの冬牧場で確認され、N_1はS-15氏の冬営地の自宅から西に約1,000 m、N_2は約160 mしか離れていなかった。またホブド河北岸のカインドアラル冬営地でも2つの巣（N_3、N_4）が確認された。これらはS-16氏の叔父が居住する冬牧場から約900 mの距離にあり、同一地点には3つの営巣が確認された。こうしたカザフ人とイヌワシの生存空間の重なり合いは、鷲使いと騎馬鷹狩文化の存続にとって決定的な生態要因となった。イヌワシは遊牧民の居住地付近で捕獲されることも決して珍しくはない。サグサイではイヌワシが頻繁に空を飛んでいる姿を目にすることができる。そしておそらくイヌワシ自身も、人間の営みをその目でよく捉えていたと思われる。両者が数百年、数十世代と人間と生活圏・営巣地を共有することで、イヌワシの人間に対する警戒心そのものが軽減された可能性もある。イヌワシと人々の物理的な距離の近さも騎馬鷹狩猟への人々の参入を促し、騎馬鷹狩を現代に存続させたひとつの理由になったと考えられる。

199

Ⅲ 鷹狩実践と伝統知継承の社会条件

1 騎馬鷹狩文化参入への社会的規制の不在

　ヨーロッパや日本の鷹狩では、新規参入者が王侯貴族・特権階級によって社会的・法的に厳しく制限された。中世イギリスの鷹狩は、一種の社会現象として社会のすべての階級の人々に広く浸透した。例えば「……王にはシロハヤブサを、王子にはメスのハヤブサを、伯爵にはペリグリンを、貴婦人にはコチョウゲンボウを、大地主にはチゴハヤブサを、自作農にはオオタカを、神父にはハイタカを、そして召使いや使用人でもチョウゲンボウを……」と、階級に準じたふさわしい猛禽が推奨されていた［Harting 1871: 49］。さらに王侯貴族による社会・政治的庇護（socio-political patronage system）が確立され、王政体制のもとでインフラ化されていた。鷹狩の潜在的なすべてのリソース（タカ・ハヤブサそのもの、営巣地、巣、ヒナ、狩場、捕獲対象の鳥獣類）は、法的に厳格に管理され、盗難や違反には厳罰が課せられた。とくにエドワード 3 世統治下（1327〜1377 年）では、タカとその卵の違法取引や窃盗は厳罰化をきわめ、1540 年以降のエリザベス 1 世統治下でも、迷子・逃避によるタカの喪失すらも担当者の死をもって償わされた［Bergstrom 1939: 686］。中世イギリスの鷹狩をとりまく高度な制度化は、中国の遼代（916〜1125 年）や安土桃山時代〜江戸時代（16〜18 世紀）の日本でも類似している。

　こうしたイギリスでの鷹狩文化の衰退は、囲い込み運動（enclosure movement）による狩場の減少と、銃猟の広まりなどの社会体制の変化にその一因がある。そして日本の鷹狩の衰退は、明治維新による社会体制の変換により、幕府によって一元的に管理された鷹取場、御狩場、地域住民への鷹狩関連資源の管理強制などの社会インフラが消滅したためでもある。日本の鷹狩の衰退は、19 世紀末に J. E. ハーティングによって編纂された世界の鷹狩事情書 *Bibliotheca accipitraria*（1891 年）ですでにヨーロッパにも伝えられていた［Harting 1891: 216］。日本の鷹狩制度は、狩猟行為と潜在的な資源が支配階級に極度に限定された特殊事業であった。そのため「鷹道」「鷹匠道」として

高次の領域で、鷹匠の人物と技術伝承そのものに付加価値が創出された。そして厳格な法的規制のなかで限定された社会階層のみによって営まれた行為となり、人々の興味喚起や新規参入の制約となった。近代化の過程でイギリスと日本の鷹狩が衰退した背景には、鷹狩を庇護してきた社会・政治的インフラの消滅が共通して見られる。こうした鷹狩衰退の歴史は、物理的実践と伝統意識のみが鷹狩文化を存続させるドライビング・フォースとはならないことを、現代に反証していると結論づけられる。

2 騎馬鷹狩の伝統知の社会的共有

カザフ騎馬鷹狩猟が現在に存続できた理由のひとつに、新規参入者の制約となる社会的・文化的スレショルドが低かったことが挙げられる。参入が厳しく制限された西欧や日本の鷹狩と異なり、アルタイ系カザフ人コミュニティでは、鷹狩参与への法規制や社会的制約は一切設けられなかった。イヌワシの飼養はカザフ人ならば誰でもできる権利でもあり、むしろ騎馬鷹狩への参入はカザフ男児にとって成人男性へのイニシエーションとしてもみなされた。カザフの男性は、鷹狩への出猟により社会での人間関係をより濃密なものとし、毛皮の調達により民族衣装を製作することで、伝統文化の「継承者」として社会的認知と信頼をコミュニティ内で獲得することができた。イヌワシの所有と鷹狩猟への新規参入者を制限しなかったことが、まさに社会全体を鷹狩文化に親しませ、世代を越えて今日に存続させた要因になったといえる。

そして、イヌワシ馴化の知識や技法（TAK）、獲物や狩場に関わる伝統知（TEK）は、いわば鷲使いだけが保持する「秘儀」「相伝術」ではなく、「社会的共有知」としてイーグルハンター一家の家族・親戚、コミュニティ内でも広く共有されている。マスター不在時にイーグルハンター一家を訪問した際、その妻が飼養について、詳細に答えてくれたこともしばしばあった。鷹狩技術の継承関係は、その大部分が父から子への「垂直継承」である。しかしアルタイの鷲使いの継承関係を調べたところ、74.0%（n＝35）が父親からの技術伝承、26.0%（n＝12）が鷹匠家系外での技術学習という結果とな

った。現在は全鷲使いの 1/4 程度が鷹匠家系以外からの参入者であると考えられる。たとえば、サグサイ村で鷹匠家系（父が鷲使い）に属していない鷲使いは 4 名のみであった（滞在先の若き鷲使い S-16 氏を含む）。しかし S-16 氏の場合は、熟練の S-05 氏（65 歳）とは親戚関係にあるほか、伯父の S-10 氏（51 歳）がその技術の手ほどきをしている。また同冬営地には、S-02 氏（74 歳）、U-01 氏（73 歳）の 2 人の熟練の鷲使いがおり、継承関係はコミュニティ内で共有されている。親族や近隣の鷲使い同士による「水平継承」の関係が容易に成立する状況にある。こうした鷹狩の技術共有は現代に始まったことではない。トルボ村の最古老の鷲使い T-01 氏（95 歳）は鷹匠家系ではないが、鷹狩を学び始めた 1930 年代からイヌワシを自ら飼養し始めた。当初は、出猟時に勢子として参加するなどして、地域や近隣の鷲使いと交流しつつ鷹狩の技術を学ぶことができたと話す。イヌワシ飼養への新規参入の制約不在に加え、社会で共有された伝統知の「水平継承」が実践されたことにより、鷹狩文化の社会的浸透圧を高める結果になったと考えられる。

　獰猛で馴致に勇気の試されるイヌワシではあるが、実際の飼育では食餌の許容範囲が広く、普段は鈍重で落ち着いた心理状態のため、他の猛禽類とくらべて育てやすい。例えば、主従関係にある人物以外の接近にきわめて神経質なオオタカや、数グラム単位での給餌調整が必要なハイタカと比べて、現地のイヌワシ飼養にはそこまでの精密さは求められない。そのため、毎日の給餌と給水を欠かさなければ、基本的には誰でもイヌワシを馴化し、ある程度は狩猟に用いることができるようになる。鷹狩文化の変容と鷲使いの新規参与者の減少に直面する現在は、伝統的な鷹狩の知恵と技法を水平継承で敷衍する地域の努力が求められる。

3　キツネ狩りの意義と文化のパトロネージ・システム

　キルギス共和国とアルタイ地域の騎馬鷹狩猟は、きわめてよく似ており、文化的にはほぼ同一のルーツに属すると考えられる。しかし、現在存続する両者の騎馬鷹狩文化を比較すると、その脆弱性とレジリエンスにはおおきな

相違がある。

①キルギスの事例　キルギスの騎馬鷹狩では、キツネをはじめとした獣毛の販売取引が、経済活動の一部として根づいてきた経緯がある。鷹狩には、冬季の牧畜閑散期に毛皮商材の獲得と販売機会をもたらす生業補助としての役割があった［相馬 2008］。

かつてキルギスの腕の良い鷲使いは、1羽のイヌワシを用いて一冬に5〜10匹前後のキツネを捕獲することができたといわれている。キツネの毛皮は1匹約500〜1,000 KGS ソム（約1,500〜3,000円）前後で取引された。キルギスではソヴィエト時代、各地に狩猟者組合（アホータ・ソユーズ）が設置され、野生動物全般の毛皮を公定価格で買い取る仕組みがあった。そのため、毛皮価格は安定していたといわれている。その他地域の市場などで個人的に販売されることもしばしば行われた。一冬の捕獲数を5〜10匹と試算すると、純粋な毛皮販売収入は少なく見積もっても毎冬2,000〜1万KGS（約1万5,000〜3万円）前後となる。冬季のキツネ狩りは現金収入に直結し、定期的な出猟が安定した収入を鷲使いたちにもたらしていたと考えられる。一方、こうした市場インフラはアルタイ地域には成立しなかった。そのため、社会主義体制の崩壊にともなって狩猟者組合とともに毛皮の販路が消滅したことが、キルギスの鷹狩文化の衰退を招くようになったと考えられる。これに追い打ちをかけるように、近代化の過程で牧畜社会は再編成され、乗用馬の所有率も減少した。こうしたキルギスでの衰退のプロセスからは、騎馬鷹狩文化の成立条件を反証的に読み取ることができる。

②アルタイ系カザフの事例　アルタイ地域の騎馬鷹狩では、キツネなどの毛皮はカザフ男児の民族衣装の製作になくてはならない材料である。またコミュニティ内での交換・贈呈を通じて、鷹狩は実益を超えた良好な社会関係の維持のための役割を果たしてきた。カザフの古い諺には「9枚の服を着るよりも1枚の毛皮が良い」とも伝えられ、酷寒のアルタイの冬を乗り越えるために、牛、馬、ヒツジなどの家畜の皮革だけでなく、オオカミ、コサックギツネ、ドブネズミなどの毛皮が重宝された。

カザフ男児にとってもっとも重要な装束に、キツネの脚部の毛皮のみでつ

a. プシュパク・トマックを被る鷲使い　　　b. キツネの毛皮帽 "トゥルク・トマック"

図 6-3　キツネの毛皮を利用した防寒帽
Figure 6.3　Head Gears made with Fox-Fur Material

くった"プシュパク・トマック пүшпак томак"がある（図 6-3a）。帽子の耳当てには 16〜25 枚程度のキツネの脚部の毛皮が並べられる。伝統的には、毛皮の状態の良くない後脚は用いられない。そのため、かつてはひとつの帽子を完成させるために、8〜16 匹ものキツネが必要とされた［Soma 2013a］。また、帽子の縁はビーバー *Castor fiber* の毛皮で縁取られる。プシュパク・トマックはいわば鷲使いの腕前を象徴する「トロフィー」として、カザフ男児に不可欠な装束とされている。さらにキツネの尾や毛皮を使用した"トゥルク・トマック түлкі томак"（図 6-3b）も製作される。冬季には −40℃ を下回る山地での活動では、帽子の他にも外套の内貼りとして、キツネやオオカミの毛皮は何物にも代えがたい価値をもっている。

　カザフの鷲使いにとって、キツネとは単なる「捕獲対象」ではない。アルタイの自然をたくましく生き抜き、ときにずるがしこくハンターとイヌワシを翻弄する野生のキツネに、カザフ男児たちは、「追う者／追われる者」以上の親しみを感じている。かつて多くの人々が自然からの恵みに感謝したように、カザフ人たちはキツネの毛皮によってアルタイの寒さをしのぎ、畏敬の念をもってキツネの生きざまを称賛している。カザフ社会にとって切り離しがたい文化的心情が、鷹狩の文脈に根づいたことが、政治や法律に代わるパトロネージ・システムとなり、アルタイ地域で鷹狩が途絶えなかった理由になったと考えられる。

4　イヌワシの聖性

　モンゴル高原全域を見渡すと、モンゴル人自身による鷹狩文化の伝統は現在、ほぼ完全に途絶えている。古くは『元朝秘史』に、「若きチンギス・ハーンがオルホン河畔でタカを飛ばして鷹狩を楽しんだ」との記述が見られる［小澤 1997］。モンゴル人のあいだで鷹狩が消滅した背景には、猛禽類の減少や社会主義時代の伝統の放棄、狩猟実践の減少などの社会的要因よりも、「猛禽類の聖性」がタカやハヤブサに醸成されなかった象徴上の理由が挙げられる。モンゴルでは競走馬、オオカミ、野生動物、川魚などは、聖性を宿す神的存在と信じられている。しかし、鳥類はモンゴルの民族創生や文化的深淵を表象する存在にまでは高められなかった。これは国旗や県旗などにもあしらわれ、カザフ民族の象徴にまで高められた「イヌワシ」とは対照的でもある。アルタイ山脈ではイヌワシを用いた鷹狩の古式が数世紀にわたり受け継がれた。カザフには"クスペン・アト・ババ・ブルデウ Құс пен ат баба бірдей（イヌワシと馬は縁をおなじくするもの）"という慣用表現があり、鷲使いたちのイヌワシへの愛着を表している。こうした愛着心そのものは、鷹狩文化の存続にはきわめて重要で、決定的な文化のパトロネージ・システムとして機能したといえる［Soma 2015a；相馬 2015a, 2015b］。

　とくにアルタイ系カザフの日常用語で「人間 human」を表す"クス кісі"と、「鳥 bird」全般を表す"クス құс"は、きわめて近い言語音声として発話される。カザフ社会では古くから、ヒトと鳥が民族創生のなかで近しい存在として扱われてきた痕跡が、こうした日常表現からも推測される。

騎馬鷹狩文化の持続性と成立条件

1　騎馬鷹狩文化の成立条件

　騎馬鷹狩文化は通常の無形文化遺産と異なり、自然環境との高度な調和によって成り立っている。前述のように、物理的実践と伝統意識のみが、鷹狩文化を存続させる唯一のドライビング・フォースとはならない。そのため以下の3つの条件（condition）；

図6-4 騎馬鷹狩文化の文化保護のための成因関係図
Figure 6.4 Correlation among Versatile Conditions for Protection of Horse-riding Falconry

(C_1)　自然環境（生態環境面）：イヌワシの営巣環境の保全
(C_2)　牧畜社会（社会面）：牧畜生産性の向上
(C_3)　イヌワシ馴致の伝統知（文化面）：出猟習慣の継続

が社会の総和として調和する必要がある（図6-4）。

(C_1)　生態環境面（イヌワシの営巣環境の保全）　まず飼養するためのイヌワシそのものが当該地にいなければ、騎馬鷹狩は成立しない。そのため、イヌワシの繁殖と営巣環境の整備は絶対条件である。現地でイヌワシの生物学的な調査研究（個体数、繁殖率、営巣地など）は前例がないため、同地域での継続的な調査研究と個体数把握が必要である。またイヌワシの行き過ぎた取引や、捕獲を制限する法整備の必要もある。

(C_2)　社会面（牧畜生産性の向上）　1羽のイヌワシに費やす年間の給餌食肉量は、ヒツジ換算で7～12頭分にも上る。このため、各鷲使い世帯が意識して牧畜生産性を高めることは、騎馬鷹狩文化の保全の必要条件でも

ある。また牧畜生産力を高めることによる、生活上の経済的・心理的負担の軽減も必要と考えられる。牧畜による狩猟馬の育成と増加も、後述の出猟習慣を容易にする条件となる。

　(C_3)　文化面（技術継承と出猟の継続）　　イヌワシ馴致と飼養の根本を変容させている原因は、出猟習慣の減少と考えられる。本来イヌワシの馴化は、捕獲高を上げるための日々のトレーニング、闘争本能を呼び覚ますための冬季の食餌制限、パフォーマンス向上のための健康管理、などのための知識と技法を培ってきた。つまり出猟習慣の減少とは、狩猟での生産性と技術力の向上を意図した伝統知と、鷹狩を成立させてきた多くの文脈の直接の消失に等しいといえる。また家畜の再生産でまかないきれない給餌食肉の確保のためにも、出猟を継続させる必要がある。

2　騎馬鷹狩文化のレジリエンスへの提案

　鷹狩はヒトと自然・動物の有機的な調和関係の上に成立している。そのため、従来の無形文化遺産の定義と保全方法では捕捉しがたい側面があり、持続性を検証するうえでは鷹狩は「自然遺産」の保護プロセスに近い。現地の不十分な社会インフラを整備するための、3つの具体的施策（R_1〜R_3）を次に提示する。

　(R_1)　「直接支援」への傾斜阻止　　現地イーグルハンターのあいだでは、イヌワシ飼養に関わる給餌費の補助・助成を求める声が以前から多く寄せられている。しかし、金銭・物品の一方的な助成「直接支援」は、むしろ負の結果をもたらすことにしかならない。カザフ人は民主化以降「マイノリティ集団」としての立場に不満を募らせ、無条件の地位向上を求めている。また抑圧された社会環境下にあるカザフ人たちは、精神面・経済面での依存的体質がモンゴル人以上に顕著で、無条件の施しと支援への執着心が個人レベルでもきわめて強い。国内最大の後発開発地でもあるバヤン・ウルギー県では、現実問題として牧畜社会で貧困にあえぐ世帯は数多い。ただし金品供与に傾斜した支援は、助成金目当てのイヌワシのさらなる捕獲と、違法取引の活性化を生み出すこととなる。さらに馴致と飼養の技術をもたない「鷹匠デモン

ストレーター」を多く生み出すことで、イヌワシの病死・事故死などが頻発し、個体数を減少させることにもなる。また、地方行政レベルでの横領のリスクは、確実に発生する問題と見てよい。金品を享受することで、鷲使い個人の労働意識と生産性向上への意欲を低下させ、行政⇒住民の垂直型の支援依存の風潮をつくりあげることになる。こうした直接支援への傾斜は、現地の騎馬鷹狩文化の本質的な崩壊を招くと考えて間違えない。また、他地域・他国からの金銭的援助も、持続的観点から功奏するとは考えがたい。ほかでもないカザフ人独自の騎馬鷹狩文化を、地域のカザフ人の自助努力によって次世代に受け継ぐ切迫感を、現地社会が共有できるかどうかに解決の糸口が見いだされる。

(R_2) 「間接支援」による牧畜生産性の向上　騎馬鷹狩の本質的な文化保存には、牧畜生産力の向上による「間接支援」が有効と思われる。前述したように、イヌワシ一羽を保持しながら通常の生活水準を維持するには、100〜150頭以上の成畜ヒツジ・ヤギが必要と考えられる。地元カザフ人が品位を損なう原因となっている政府や観光客への執拗な金品要求の態度は、経済的に停滞した牧畜社会と生産性の現状を反映している。TLP 100頭以下のＳｇ世帯が全マルチンに占める割合は、ボルガンでは60.0％、サグサイでは65.9％となっている。この原因は、現在のマルチンの多くが90年代に職業機会を失い、「再牧夫化」した失業経験者であったことや、伝統的な家畜飼養技術の喪失や、悲観的感情による貧困脱出や労働意欲の減退、などに起因する［相馬 2014］。具体的な対策としては、畜産開発、効率の交配と繁殖率向上、減災への技術指導のほか、獣医局による家畜の定期診断、薬やビタミン剤の供与など、遊牧社会／牧畜生産体制の強靭化が、騎馬鷹狩を持続・継承させる本質的なレジリエンスになると考えられる。

(R_3)　伝統知の継承と新規参入者・若者への教育　古来の伝統知を保持する長老クラスの人物は減少傾向にある。鷹狩の技術の多くは、親から子へと伝えられる「垂直継承」である。しかし新規参入者が減少し本来の文脈を失いつつある現代では、数世紀にわたり培われてきた知恵と技法（TEK／TAK）とともに古来の自然崇拝観を、「水平継承」により広く敷衍させる自

助努力が求められる。鷲使い自身が社会の成員すべてに、これら文化の継承と新規参与の機会を開いていくことが必要とされる。こうした次世代への継承を体系的に実践するには、組織的事業（組織的な集会や勉強会）を発足させて継続的に運営する必要もある。現地には 2000 年 10 月の「イヌワシ祭」の設立と合わせて、「モンゴル・イヌワシ協会 Монголын Бүргэдчдийн Холбоо」「鷹匠基金 Бүргэдчин Сан」「アルタン・ブルゲッド・クラブ Алтан Бүргэд Клыб」などのイーグルハンターの協会組織が設立された。しかし、組織活動として事実上は何の機能も果たしていない。現在求められることは、文化保護を推進する体制化と組織力であり、協会運営の再起動は必須と思われる。騎馬鷹狩の文化保護には、組織運営面で計画的持続性と継続力に問題を抱える現地カザフ人社会の、体制打破と自己研鑽能力が問われているといえる。

　アルタイ系カザフ人社会における実猟としての鷹狩猟の継続は、アルタイ独自の牧畜生態環境に依存的に成立している。広い意味でモンゴルの遊動型牧畜社会では、伝統的に狩猟活動が牧畜閑期（秋冬期）の補助的な生業として行われてきたとされる。しかしカザフ社会の生業基盤は季節移動型牧畜活動であり、イヌイットやブッシュマンのように狩猟活動を生存のための基盤としてきたわけではない。現代社会において、狩猟活動が生活維持の根底として実践されている地域や社会は、おそらくきわめて少ない。こうした意味で、アルタイにおけるカザフ人の牧畜社会空間とは、「牧畜」と「狩猟」双方が季節サイクルを軸として相互依存する独自のハイブリッドな生業基盤が育まれたものである。そしてアルタイの生態環境への適応の必然性から、長らく維持・実践されてきたのである。

　余談となるが、大型のイヌワシの生息数は、地域生態系の健全さを示すバロメータともなっている。例えば、カザフスタン平原やアルタイ山脈では、イヌワシの使わなくなった営巣地は、タカやハヤブサなどほかの猛禽類の巣としても再利用される。またトビ（*Milvus migrans*）、カタシロワシ（*Aquila heliaca*）、ワタリガラス（*Corvus corax*）の巣はセーカーハヤブサに再利用されることもある［Karyakin et al. 2005: 30; Karyakin and Nikolenko 2009: 102］。カザフ平原

のサリスー河流域では、セーカーはほかにもニシオオノスリ（*Buteo rufinus*）（57.6％）、イヌワシ（24.2％）のつくった巣にも営巣が確認されている［Karyakin et al. 2008: 61-62］。またイヌワシ自身もカタシロワシの巣を再利用することもある［Karyakin *et al.* 2009: 130］。いわばイヌワシの繁殖数増加への貢献は、アルタイの鳥類相や自然環境への貢献へとおのずと連なっていると考えられる。

3 　馴致と産地返還がもたらすイヌワシ繁殖力への貢献

　鷲使いの馴致プロセスを通じた人間とのラポール構築が、イヌワシ個体の総合的な能力開発（HY_1～HY_5）を生ずると仮定し、両者の共生関係を仮説として以下に述べてみる。

　（HY_1）　営巣範囲の拡大　　サグサイ村周辺でイヌワシを捕獲することは決して難しくない。イヌワシ個体数の豊富さは、騎馬鷹狩猟への人々の参入を促し、現代に存続させたひとつの理由でもある。イヌワシの捕獲はヒナの捕獲と、若鳥・成鳥の捕獲の２つに分けられ、ヒナを捕獲する伝統は、とくにアルタイ山脈の北部地域で残っている。巣からヒナ（通常は２羽）を直接捕獲することで、猛禽類特有の「兄弟殺し（cainism/ sibilcide）」の現象からの生存率が向上すると思われる。この現象は、あとから生まれたヒナを、先に生まれたヒナが殺す現象をいう。また、もし生き残ったとしても、十分な餌を確保できないことから、脆弱な成鳥になるとされる。鷲使いは通常メス個体、もしくは２羽ともヒナを持ち帰り、それぞれ育て上げる。そのため、あとから生まれた個体の生存率が増す可能性が指摘できる。

　（HY_2）　食餌許容範囲の拡大　　イヌワシはもともとかなり広い食餌許容範囲をもっている。同じ鳥類のマガモ、ツル、オオバン、オオタカの捕食に加え、北米ではコヨーテ［Mason 2000］、ルーマニアではカメ、ハリネズミ、ネコが食餌の大部分を占める個体も観察されている［Georgiev 2009］。鷲使いとの生活を通じて、普段は食べることのまれな家畜、とくに牛肉、馬肉、またキツネ、川魚などが与えられることで、食餌許容範囲を広げる可能性がある。また、冬期に与えられる水に浸して血抜きした肉"アクジェム"により、

本来は嗜好しない死肉や乾燥肉も許容できると思われる。そのため、野生に返されたあとも、とくに食餌供給が不安定になった時期を生きながらえる能力が備わる可能性がある。

（HY_3）　**狩猟能力の開発**　上記に加えて、野生では積極的に捕獲対象としないキツネやコサックギツネを、鷹狩では主要な獲物とすることから、多様な動物を狩猟対象におさめることができる可能性がある。さらにイヌワシ本来の捕食行動の頻度（predetory frequency）以上の狩猟活動に使役することで、イヌワシ自身の狩猟能力・戦闘能力が開発されると思われる。個体の狩猟能力の向上は、自然界での生存能力と繁殖に直結すると思われる。

（HY_4）　**ヒトを恐れない性質**　鷲使いとのラポール構築をへて、自然界でも「人間の存在をそれほど恐れない性格」となる可能性がある。イヌワシの生息圏への人間の放牧活動などでも、生活を撹乱されなくなり、ヒトとイヌワシの生活圏がオーバーラップする可能性が指摘される。

（HY_5）　**イヌワシの営巣地点とヒトの生活圏の重なり**　人間に馴致したワシを４〜５年ごとに野生に放つことで、自然界でのイヌワシ繁殖向上が期待される。とくに HY_1〜HY_4 のプロセスをへて「産地返還」されたイヌワシは、「自然界で生きるイヌワシよりも生存能力に長けた個体」となっている可能性が指摘できる。イヌワシとカザフ鷲使いは、数百年にわたってアルタイ山地の生活圏・営巣地を共有することで、イヌワシの人間に対する警戒心そのものが軽減された可能性もある。イヌワシの個体数が維持されたため、ヒナや成鳥の捕獲が容易となり、ヒトへの馴化をへて再び山へと放される。カザフ人とイヌワシの生存空間が重なり、かつ「産地返還」の習慣が続けられたからこそ、騎馬鷹狩文化は最大の生態環境成因を失わなかったと推測される。

イヌワシを人間界に馴化することは、上記 HY_1〜HY_5 を通じて個体として総合的に強化されたイヌワシをリリースすることとなり、結果として、自然界での繁殖数の向上に貢献した可能性を仮定できる［Soma 2015a］。

⟨V⟩ まとめ——鷲使い"イーグルハンター"の民族誌

　これまで民族鳥類学研究の本流とは、オルタナティヴな鳥類命名・分類法、科学的知見 SEK との対応、ローカルなコスモロジーを体感的につくりあげたプロセスの分析などに焦点が当てられてきた。熱帯雨林に暮らす狩猟採集民や先住民の民族鳥類学的認識では、鳥類の捕獲・観察を通じてローカルにつくりあげられた、広域な世界観の構築やその指標動物としての聖性/禁性に多くの関心が払われた。狩猟採集社会では、所与の生活環境を理解するための「説明変数」として、野鳥に対する知見の拡張が狩猟生活の信仰や精神世界に回帰された。言い換えるならば、不可視な世界の見取り図をつくるために、鳥はなくてはならない存在でもあった。

　他方、カザフ騎馬鷹狩文化では、鷲使いという限定された主体に対応する「従属変数」として、イヌワシの存在が定義された。それは数世紀にわたる鷹狩への馴致と出猟という狩猟伴侶の育成として目的化された営みを通じて、より主観的にカザフの象徴として回帰した。狩猟採集者/鷹匠が思考対象とする鳥類には、野生動物/使役動物の明確な立場の差がある。騎馬鷹狩文化と鷲使いの研究からは、社会全体のコスモロジカルな認識の還元よりも、「馴致」「出猟」という限定された目的に符合する独自の伝統知の体系が、民族鳥類学の新たな知見として還元されると思われる。猛禽の健康管理や、効率的な狩猟成果の追及に関する知と技法の蓄積は、近代科学のデータ収集・実践に近いプラクシスといえる。そのため、鷹匠の秘めた知と技法は一見すると「閉じた」世界でありながら、実際には人類と猛禽類とが共存するための多くの示唆と含意が蓄えられている。そして、民族鳥類学的認識はオルタナティヴな科学的思考であり、近代科学とは異なる解釈・説明を可能とすることで、イヌワシを含めた生物資源保護に異なる視座も与えてくれる。いわば「鳥とヒトをめぐる思考」の積極的な拡張を媒介する点に、カザフ騎馬鷹狩文化の研究を推し進め、鷲使いの伝統知をより深く探究する意義が見いだされる。

終　章　イヌワシと鷲使いの環境共生観

　最後に、鷹狩文化は現在でも多くの人々に親しまれる一般的活動とは言い難い。しかし、鷹狩文化が人類にもたらした貢献は、猛禽類の馴化を通じて自然と対話し、狩猟を通じて動物の行動と生態を理解するための、特殊な知恵と技術を育む機会を授けてくれたことにある。人間側の物理的実践のみで成立することのない鷹狩と鷹匠の知恵と技法とは、まさに人間と動物の不断のかかわりから生み出された「ヒトと動物の調和遺産」と定義することができる。そして鷹狩はいつも「越境」する境界線上に位置していた。鷹狩はゲルマン民族のヨーロッパ世界流入とともに、西欧世界に受け入れられたユーラシア東西の越境、中世ではフリードリヒ2世によるイスラーム・アラブ世界からの鷹狩知識の導入による宗教世界の越境、そして自然界に生きる猛禽類を伴侶として人間のために使役させる鷹匠は、自然界と人間界の越境者でもある。鷹狩はつねに、異なる世界と世界をつなぎ合わせ、その境界線上に位置する特殊な役割を与えられていた。いま鷹狩はさまざまな研究分野と実践をつなぎ、新たな科学的知見の創出の境界線上に位置している。鳥類学者、生物学者、獣医師をはじめ、鷹匠、鳥類保護活動家、愛鳥家らとともに働くプラットフォームとしての役割を果たし、未来を見すえたヒトと鳥の保全生態観の構築に、鷹狩研究はなくてはならない存在になると思われる。

参 考 文 献

Aillapan, Lorenzo., and Rozzi, Ricardo (trans. Charlee Tidrick). 2004. A Contemporary Mapuche Ethno-Ornithology. ***Ornitología Neotropical*** 15: 419-434. [http://www.osara.org/darwin_2009/articles/Aillapan_Rozzi_NOC_English.pdf] (last accessed: 2017.10.19).

Atkinson, Thomas W. 1858. ***Oriental and Western Siberia: A Narrative of Seven Years' Explorations and Adventures in Siberia, Mongolia the Kirghis steppes, Chinese Tartary, and Part of Central Asia***. London, Hurst and Blackett.

Alves, Rômulo R. N., Leite, Railson C. L., Souto, Wedson M. S., Bezerra, Dandara M. M., and Loures-Ribeiro, Alan. 2013. Ethno-ornithology and conservation of wild birds in the semi-arid Caatinga of northeastern Brazil. ***Journal of Ethnobiology and Ethnomedicine*** 2013: 9:14.

Beebe, Frank L. 1984. ***A Falconry Manual***. Hancock House Publishers, UK: 97, 107, 123-124, 126.

Bergstrom, E. A. 1939. ***English Game Laws and Colonial Food Shortages***. The New England Quarterly 12(4): 681-690.

Berlin, Brent. and O'Neill, John P. 1981. The Pervasiveness of Onomatopoeia in Aguaruna and Huambisa Bird Names. ***Journal of Ethnobiology*** 1: 238-261.

Boal, Clint W. and Bacorn, John E. 1994. Siblicide and Cannibalism at Northern Goshawk Nests. ***The Auk*** vol. 111 (no. 3): 748-750.

Boccassini, Daniela. 2007. Falconry as a Transmutative Art; Dante, Frederick II, and Islam, ***Dante Studies*** no. 125 (Dante and Islam): 157-182.

Bodio, Stephen J. 2003. Eagle Dreams: Searching for Legends in Wild Mongolia. USA, Lyons PR.

Bodio, Stephen J. 2001. *Eagle Training in Mongolia*: *A Western Perspective*. ***Falco: The Newsletter of the Middle East Falcon Research Group*** 18: 7-9.

Bodio, Stephen J. ***Eagle Dreams: Searching for Legends in Wild Mongolia***, USE: Lyons PR.

Bodio, Stephen J. 2001. *Eagle Training in Mongolia - a Western Perspective*. ***Falco: The Newsletter of the Middle East Falcon Research Group*** 18: 7-9.

Brendel, Ulrich M., Eberhardt, Rolf., and Wiesmann, Karen. 2002. Conservation of the Golden Eagle (Aquila Chrysaetos) in the Eurpean Alps: Combination of Education, Cooperation, and Modern Techniques. ***Journal of Raptor Research***. vol. 36 (1 Supplement): 20-24.

Brown, Bryan T. 1992. Golden Eagles Feeding on Fish. ***Journal of Raptor Research*** vol. 26 (no. 4): 36-37.

Butchart, Stuart H. M. 2008. Red List Indices to measure the sustainability of species use and impacts of invasive alien species. ***Bird Conservation International*** 18 (Supplement S1): S245-S262.

Campbell, James. 1773. ***A Treatise of Modern Faulconry***. Edinburgh, U.K. Balfour & Smellie: 130, 137, 143, 167-168.

Canby, J. V. 2002. Falconry (Hawking) in Hittite Lands. ***Journal of Near Eastern Studies*** 61: 161-201, 2002

Cooper, John E. 1968. The Trained Falcon in Health and Disease, *Journal of Small Animal Practice* 9: 559-566.

Cox, Harding Edward de Fonglanque. 1899. **Coursing and Falconry**. London and Bombay, Longmans, Green, and Co: 246.

Cox, Harding., and Lascelles, Gerald. 1899. **Coursing and Falconry**. London: Longman, Green and Co.: 269-270.

Cox, Nicholas. 1686. **The Gentlemen's Recreation: in Four Parts, viz. Hunting, Hawking, Fowling, Fishing (The Third Edition)**; London, Freeman Collins: 4-10.

Cummins, John. 2003 (1988). **The Art of Medieval Hunting: The Hound and The Hawk**; USA, Castle Books: 206-207.

Durman-Walters, Diana. 1994. **The Modern Falconer**. Shrewsbury, Swan Hill Press: 19.

Eberly, Lee. 1968. Glossary of Falconry Terms, *Journal of Raptor Research* 3(3): 58-67.

Epstein, H. J. 1943. The Origin and Earliest History of Falconry. *Isis* 34(6): 497-509.

Evans, Humphrey Ap. 1973. **Falconry**. Glasgow, Harper Collins Distribution Services

Estes, Wendy A., Dewey, Sarah R., and Kennedy, Patricia L. 1999. Siblicide at Northern Goshawk Nests: Does Food Play a Role?. *The Wilson Bulletin*. vol. 111 (no. 3): 432-436.

Ford, Emma. 1982. **Falconry in Mews and Fields**; London, B. T. Batsford Ltd.: 40-41, 47, 114, 119.

Forth, Gregory. 2010. What's in a Bird's Name: Relationships among Ethno-ornithological Terms in Nage and Other Malayo-Polynesian Languages. In, Sonia Tidemann & Andrew Gosler (eds.) **Ethno-ornithology: Birds, Indigenous Peoples, Culture and Society**, London, Earthscan: 223-237.

Frederick II. 1241. **De Arte Venandi cum Avibus** (translated and edited by Wood, Casey A., and Fyfe, F. Marjorie. 1969. **The Art of Falconry: being the De arte venandi cum avibus of Frederick II of Hohenstaufen**; Stanford, Stanford University Press).

Freeman, Gage Earle. 1869. **Practical Falconry: To Which is Added, How I Became a Falconer**. London, Horace Cox: 16, 45.

Freeman, Gage Earle., and Salvin, Francis Henry. 1859. **Falconry: Its Claims, History, and Practice**. London, Longman, Green, Longman and Roberts: 56, 88.

Garcia Dios, Ignacio S. 2003. Siblicide and Cannibalism in the Booted Eagle (Hieeaaetus Pennatus) in the Tietar Valley, Central Spain. *Journal of Raptor Research*. vol. 37 (no. 3): 261.

Georgiev, Dilian G. 2009. Diet of the Golden Eagle (Aquila chrysaetos) (Aves: Accipitridae) in Sarnena Sredna Gora mountains (Bulgaria), *Ecologia Balkanica* 1: 95-98.

Gerhardt, Richard R., Gerhardt, Dawn M. and Vasquez, Miguel A. 1997. Siblicide in Swallow-Tailed Kites. *The Wilson Bulletin*, vol. 109 (no. 1): 112-120.

Golding, Philip. 2014. **Falconry & Hawking: The Essential Handbook**. West Sussex, World Ideas Limited.

Gombobaatar, S. and D. Usukhjargal. 2011. **Birds of Hustai National Park**. Ulaanbaatar, Hustai National Park & Mongolian Ornithological Society: 54-55.

González, Miguel V. 2008. Intangible Heritage Tourism and Identity. *Tourism Management* 29: 807-810.

Hallgarth, Adrian. 2004. *Hawking & Falconry for Beginners. Surrey*, Hancock House Publishers.
Hamilton, John Potter. 1860. *Reminiscences of an Old Sportsman. London*. Longman, Green, Longman, and Roberts: 287.
Harting, James Edward. 1871. *The Ornithology of Shakespeare*. London, John Van Voorst: 49.
Harting, James Edward. 1883. *Essays on Sport and Natural History*. London, Horace Cox.
Harting, James Edward. 1884. *Hints on the Management of Hawks*. London, Horace Cox.
Harting, James Edward. 1895. Rabbit Hawking, In *A Year of Sports and Natural History: Shooting, Hunting, Coursing, Falconry and Fishing*, edited by Oswald Crawfurd, London: Chapman and Hall, Limited: 219-226.
Harting, James Edward. 1891. *Bibliotheca Accipitraria*. Bernard Quaritch: 216.
Hock, Raymond J. 1952. Golden Eagle versus Red Fox: Predation or Play?. *Condor* 54: 318-319.
Hollinshead, Martin. 1993. *Hawking Ground Quarry: A Treatise on Hawking*. Surrey, Hancock House Publishers: 45-46.
Hollinshead, Martin. 1995. *Hawking with Golden Eagle*. Surrey, Hancock House Publishers: 22, 33, 36-37, 41-43, 46, 55, 81, 84, 88, 145, 166.
Huntington, Henry P. 2000. Using Traditional Ecological Knowledge in Science: Methods and Applications, *Ecological Applications* 10(5): 1270-1274.
Ichikawa, Mitsuo. 1998. The Birds as Indicators of the Invisible World: Ethno-Ornithology of the Mbuti Hunter-Gatherers. *African Study Monographs* (Supplementary issue 25): 105-121.
Inter Press Service. 2013. *Falcons Love the Taliban* (2013.04.02 posted). [http://www.ipsnews.net/2013/04/falcons-love-the-taliban/] (last accessed: 2017.10.19).
Karyakin, Igor V. 2005. Project for Restoration of the Nesting Places of the Saker Falcon and Upland Buzzard in the Tuva Republic, Russia. *Raptors Conservation* 1: 28-31.
Karyakin, Igor V., Kovalenko, A. V., Barabashin, T. O. and Korepov, M. V. 2008. The Large Birds of Prey of the Sarysu River Basin. *Raptors Conservation* 13: 48-87.
Karyakin, Igor V., and Nikolenko, Elvira G. 2009. Merlin in the Altai-Sayan region, Russia. *Raptors Conservation* 17: 98-120.
Karyakin, IgorV., L. M. Novikova, and Pazhenkov, A. S. 2005. Electrocutions of Birds of Prey on Power Lines in the Aral Sea Region, Kazakhstan. *Raptors Conservation* 2: 31-32.
Karyakin, Igor V., Nikolenko, E. G., Vazhov, S. V., and Bekmansurov. R. H. 2009. Imperial Eagle in the Altai Mountains: Results of the Research in 2009, Russia. *Raptors Conservation* 16: 129-138.
Kornan, Martin. 2003. An Unusual Case of Adoption of a Golden Eagle (Aquila chrysaetos) Chick in the Mala Fatra Mountains, Northwestern Slovakia. *Journal of Raptor Research*. vol. 37 (no. 3): 259-260.
Ladd, Edmund. J. 1963. *Zuni Ethno-Ornithology*. University of Utah [https://collections.lib.utah.edu/details?id=1156500].
Lefebvre, Christine., Crête, Michel., Huot, Jean., and Patenaude, Robert. 1999. Prediction of Body Composition of Live and Post-Mortem Red Foxes. *Journal of Wildlife Diseases* 35(2): 161-170.

Lloyd, Christopher. 2010. Falconry and Veterinary Medicine, **Falco: The Newsletter of the Middle East Falcon Research Group** 35: 19.

Mason, J. R. 2000. Golden Eagle Attacks and Kills Adult Male Coyote. **Journal of Raptor Reach** 34 (3): 244-245.

Matchett, Marc R., and O'Gara, Bart W. 1987. Method of Controlling Golden Eagle Depredation on Domestic Sheep in Southwestern Montana. **Journal of Raptor Research**. vol. 21 (no. 3): 85-94.

McKay, James. 2009. **Practical Falconry**. Shrewsbury, Quiller Publishing.

Mian, Afsar. 1986. Ecological Impact of Arab Falconry on Houbara Bustard in Baluchistan. **Environmental Conservation** 13(1): 41-46.

Molodin, V. I., Mylnikov, V. P., and Oktyabrskaya, Irina V. 2008. The Kazakhs of Northwestern Mongolia Everyday Life and Holidays in Summer Pastures. **Archaeology Ethnology & Anthropology of Eurasia** 35(3): 129-142

Nelson, Morlan. W. 1982. Human Impacts on Golden Eagles: A Positive Outlook for the 1980s and 1990s. **Journal of Raptor Research** vol. 16 (no. 4): 97-103.

Oktyabrskaya, I. V., Pavlova, E. Y., and Skovpen, Alexander V. 2009. Modern Altai Craft. **Archaeology Ethnology & Anthropology of Eurasia** 37(1): 129-135.

Parry-Jones, Jemima. 2000. **Eagle & Birds of Prey: Discover the World of Birds of Prey - How They Grow, Fly, Live, and Hunt**. New York, Dorling Kindersley: 14-15.

Parry-Jones, Jemima. 2001. **Training Birds of Prey**. Exeter, David & Charles.

Ploeg, Jan van der., and Weerd, Merlijn van. 2010. Agta Bird Names: an Ethno-Ornithological Survey in the Northern Sierra Madre Natural Park, Philippines. **Forktail** 26: 127-131.

Potapov, E., Banzragch, S., Shijirmaa, D., Shagdarsuren, O., Sumya, D. and M. Gombobataar. 1999. Keep the Steppes Tidy: Impact of Litter on Saker Falcons. **Falco: The Newsletter of the Middle East Falcon Research Group** 14: 11.

Radcliffe, Emilius Delmé. 1890. Falconry. In **Encyclopedia Britannica**, 9th edition. Edinburgh: Adam and Charles Black.

Rodriguez-Estrella, Ricardo. 2002. A Survey of Golden Eagles in Northern Mexico in 1984 and Recent Records in Central and Southern Baja California Peninsula. **Journal of Raptor Research**. vol. 36 (1 Supplement): 3-9.

Saint Albans (Berners, Dame. Juliana). 1486. **The Boke of Saint Albans: Treaties on Hawking, Hunting and Cote Armours** (reproduced by, Blades, Williams. 1881. **The Boke of Saint Albans**; London, Elliot Stock, 62 Paternoster Row, E. G.).

Salvin, Francis Henry. and Brodrick, William. 1885. **Falconry in the British Isles**. London, Facsimile: 64.

Sebright, John Saunders. 1826. **Observation upon Hawking**; London, J. Harding: 36, 54.

Shafer, Edward H. 1958. Falconry in T'ang Times, **T'oung pao** vol. 46: 293-338.

Shagdarsuren, O. 2000. A Short History of Saker Falcon Studies in Mongolia. **Falco: The Newsletter of the Middle East Falcon Research Group** 16; 3-5.

Soma, Takuya., and Sukhee, Battulga. 2014. Altai Kazakh Falconry as Heritage Tourism: "The Golden Eagle Festival" of Western Mongolia, In **The International Journal of Intangible Heritage**

vol. 9, edited by Alissandra Cummins, 135-148. Seoul: The National Folk Museum of Korea. [https://www.jstage.jst.go.jp/article/ajg/2014s/0/2014s_100122/_pdf]
Soma, Takuya. 2007. Kyrgyz Falconry and Falconers and its Transition. In **Proceedings of Materiari Natina-Teoreticheskoi Konferenzti 2006**; Tashkent, Academy of Uzbekistan/ UNESCO: 130-139.
Soma, Takuya. 2012a. Ethnoarhchaeology of horse-riding falconry, In **The Asian Conference on the Social Sciences 2012: Official conference proceedings**, 167-182. Nagoya: The International Academic Forum (IAFOR). [http://iafor.org/offprints/acss2012-offprints/ACSS2012_off print_0271.pdf].
Soma, Takuya. 2012b. Contemporary falconry in Altai-Kazakh in Western Mongolia. In **The International Journal of Intangible Heritage** vol. 7. ed. A. Cummins, 103-111. Seoul: The National Folk Museum of Korea. [http://www.ijih.org/volumeMgr.ijih?cmd=volumeView&vol No=7&manuType=02].
Soma, Takuya. 2012c. The Art of Horse-Riding Falconry by Altai-Kazakh Falconers. In **HERITAGE 2012** (vol. 2): Proceedings of the 3rd International Conference on Heritage and Sustainable Development, edited by Rogério Amoêda, Sérgio Lira, & Cristina Pinheiro, 1499-1506. Porto (Portugal): Green Line Institute for Sustainable Development.
Soma, Takuya. 2012d. Intangible Cultural Heritage of Arts and Knowledge for Coexisting with Golden Eagles: Ethnographic Studies in "Horseback Eagle-Hunting" of Altai-Kazakh Falconers, In **Proceedings of the International Congress of Humanities and Social Sciences Research**, edited by Guy Tchibozo, 307-316. Strasbourg (France): Analytrics.
Soma, Takuya. 2013a. Ethnographic Study of Altaic Kazakh Falconers, **Falco: The Newsletter of the Middle East Falcon Research Group** 41: 10-14. [http://www.mefrg.org/images/falco/falco 41.pdf].
Soma, Takuya. 2013b. Ethnoarchaeology of Ancient Falconry in East Asia, In **The Asian Conference on Cultural Studies 2013: Official Conference Proceedings**, 81-95. Osaka (Japan): The International Academic Forum (IAFOR). [http://www.iafor.org/Proceedings/ACCS/ACCS 2013_proceedings.pdf].
Soma, Takuya. 2014. Eagle Hunters in Action: Hunting Practice of Altaic Kazakh Falconers in Western Mongolia, **Falco: The Newsletter of the Middle East Falcon Research Group** 44: 16-20.
Soma, Takuya. 2015a. **Human and Raptor Interactions in the Context of a Nomadic Society: Anthropological and Ethno-Ornithological Studies of Altaic Kazakh Falconry and its Cultural Sustainability in Western Mongolia**. University of Kassel Press, Germany.
Soma, Takuya. 2015b. Tradition and Transition of Altaic Kazakh Eagle Falconry Culture in Western Mongolia, In **Proceedings of Conference of International Falconry Festival 2014**: (in press).
Soma, Takuya. 2015c. Falconer's Equipment and Folk Ornamentations of Altaic Kazakh Eagle Masters in the Altai Region of Mongolia. **Falco: The Newsletter of the Middle East Falcon Research Group** 45: 12-15.
Soma, Takuya. 2016. Local Terminology of Golden Eagle's Topography in Altaic Kazakh Eagle Falconry, **Falco: The Newsletter of the Middle East Falcon Research Group** 47: 11-13.

Soma, Takuya., Buerkert, Andreas., and Schlecht, Eva. 2014. Current Living Status and Social Use of Livestock in Nomadic Herders' Communities in Western Mongolia, In *Tropentag 2014: Book of Abstracts*, 231. Prague: Czech University of Life Sciences Prague.

Soutullo, Alvaro., Urios, Vicente., and Ferrer, Miguel. 2006. How Far Away in an Hour? Daily Movements of Juvenile Golden Eagles (Aquila Chrysaetos) Tracked with Satellite Telemetry. *Journal of Ornithology* 147: 69-72.

Tidemann, Sonia., and Gosler., Andrew. (eds.) 2010. *Ethno-ornithology: Birds, Indigenous Peoples, Culture and Society*. London, Routledge: 5.

The Raptor Research Foundation, Inc. 1998. Caribou Antlers as Nest Materials for Golden Eagles in Northwestern Alaska; In. *Journal of Raptor Research*. vol. 32 (no. 3): 268.

Tordoff, Harrison B. 1998. Apparent Siblicide in Peregrine Falcons. *Journal of Raptor Research*. vol. 32 (no. 2): 184.

Tsookhuu, Kh. and K. Bikhumar 2006. *Burged*. Ulaanbaatar, Mongl Altai Sudlalun Khureelen: 8.

UNESCO. 2010. Convention for the Safeguarding of the Intangible Cultural Heritage (Nomination File NO. 00442), In *For Inscription on the Representative List of the Intangible Cultural Heritage in 2010*, edited by UNESCO Intergovernmental Committee for the Safeguarding of the Intangible Cultural Heritage (Fifth session, 15-19th November 2010), Nairobi: 1-28. [http://www.unesco.org/culture/ich/doc/src/ITH-10-5.COM-CONF. 202-6-EN. pdf] (last accessed: 2013.04.04).

Woodford, M. H., and Upton, Roger. 1987. *A Manual of Falconry*. Edinburgh, A & C Black.

Wright, Steve. 2006. *Falconry: The Essential Guide*. Marlborough, Crowood Press.

Баян-Өлгий Аймаг. 2003. *Баян-Өлгий: Аймагийн Гелер Зургийн Цомог*, Улaнбатыр, Гамма: 3.

Бикумар, Кемалашулы. 1994. *Қазақтың Дәстураи Аншылығы*, Өлгий: 104-105.

Баттулга, С. 2011. Пост-Социализм дахь Цөөнх үндэстний соёл, улaмжлалын асуудалд, *Altaica* 8, 43-56. Улaaнбаатар: Монгол улсын Шинжлэх Ухааны Академи (ШУА) and Алтай судлалын төв (スヘー・バトトルガ. 2011. ポスト社会主義におけるマイノリティ社会の伝統問題をめぐって. *Altaica* 8, 43-56. ウランバートル：モンゴル国科学アカデミー. アルタイ研究所).

Баян-Өлгий Аймаг. 2003. *Баян-Өлгий - Аймагийн Гелер Зургийн Цомог*. Улaнбатыр, Гамма: 3.

Бикумар, Кәмәлашулы. 1994. *Қазақтың Дәстураи Аншылығы*, Өлгий.

稲村哲也, 古川彰 1995. ネパール・ヒマラヤ・シェルパ族の環境利用：ジュンベシ＝バサ谷におけるトランスヒューマンス. 環境社会学研究 (1)：185-193.

今村薫 2012. ラクダ遊牧民の家畜管理：ティンブクトゥ地方のトゥアレグを例に. 名古屋学院大学論集. 人文・自然科学篇 49(1)：31-47.

エミール・ヴェルト (藪内芳彦, 飯沼二郎 訳). 1968. 農業文化の起源. 東京, 岩波書店：120-122.

環境省 2016. 自然環境・多様性：イヌワシ [https://www.env.go.jp/nature/kisho/hogozoushoku/inuwashi.html] (last accessed: 2017.10.19).

参考文献

鯉渕信一　1987．モンゴル語における馬の個体識別語彙：主に毛色名を中心にして．アジア研究所紀要（14）：332-307．

参天製薬ウェブサイト　2013．イヌワシの目の仕組み・不思議：1,000 m 離れた獲物を見つけて捉える視力の良さ［https://www.santen.co.jp/ja/healthcare/eye/eyecare/wonders/eagle_eye.jsp］（last accessed: 2017.10.19）．

関山房兵　2007．イヌワシの四季．東京，文一総合出版：22-25．

スヘー・バトトルガ　2007．ポスト社会主義モンゴル国における伝統の復興とエスニシティ：カザフ人社会における二つの儀礼をめぐって．愛知県立大学国際文化研究科論集 8：109-133．

ナショナル・ジオグラフィック（日本版）　2012．インドでチョウゲンボウの大規模密猟（2012.11.28 付）［http://natgeo.nikkeibp.co.jp/nng/article/news/14/7118/?ST=m_news］（last accessed: 2017.10.19）．

ハーティング，ジェイムズ．E（関本榮一・高橋昭三 訳）．1993（1864）．シェイクスピアの鳥類学．東京，博品社：68．

レコードチャイナ（RecordChina）　2007．保護動物ハヤブサを密漁！　外国人容疑者 24 人を逮捕，強制送還へ！—寧夏回族自治区（2007 年 9 月 25 日付）［http://www.recordchina.co.jp/a11546.html］（last accessed: 2017.10.19）．

相馬拓也　2008．形象なき文化遺産としての狩猟技術：キルギス共和国イシク・クル湖岸における鷹狩猟のエスノグラフィ．国士舘大学地理学報告 2007(16)：99-106．

相馬拓也　2012b．アルタイ=カザフ鷹匠による騎馬鷹狩猟：イヌワシと鷹匠の夏季生活誌についての基礎調査．ヒトと動物の関係学会誌 32：38-47．

相馬拓也　2012b．アルタイ・カザフにおける鷹狩猟の民族考古学：無形文化遺産としての狩猟方法と技術継承の基礎研究．髙梨学術奨励基金年報 平成 23 年度研究成果概要報告，364-371，東京：財団法人 髙梨学術奨励基金．

相馬拓也　2013a．アルタイ=カザフ鷹匠たちの狩猟誌：モンゴル西部サグサイ村における騎馬鷹狩猟の実践と技法の現在．ヒトと動物の関係学会誌 35：58-66．

相馬拓也　2013b．アルタイ=カザフ牧畜社会における騎馬鷹狩猟の民族考古学：無形文化遺産としての持続性に向けた複合研究．髙梨学術奨励基金年報 平成 24 年度研究成果概要報告：327-334，東京：財団法人 髙梨学術奨励基金．

相馬拓也　2014a．モンゴル西部バヤン・ウルギー県サグサイ村における移動牧畜の現状と課題．*E-Journal GEO* 9(1)：pp. 102-189．

相馬拓也　2014b．モンゴル西部バヤン・ウルギー県サグサイ村における移動牧畜の現状と課題．*E-Journal GEO* 9(1)：102-189．

相馬拓也　2014c．イヌワシと鷲使いにみる「ヒトと動物の調和遺産」の可能性：モンゴル西部アルタイ系カザフ鷹狩文化の伝統知とその持続性の現場から．日本地理学会発表要旨集（2014 年度日本地理学会 春季学術大会）：セッション ID：505．

相馬拓也　2015a．モンゴル西部アルタイ系カザフ騎馬鷹狩文化の存続をめぐる脆弱性とレジリエンス．*E-Journal GEO* 10(1)：99-114．

相馬拓也　2015b．鷲使いの民族誌：モンゴル西部カザフ騎馬鷹狩文化が育むイヌワシ馴化の伝統知．文化人類学 80(3)：427-444．

相馬拓也　2015c．モンゴル西部バヤン・ウルギー県におけるヤギと牧畜民の新たな関係：「ヤギ飼い」のライフヒストリーから探るアルタイ系カザフ社会の地域開発．ヒトと動物の関係学会誌（41）：47-57.

相馬拓也　2016b．カザフ騎馬鷹狩文化のイヌワシ捕獲術と産地返還にみる環境共生観の民族誌．*E-Journal GEO* 11(1)：119-134.

相馬拓也　2016c．カザフ騎馬鷹狩文化の宿す鷹匠用語と特殊語彙の民族鳥類学．鳥と人間をめぐる思考，東京，勉誠出版：345-367.

相馬拓也　2017．騎馬鷹狩文化の起源を求めて：アルタイ山脈に暮らすカザフ遊牧民とイーグルハンターの民族誌（エスノグラフィ），ヒマラヤ学誌18：157-170.

日本弓道連盟　2015．矢羽の使用に関する準則．[http://kyudo.jp/pdf/info/150501_2.pdf]（last accessed: 2015.10.15）．

日本放送協会（NHK）　2003．地球に好奇心：大草原にイヌワシが舞う～モンゴル・カザフ族　鷹匠の親子～：NHKエンタープライズ（群像舎）制作（2003年12月13日10:05-10:57放送），NHK-BS2 Television.

日本放送協会（NHK）　2010．アジアンスマイル：僕とイヌワシの冬物語～モンゴル・サグサイ村～：NHKエンタープライズ（株式会社グループ現代）制作（2010年1月16日18:30-18:50放送），NHK-BS1 Television.

日本放送協会（NHK）　2015．地球イチバン：地球最古のイーグルハンター：NHK文化福祉部制作（2015年1月29日22:00-22:50放送），NHK総合.

原山煌　1999．タルバガン，野に満ちし頃：文献より見たタルバガン．国立民族学博物館研究報告（別冊）20：69-134.

福井久蔵　1940．鷹詞に就きて．言語研究6：1-13.

琉球新報　1999．なくならないサシバ密猟／風習と保護のせめぎ合い（1999年10月27日付）[http://ryukyushimpo.jp/news/prentry-95757.html]（last accessed: 2017.10.19）．

あとがき

　日本という「自文化」の外に自らの拠点やよりどころを見いだすことは、海原に島影を求める航海をどことなく思い起こさせます。のべ400日間を過ごしたアルタイ系カザフ人社会も、バヤン・ウルギーも、サグサイ村という場所も、決して心のよりどころでも、「ふるさと」としての擬似的感覚を引き起こすような大げさなものではありません。それでも、2006年9月にはじめてこの地を訪れて以来、特定の地域の人々と社会の十数年間の変化に立ち会えたことは、幸運にほかならないといえるでしょう。騎馬鷹狩文化についての奥行を聞かせてくれた長老級の鷲使いの多数が、2017年9月に訪れた際には死去しており、この調査を始めてからアーロン氏（64歳）、バイマンダイ氏（75歳）、マナ氏（68歳）、オラズカン氏（97歳）、バイトッラ氏（98歳）の5名がこの世を去りました。伝統的な騎馬鷹狩文化の知と技法のドキュメンテーションは、さらに難しくなりつつある印象を受けます。イヌワシを据えるイーグルハンターのカザフ男児は、写真の訴求力に富み「インスタ映え」することから、とくに欧米では人気が高まっています。メディアでの露出を機会として、たくさんの人がこのアルタイの地とカザフ人の置かれた難しい社会的立場や稀有な伝統文化に関心をもち、新たな研究者の到来を心待ちにするばかりです。

　わたしがこのカザフ人社会とかかわるようになってから、共に暮らした地域の人々にも数多くの変化が訪れました。写真で一躍有名となり、NHKドキュメンタリー番組『地球イチバン　地球最古のイーグルハンター』（2015年1月29日総合G放送）でも取り上げられたガール鷹匠アイチョルパンは、アメリカではすっかり有名人となってしまいました。Facebookにはニューヨークやウランバートルなどさまざまなところから写真が投稿され、ジョニー・デップの家族やデイジー・リドリーと映る写真まであり、17歳になっ

写真1　狩場を見つめるジンスベク

写真2　アイチョルパンと助手のアイゼレさん

た彼女の姿ははじめて会った頃の少女時代の面影を残しながらも、すっかり大人びた雰囲気へと変貌しました。そして調査で生活を共にした若き鷹匠男児ジンスベクもすでに25歳となり、腕の良いイーグルハンターにたくましく成長を遂げました。調査初期に撮影した18歳だった頃の写真に写る少年の面影は、すでに過去のものという印象を与えます。このセリック一家には5男1女があり、みな外国人に理解のある誠実な若者たちでした。冬のさなか暖炉脇で団らんし、伝統的なテーブルゲームに興じ、無理して家事を手伝う不器用なわたしへ向けられた温かいまなざしは、家族それぞれが共有している思い出になったと確信しています。そんなセリック一家の子どもたちも、いまはみな結婚し、県内各地で家庭を持ち、多数の子宝にも恵まれています。ひとつの社会の、ひとつの家族の経験する、人生でもっとも多感で実り多い時期を共に過ごせたことは、この調査のもうひとつのおおきな収穫であったのかもしれません。

　ただし、サグサイ村での生活は決して楽なものではありません。とくに厳寒期の生活は、一歩外に出れば時折−40℃を下回る極限環境となります。そして月明りのない夜に屋外に出ると、ブテウ冬牧場は四方を山に囲まれていることから、山影がどす黒く立ちはだかり、まるで暗黒の底に堕ちているような恐怖感をおぼえることもあります。見慣れたはずの景色と土地が、冬にはこれほどの冷気と圧倒の牙をむくことに、多くの驚きをおぼえることもありました。そして生活を共にすることで得られる経験とは、科学的調査の多くの場合、調査結果におよぼすノイズでしかなくなってしまうことがほとん

あとがき

写真3　古老から聞き取り調査中の助手ラシンさん

写真4　危険なイヌワシの体尺測定調査

どです。臨地調査の初期からそれらに抗うことを意図したこともあり、私の調査は民俗学・文化人類学の手法を重んじているともいえます。たとえば、ヒツジ・ヤギ、牛が少ないことは生乳や生肉の確保を減少させるだけではありません。排泄される畜糞の採取を難しくもします。このことは燃料畜糞を燃やす牧畜世帯にとって、冬に暖をとれなくなることを意味します。乾燥した牛糞は燃えやすく、2～3時間ごとに追加しなければなりません。冬季に室内を暖められないことは悲劇に等しいといえます。こうした「体感値」の獲得とは、泥臭くデータ収集を実践する地理学系フィールド・サイエンスのいわば特権でもあり、ネット接続を常態とする21世紀の社会において唯一得られない身体感覚といえるのかもしれません。

　かつて文化人類学や民族学のフィールドワーカーは、まるで透明人間や火星人のように、調査対象の地域や人々やコミュニティを観察することを旨としたというから、少々滑稽でもあります。伝統的な農村や遊牧コミュニティに、われわれ物好きな「外国人」の隠れ場所など、どこにもありません。むしろフィールドワークとは、地域の人々と積極的にかかわり、つながり、共に未来を築くことにその本質があるといえるでしょう。フィールドワーカーとは、繰り返し訪れることで特定の地域と時間を「越境」し、自らの存在を証明する、特殊な目的意識をもった旅のひとつのモードといえるのかもしれません。その特殊な旅は、日常と非日常の連続性に、どこか疑問をもって漂っているような錯覚をおぼえさせることがあります。繰り返される日常と非

写真5　愛馬と出猟同行調査へ

写真6　肩を寄せ合う愛犬サクラク（右）とマイタバン（左）

　日常の行き来は、ローカルな土地に対する非日常観を鈍感にさせると同時に、むしろフィールドワーカーと自文化（ホーム）との結びつきを強化します。フィールドからの帰途、成田空港で高速バスに乗車し、丸の内の超高層建築の間を縫って走る首都高速銀座線や新宿線から見える光景にさしかかると、いつも見慣れた景色がまるで新しい土地に足を踏み入れたときのような新鮮な感覚に満ち溢れることがあります。「故郷を甘美に思う者はまだまだ嘴の黄色い未熟者である。いかなる地にあってもそれを故郷と思う者は、すでに力を持つ者である。だが、全世界を異郷と思う者こそ、完璧な人である」。エドワード・サイードが引用したサン・ヴィクトル・フーゴーの言葉には、フィールドワーカーという特殊な旅人の目指すべき心のよりどころに、多くの示唆を与えてくれる気がします。そして、「地理学者の仕事の半分は、未知の土地への好奇心でできている」という言葉に込められた熱意こそ、フィールドワーカーとしてわたしを奮い立たせる源泉となっているのです。

　この著書を書き上げるにあたり、本当に数多くの方々にお世話になりました。現地ウルギー市内では居室をご提供いただきました作家シナイ・ラフメット氏、調査に同行いただき通訳やアンケートにご協力いただきましたそのご息女アイゼレ・シナイ氏、またサグサイ村での助手をつとめていただきましたラシン・アリカン氏、調査地をランドクルーザーで回っていただきました元陸軍中佐ノケオ・ジョコブ氏、のみなさまには、とくに感謝の意を表します。そして、辛抱強く外国から来たよそ者と接して頂いた、モンゴル国バ

あとがき

ヤン・ウルギー県サグサイ村をはじめとするカザフ・コミュニティのすべてのみなさまに、感謝申し上げたいと思います。

　本書は科研費「平成 29 年度研究成果公開促進費」(採択番号：17HP5112) の助成により出版されました。とくにナカニシヤ出版のご担当者・酒井敏行さんをご紹介いただきました、放送大学教授・稲村哲也先生のご厚意があって出版の運びとなりました。本書の出版に糸口をつけていただきました、おふたりに深く感謝の意を表します。

　本研究は、財団法人髙梨学術奨励基金による次の研究助成により研究の端緒を開くことができました。
［1］「アルタイ・カザフにおける鷹狩猟の民族考古学：無形文化遺産としての狩猟方法と技術継承の基礎研究」(平成 23 年度研究助成)
［2］「アルタイ＝カザフ牧畜社会における騎馬鷹狩猟の民族考古学：無形文化遺産としての持続性に向けた複合研究」(平成 24 年度研究助成)
調査初期の同財団からの助成がなくては、本研究を単著として結実することはかないませんでした。その後もモンゴル遊牧民の研究で 2 度にわたる研究助成をいただき、フィールドワークを力強く下支えいただいたことに感謝の言葉もありません。「カザフ騎馬鷹狩文化」研究の可能性を、鋭い慧眼をもってサポートいただきました髙梨誠三郎会長をはじめ、同財団と株式会社丸仁ホールディングスの全ての関係者の皆様に心より御礼申し上げます。

　また、下記の科研費の調査研究計画にもとづき、分担者として研究の一部を実施しました。
［3］　基盤研究（A）「日本列島における鷹・鷹場と環境に関する総合的研究」[16H01946]（代表者：福田千鶴／九州大学教授）
［4］　基盤研究（A）「種の人類学的転回：マルチスピーシーズ研究の可能性」[17H00949]（代表者：奥野克巳／立教大学教授）
汎世界的な鷹狩文化の研究をはじめ、アルタイ山脈に広がるヒトと動物の関係誌の研究を維持・継続するご機会をいただきました、代表者のみなさまに感謝申し上げる次第です。

相馬拓也

付録・鷲使い用語集

用語	カザフ語表記	意味	掲載ページ
アイランソク	айлансоқ	イヌワシを据え場所でつなぎ留めるつなぎ紐	13, 153-155
アク・ジェム	ақ жем	水で洗い血抜きした肉	59, 68, 72, 73, 83
アク・バラパン	ақ барапан	巣立ちから最初の冬までの若鳥	20, 26, 71
アクペイル	ақпеиіл	性格の穏やかで馴らしやすい個体の形容表現	77
アナ	ана	4～5歳齢で性成熟したイヌワシ。「母親」の意	40, 55-57, 64, 105
アヤク・カップ	аяқ қап	イヌワシ用の靴下	163
アヤク・ジャルガクアヤク	аяқ жарғақаяқ	悪いイヌワシを示す慣用表現。「毛皮のような脚」(＝脚が細く握力が期待できない？)の意	77
アヤク・バウ	аяқ бау	足緒	13, 143-146, 148, 154
アルタイ・アクイグ	Алтай Ақиығы	最強と称されるイヌワシの種類	57-59
アルトゥップ	арытып	イヌワシに施す体重減量	83
アン	аң	獲物の総称	88, 111
ブルクット・トイ	Бүркіт той	イヌワシ祭	170
ウク	үкі	フクロウの総称	128
ウズゲ・ユレトゥ	өзге уйрету	鷲使いによる「イヌワシの馴化／ラポール構築」	71, 82, 104
ウラル	ұлар	アルタイセッケイ	69, 92
ウラル・トゥヤク	ұлар тұяқ	湾曲の少ないツメのこと。「アルタイセッケイのようなツメ」の意	78
ウルガシュ	ұрғашы	メスイヌワシの総称	19
ウルガック	ырғакке	訓練用の据え縄	72, 73, 76, 101
エレク	елек	メスイヌワシの総称	19
カイラド	қайрады	イヌワシに施す体重減量	73, 83
カイルー	қайыру	狩猟期の食餌制限。「食餌制限 en-seam」や「冬季用給餌法」を意味する。	67, 82, 83, 87, 89, 94, 192, 194
カイン	қайың	シラカバ	149, 155
カウルスン	қауырсын	イヌワシの羽根	18, 55
カグッシュ	қағушы	勢子	119, 121, 122, 124, 135

カトゥル	қатыр	結び目の隙間に差し込んでほどくために使う「ほどき角」	154, 155
カラ・エト	қара ет	血液成分や脂肪分の少ない赤味肉	84, 91, 133
カラ・バリク	қара балық	ニジマス、マスの総称	90, 99, 156
カラニエト	қараниет	身につけた野性や強情さで馴らしにくい個体	77
カル・クス	кәрі құс	性成熟（満5歳齢以降）を迎えたイヌワシの総称	20, 71
カルサック	қорсақ	コサックギツネ	69, 127
カルスー・ブルクット	кәрісі бүркіт	性成熟（満5歳齢以降）を迎えたイヌワシの総称	20, 71
カンジガラルン・マイランスン	қанжығаларың майлансын	イヌワシへの祝詞。「馬の背に山の幸あれ」の意	123
カンソナル	қансонар	狩猟期最初の降雪直後の晴天日	114
クス	құс	鳥・鳥類の総称	205
クス	кісі	人間の総称	205
クス・マイランスン	құс майлансын	イヌワシへの祝詞。「ワシよ、艶やかたれ」の意	123
クスペン・アト・ババ・ブルデウ	Құс пен ат баба бірдей	鷲使いの諺。「イヌワシと馬は縁をおなじくするもの」の意	205
クズル・ジェム	қызыл жем	脂肪や血をふんだんに含む生肉。「赤い肉」の意	83, 192
クズル・ダイ	қызыл дай	一度だけ水で洗った肉	83
クトゥク	күтік	イヌワシの見せるくすぐったがるような仕草	77
クム・トゥレク	құм-түлек	4年目（満3歳齢）のワシ	55, 56
クラン	қыран	イヌワシのなかでもとくに素晴らしい狩猟能力を持った最高のワシ	20, 39, 57, 106, 123, 178
コク	kok	蒼色	78
コク・チェギル	кок шеғір	蒼い目	78
コク・トゥムシュク	кок тұмсық	蒼いくちばし	78
コヤ	қоя	イヌワシに飲み込ませ、胃内の洗浄を促す木製のタブレット	13, 72-74, 96, 101, 159, 160
コラバ	қолаба	馬の肺を5～6ℓの水でいっぱいにして2～3日間そのままねかせた肉。イヌワシにとって最上級の餌とされる	84, 89
コルバラ	қолбала	巣からとらえたヒナ（およびその成鳥）。巣鷹	10, 19, 20, 38, 39, 43, 71, 78, 79, 100, 103, 152, 162, 163, 182, 189
サウブルン・クルプ・ケトゥ	сайбырын құрып кету	狩猟隊を編成して野営しながら山々で狩猟する遠征	114

付録・鷲使い用語集

サプトゥ・アヤク	сапты аяқ	冬季に用いられる給餌容器	13, 74, 83, 155, 156
サマルスン	самырсын	マツ科の木の総称	149
サヤチロク	саятшылық	狩場への出猟	76
サル・バリク	сары балық	ウグイの総称	90, 99
サルチャ	Сарша	オスワシの総称。やや蔑みの意味を含む	19, 58, 60, 77, 106, 181
シャブシュク	шабсыйқ	「体が短く四角っぽいワシ」の意で、とくにオスワシに用いられる	77
ジェム・アヤク	жем аяқ	冬季に用いられる給餌容器	155
ジェム・カルタ	жем қалта	腰ベルトの左側に下げる口餌袋（ポーチ）	13, 157, 158, 166
ジャウルン	жауырын	ヒツジや牛などの肩甲部の肉。イヌワシに最良の餌とみなされる	84, 89
ジュズ	жұз	野生で捕えられたイヌワシの総称	10, 20, 26, 27, 38, 39, 43, 71, 78, 79, 100, 102, 103, 182
ジョル・ボルスン	жол болсын	イヌワシへの祝詞。「いってらっしゃい」の意	123
スーガ・トゥスル	суға түсіру	イヌワシに水浴びなどさせて体を清潔に保たせること	83
ソグム	соғым	例年11月中頃に行われる家畜の一斉屠殺	51, 67, 84, 89, 90, 165
タール	тар	ヤナギ科の木の総称	149
タザ・アワダ	таза ауада	イヌワシを適温下で過ごさせること	83
タス・トゥレク	Тас-түлек	3年目（満2歳齢）のワシ	55, 56
タラクイロク	тара-құйрық	オナガホッキョクジリス	92
タンダイ・アガシュ	танвай ағаш	イヌワシが鳴き声を立てないように矯正するためのくちばし拘束具	13, 162, 163
チェシュ	чещ	出迎えによる祝福、飴をまく祝いの儀式	123
チャクル	шақыру	手で振ってイヌワシを呼び戻すための肉。ウサギの後脚部が好んで用いられる	13, 75, 92, 93, 129, 157, 161
チャパン		カザフ人男性の伝統的な外套	157
チュルガ・タルトゥ	шырға тарту	疑似餌を用いた訓練	94
チュルガ	шырға	疑似餌	13, 76, 92, 94–96, 101, 162
デネ・ケルメイク	дене кермеиық	悪いイヌワシを示す慣用表現。「巻きあがったような体つき」（=体が細く飛翔が安定しない?）の意	77

231

トゥインチュ	тыншы(?)	鷲使いの家族に獲物を捕ったことを告げる人物	123
トゥグル	тұғыр	イヌワシの据え木	13, 73, 79, 123, 151-154
トゥグルガ・カザフ・アダム・オットゥルガ・ボルマイドゥ	Тұғырға Қазақ адаме отыруға болмаиды	鷲使いの諺。「カザフ人たちよ、トゥグルに座ることなかれ」の意	152
トゥス・キウズ	тұс киіз	天幕内にかける伝統的な刺繍のタペストリ	166
トゥトゥク	түтік	ホースや骨で作ったチューブ状の強制給水具	13, 74, 95, 157, 159, 164
トゥヤク・ジュムルトゥヤク	тұяқ жұмыртұяқ	悪いイヌワシを示す慣用表現。「丸みを帯びたツメ」（＝毛皮を傷つける湾曲？）の意	77
トゥルク	түлкі	キツネの総称	69, 126
トゥルク・トマック	түлкі томак	キツネの毛皮で作った帽子	204
トゥレク	түлек	「換羽 moulting」を意味する用語。「夏季」「夏季用給餌法」としても用いられる	55, 67, 82, 86, 192, 194
トブルゴ	тобрғы	鞭の柄に用いられる木材	151
トモガ	томаға	イヌワシに被らせる目隠し帽	13, 54, 55, 61, 74, 75, 84, 93, 94, 96, 101, 138-142, 144, 148, 160, 163
バールチン	баршын	11 年目（満 10 歳齢）のワシ。身体的成長が完成したワシ	55-57
バウ・アシュト	бау ашыт	狩猟に赴いた若鳥がはじめての獲物を捕獲したときに執り行われる「初捕りの儀」	123
バウル	бауыр	肝臓	89
バブ・ケルセ	бабы келсе	個体の特徴や健康状態、個性を見抜き適正量の給餌を行うこと	60, 72, 84, 103
バルダック	бардак	騎乗時にワシを据えた右腕を乗せるY字型の騎乗用腕固定具	13, 149-151, 156, 164, 165
ビアライ	биалай	厚手の皮革製手袋。餌掛	13, 74, 101, 146-148, 166
ブルクッチュ	Бүркітші	鷲使い／イーグルハンターの総称	4, 16, 103, 106, 115, 122, 124, 154, 169, 173
ブルクット	Бүркіт	イヌワシの総称	53, 106
プシュパク	пұшпак	キツネの脚部の毛皮	122
プシュパク・トマック	пұшпак томак	キツネの脚部の毛皮で作った帽子。カザフ男児の民族帽	204
マルン	малын	モウコヤマネコ	127, 128

相馬拓也（そうま　たくや）

早稲田大学高等研究所（WIAS）助教。ロンドン大学 東洋アフリカ研究学院（SOAS）修士課程修了、早稲田大学 大学院文学研究科博士後期課程 満期退学。カッセル大学エコロジー農学部 Watercope Project 客員研究員を経て現職。博士（農学）。モンゴル西部バヤン・ウルギー県、ホブド県で長期フィールドワークに従事。モンゴル西部アルタイ山脈、中央アジア、ネパールの牧畜社会・農山村を中心とした人文地理学、生態人類学、動物行動学、ヒトと動物の関係誌（HAI）などを専門とする。主な著書に "*Human and Raptor Interactions in the Context of a Nomadic Society: Anthropological and Ethno-Ornithological Studies of Altaic Kazakh Falconry and its Cultural Sustainability in Western Mongolia*"（University of Kassel Press、2015年）。近年の社会活動にNHKドキュメンタリー番組『地球イチバン 地球最古のイーグルハンター』（2015年1月29日 22：00～22：50 総合G放送）への監修・制作協力がある。

鷲使い（イーグルハンター）の民族誌
モンゴル西部カザフ騎馬鷹狩文化の民族鳥類学

2018年2月28日　初版第1刷発行　（定価はカバーに表示してあります）

著　者　相馬拓也
発行者　中西　良
発行所　株式会社ナカニシヤ出版
　　　　〒606-8161 京都市左京区一乗寺木ノ本町15番地
　　　　TEL 075-723-0111　FAX 075-723-0095
　　　　http://www.nakanishiya.co.jp/

装幀＝白沢　正
印刷・製本＝創栄図書印刷
© Takuya Soma　2018　Printed in Japan
＊落丁本・乱丁本はお取り替え致します。
ISBN978-4-7795-1256-8　C3039

本書のコピー、スキャン、デジタル化等の無断複製は著作権法上での例外を除き禁じられています。本書を代行業者等の第三者に依頼してスキャンやデジタル化することはたとえ個人や家庭内での利用であっても著作権法上認められておりません。

遊牧・移牧・定牧
——モンゴル、チベット、ヒマラヤ、アンデスのフィールドから——

稲村哲也

極限の環境のなかで生きる牧民たちの世界。アンデスやヒマラヤの高所世界、モンゴルの乾燥地域で家畜とともに暮らす人々。その知られざる実態と変容を克明に追った、三五年にわたるフィールドワークの記録。 三五〇〇円

アメリカ先住民ネーションの形成

岩崎佳孝

アメリカ合衆国のなかで独自の憲法と統治構造をもち、連邦政府との政府対政府関係も有する先住民の主権体「ネーション」。先住民集団チカソーのネーション形成を中心にその歴史的形成過程を明らかにする。 三五〇〇円

日本の動物政策

打越綾子

愛玩動物から野生動物、動物園動物、実験動物、畜産動物まで、日本の動物政策、動物行政の現状をトータルに解説する決定版。動物好きの人、動物関係の仕事についている人必携の一冊。 三五〇〇円

外国人をつくりだす
——戦後日本における「密航」と入国管理制度の運用——

朴 沙羅

占領期の日本において、在日朝鮮人はいかにして「外国人」として登録され、入国管理の対象となったのか。戦後日本への非正規な移住の現場を中心に、詳細な聞き取り調査と資料から明らかにする。 三五〇〇円

表示は**本体価格**です。